I0429235

Robert Hertz

Sociologie religieuse et folklore

essai

Le code de la propriété intellectuelle du 1er juillet 1992 interdit en effet expressément la photocopie à usage collectif sans autorisation des ayants droit. Or, cette pratique s'est généralisée dans les établissements d'enseignement supérieur, provoquant une baisse brutale des achats de livres et de revues, au point que la possibilité même pour les auteurs de créer des oeuvres nouvelles et de les faire éditer correctement est aujourd'hui menacée. En application de la loi du 11 mars 1957, il est interdit de reproduire intégralement ou partiellement le présent ouvrage, sur quelque support que ce soit, sans autorisation de l'Editeur ou du Centre Français d'Exploitation du Droit de Copie , 20, rue Grands Augustins, 75006 Paris.

ISBN : 978-1532722226

10   9   8   7   6   5   4   3   2   1

Robert Hertz

Sociologie religieuse et folklore

essai

Table de Matières

Introduction
Par Alice Robert Hertz (1928)

Robert Hertz fut tué à Marchéville, dans la plaine de la Woëwre, le 13 avril 1915.

Il avait eu, de son vivant, l'idée de réunir les « Mémoires » qui paraissent aujourd'hui. Mais, en ce temps-là, son casier à fiches était plein ; il travaillait à sa thèse sur « Le péché et l'expiation dans les sociétés primitives » ; celle publication n'était qu'un projet entre beaucoup d'autres : l'avenir d'un homme de trente-trois ans est sans limites... La guerre est venue... Le volume que nous publions aujourd'hui contient tout ce qu'a produit de définitif ce travailleur acharné.

Robert Hertz commença la Contribution à une étude sur la représentation collective de la mort aussitôt après sa sortie de l'École normale, en 1904. Reçu premier à l'agrégation de philosophie, il demanda une bourse d'études pour l'Angleterre, et c'est à Londres qu'il réunit les éléments de ce travail.

Ceux qui ont vu à ce moment-là ce jeune homme de vingt-trois ans peuvent témoigner de son ardeur, tandis qu'après avoir travaillé toute la journée à la bibliothèque du British Museum, il passait ses soirées à marcher de long en large dans son petit logement de Highgate ; réfléchissant; mûrissant l'idée qui se dégageait peu à peu de l'énorme compilation des faits... Le jour où il eût la certitude d'avoir trouvé fut un jour d'exaltation il avait le sentiment de découvrir un fait sociologique nouveau: la mort, passage, période de transition entre la désintégration de l'individu exclu de la société des vivants et son intégration à la société mythique des ancêtres, aboutit, après avoir commencé par des obsèques provisoires, aux obsèques définitives, où elle s'achève : résurrection, initiation, communion de l'individu avec le monde de l'au-delà. Peut-être s'exagérait-il l'importance de cette découverte ? Qu'on permette néanmoins à un témoin de ces jours heureux d'évoquer ce jeune savant, à peine sorti de l'adolescence, absorbé à un tel point par son travail qu'il vécut, pendant des mois et jusqu'à en apprendre la langue, avec les Dayaks de Bornéo, devenus pour lui non pas matière à fiches, mais réalité en chair et en os. Son interprétation des doubles obsèques jaillit, pour ainsi dire, d'un contact direct avec les « primitifs » de là-bas.

La rédaction de son mémoire se ressentit sans doute de cet enthousiasme juvénile. Ses maîtres, quand il leur communiqua son travail, se chargèrent de le réduire à ses justes proportions. Il fallut élaguer, restreindre, faire rentrer la toile, brossée avec un peu trop de fantaisie, dans le cadre scientifique de l'Année sociologique : « Ils ont raison », dit Robert Hertz, « c'était enfantin. »

La prééminence de la main droite parut dans la Revue philosophique en décembre 1909.

L'ambidextrie le préoccupa peut-être avant qu'il n'y vît un problème sociologique. Il avait eu connaissance des nouvelles méthodes pédagogiques qui développent à la fois la main droite et la main gauche des enfants, et cela l'avait intéressé. Il avait, depuis un an, un fils. Ce qui faisait pour lui l'intérêt de celle étude, au point de vue sociologique, c'est qu'elle est une contribution à l'analyse de notre représentation de l'espace : espace profondément asymétrique, vivant et mystique chez le primitif ; abstrait, vide et absolument isotrope chez les géomètres, depuis Euclide jusqu'aux modernes.

Saint Besse fut commencé à Cogne pendant les grandes vacances de l'année 1912. L'été précédent, Robert Hertz avait fait, sac au dos, un tour dans les Alpes Grées. Il avait remarqué ce bourg, à quelques heures de marche d'Aoste, au pied du « Grand Paradis », isolé dans la montagne par l'absence de routes carrossables [1] ; son torrent bleu écumant, le vieux pont de pierres roses, les groupes de maisons où, depuis des siècles, la vie s'écoule sans changement... Il s'était promis de revenir, sans idée préconçue, simplement à cause de la beauté du pays et des mœurs primitives des habitants.

Sans qu'il l'eût voulu ni cherché, saint Besse s'imposa.

D'abord, la fête. Il faut aller coucher dans une grange de l'Alpe de Chavanio, partir bien avant le jour avec un des bergers pour passer le col, assez aride (où les cristaux affleurent et où les chamois sont chez eux) qui relie Cogne au val Soana. Après une longue descente solitaire dans des alpages perdus, on arrive presque soudainement

---

1 Cogne a, paraît-il, beaucoup changé depuis la guerre à cause de l'exploitation plus intensive de ses mines de fer.

au milieu de groupes endimanchés, jeunes filles élégantes aux colliers de verroterie venant de Paris, familles bruyantes et joyeuses. L'animation de ce « pardon » montagnard est extraordinaire et paraît insolite si haut, si loin de tout.

Aux abords des rôtissoires en plein vent, les gigots sont retenus d'assaut. Chaque groupe cherche une bonne place pour pique-niquer à l'aise. Après le recueillement solennel de la fête religieuse, la foule grouillante se délasse, mange, les bouchons sautent... C'est là que Robert Hertz fit la connaissance, autour d'un gigot, d'un ou deux de ses informateurs.

Ceux de Cogne partent de bonne heure ; la route est longue; les autres s'égaillent peu à peu. Il ne reste bientôt plus que quelques ivrognes difficiles à ébranler... puis c'est le silence. Silence comme il ne peut y en avoir que dans un pâturage sans torrent.

Les cierges achèvent de se consumer dans la chapelle sombre, l'échelle adossée au rocher, derrière l'autel, ne supporte plus le poids de ceux qui, tout à l'heure, sont montés gratter un morceau de la pierre sacrée...

Robert Hertz, avant de descendre vers le val Soana, resta un long moment à réfléchir près de l'immense rocher informe et de la petite chapelle aux lignes régulières...

À partir de ce jour-là, ce fut l'enquête joyeuse, si du moins on peut appeler enquête ses conversations si simples, si familières, avec les gens du pays ?

Dans sa conclusion, B. Hertz dit que « l'hagiographie fera bien de ne pas négliger ces instruments de recherche que sont une paire de bons souliers et un bâton ferré... » ; mais, à quoi serviraient ces instruments, sans ce rare pouvoir de sympathie, ce rayonnement qui efface presque instantanément la méfiance, une modestie si complète qu'elle abolit toute distance, et le pouvoir socratique (seule qualité qu'il se reconnaissait) de rendre les gens loquaces, de les mettre en valeur, « d'allumer » leur esprit ? Il faut se rendre compte que rien n'est plus difficile que des recherches de ce genre, faites parmi les gens les plus méfiants du monde : rudes paysans vivant à l'écart des étrangers, ecclésiastiques italiens. Et pourtant, tel un naturaliste trouvant facilement, dans cette même région, les papillons ou les plantes qui lui manquent, sans effort, en se promenant, en vivant au milieu des gens du pays, il recueillait des faits, des reliques. Un jour, une brave femme lui donna, dans une chaumière du val Soana, une image enluminée du saint, grossièrement protégée par une boîte de verre colorié.

Cette étude le passionna.

Combien plus vivant que le travail de bibliothèque, ce contact direct avec des réalités tout aussi riches en possibilités que les rites des primitifs de l'autre bout du monde.

Il n'abandonna jamais Saint-Besse. Il étendit ses recherches non seulement au culte des rochers et au « saut de la roche », mais au culte des sources, aux fontaines saintes, aux cimes sacrées des monts, trouvant jusque dans la mythologie grecque des analogies puissantes entre l'origine du culte de certains personnages de l'Olympe (Athéna, Pégase) et celui de l'humble Besse.

« La roche abrupte, la cime vertigineuse du mont, la force d'une fissure ou d'une caverne éveillent dans l'esprit des hommes des images qui composent non seulement des mythes où ces éléments sont encore très apparents, mais d'autres où la transposition, plus complète, laisse à peine deviner l'origine de l'image (Athéna jaillissant de la tête de Zeus), » écrit un ami, commentant le travail inspiré par saint Besse : Légendes et cultes des roches, des monts et des sources, que B. Hertz n'eut pas le temps de mettre au point.

Il se préparait à faire, en septembre 1914, un voyage en Grèce avec son ami Pierre Roussel, car il voulait pour ce nouveau travail, connaître autrement que par les livres le paysage grec, particulièrement les régions accidentées où le thème du « saut de la roche », de la « naissance d'Athéna », de « l'essor de Pégase » ont pu prendre naissance (Acarnanie, roches delphiques, Arcadie, Etolie, Acrocorinthe, etc.).

La guerre... Ce volume se termine par des dictons populaires ayant trait au chant des oiseaux : recueillis sur le front, dans les bois d'Herméville, près d'Etain, où il passa les derniers mois de sa vie en compagnie de ces « poilus de la Mayenne et d'ailleurs » qui lui donnèrent ses dernières joies de folkloriste.

Voici la lettre qui accompagnait l'envoi des dictons

Je t'envoie un supplément à ma collection de dictons... J'ai eu particulièrement du plaisir à recueillir les discours des oiseaux. Je ne me rends pas compte de ce qu'il y a d'inédit et d'original là-dedans. Je sais que beaucoup ont déjà été publiés, mais c'est un domaine où les moindres variantes ont leur intérêt. Un jour je t'ai rapporté de la Bibliothèque quelques notes sur le chant des oiseaux, extraites du livre de Rolland sur la Faune populaire de la France. Mais comme c'est différent de les recueillir de la bouche même des campagnards, de cueillir les fleurs toutes fraîches au lieu de les extraire, pâlies et séchées, d'un herbier poudreux. Bien entendu, il aurait fallu noter les airs; mon ignorance me l'a interdit.

Tous ces discours viennent des vieux; c'est une science traditionnelle qui malheureusement ne se transmet plus. L'enfant (et l'adulte) s'y exerçaient à reconnaître et à reproduire le rythme et le ton des chants des différents oiseaux tout en y ajoutant un élément ou instructif ou comique, rarement moral. Même mes grands enfants d'ici prennent un plaisir très vit à se rappeler ces « discours ». C'est un jeu de reconnaissance qui certainement développe l'habileté à percevoir et discerner les sons. Je le sens par les progrès que j'ai faits moi-même. Intéressant de comparer les paroles diverses prêtées selon les lieux au même oiseau ; on retrouve constamment le même rythme, le même son, les mêmes éléments fondamentaux. Et puis, il serait curieux de chercher comment l'esprit populaire s'y prend pour ajouter un sens à ces sons multiples. Encore une fois, ce qui me frappe, c'est le sérieux ou le demi-sérieux de tout cela : il y a bien eu un temps où les grands-pères initiaient leurs petits-enfants et leur taisaient comprendre le chant des oiseaux.

... J'espère compléter encore mon petit recueil; il m'a fait passer plus d'un moment agréable au cours de ces longues heures de « travail de nuit » ou bien nous a distraits du bruit des obus dans nos petites huttes à la lisière des bois : c'est peut-être tout leur intérêt.

Il mourut un mois à peine après avoir écrit cette lettre. Il donna sa vie à son pays, et ce don, il l'avait fait dès le premier jour de la guerre, heureux de disparaître dans la masse anonyme, d'être « humble sergent des armées de l'Est », comme il disait en souriant. Ainsi s'achève son œuvre. Au lieu de les étudier abstraitement, il vécut, avec quelle intensité, ces formidables expériences sociales que sont les guerres...

Robert Hertz

Malgré tant de liens qui le retenaient à la vie, il aspirait « à la région ardente où se consomme le plein sacrifice » et où l'individu disparaît, absorbé par les forces sociales auxquelles il voulut, consciemment et de toute son âme, se soumettre. Tertre sacré lui aussi, que celui d'où il marcha, innocent et sans haine, vers les Allemands invisibles qui mitraillaient les trois cents mètres de terrain découvert qu'ils savaient, lui et ses compagnons, devoir traverser pour attaquer Marchéville, petite ligne blanche derrière un rideau d'arbres. Ils sont tous tombés -lui, le front en avant, en plein élan...

Alice Robert HERTZ.

Contribution à une étude sur la représentation collective de la mort (1907)

Chacun de nous croit savoir d'une manière suffisante ce que c'est que la mort, parce qu'elle est un événement familier et parce qu'elle fait naître une émotion intense. Il paraît à la fois ridicule et sacrilège de mettre en doute la valeur de cette connaissance intime et de vouloir raisonner sur une matière où le cœur seul est compétent. Pourtant des questions se posent à propos de la mort, que le sentiment ne peut résoudre puisqu'il les ignore. Déjà pour les biologistes la mort n'est pas une donnée simple et évidente ; elle est un problème offert à l'investigation scientifique [1]. Mais, quand il s'agit d'un être humain, les phénomènes physiologiques ne sont pas le tout de la mort. À l'événement organique se surajoute un ensemble complexe de croyances, d'émotions et d'actes qui lui donne son caractère propre. On voit la vie qui s'éteint, mais on exprime ce fait en un langage particulier : c'est l'âme, dit-on, qui part pour un autre monde où elle va rejoindre ses pères. Le corps du défunt n'est pas considéré comme le cadavre d'un animal quelconque : il faut lui donner des soins définis et une sépulture régulière, non pas simplement par mesure d'hygiène, mais par obligation morale. Enfin la mort ouvre pour les survivants une ère lugubre, pendant

---

1 Cf. DASTRE, La vie et la mort, p. 296 sqq.

laquelle des devoirs spéciaux leur sont imposés ; quels que soient leurs sentiments personnels, ils sont tenus pendant un certain temps de manifester leur douleur, ils doivent changer la couleur de leurs vêtements et modifier leur genre de vie accoutumé. Ainsi la mort présente pour la conscience sociale une signification déterminée, elle fait l'objet d'une représentation collective. Cette représentation n'est ni simple ni immuable : il y a lieu d'en analyser les éléments, et d'en rechercher la genèse. C'est à cette double étude que nous voudrions contribuer ici.

L'opinion généralement admise dans notre société est que la mort s'accomplit en un instant. Le délai de deux ou trois jours qui s'écoule entre le décès et l'inhumation n'a d'autre objet que de permettre les préparatifs matériels et la convocation des parents et des amis. Aucun intervalle ne sépare la vie à venir de celle qui vient de s'éteindre : aussitôt le dernier soupir exhalé, l'âme comparaît devant son juge et s'apprête à recueillir le fruit de ses bonnes œuvres ou à expier ses péchés. Après cette brusque catastrophe commence un deuil plus ou moins prolongé ; à de certaines dates, particulièrement au « bout de l'an », des cérémonies commémoratives sont célébrées en l'honneur du défunt. Cette conception de la mort, cette façon dont se succèdent les événements qui la constituent et lui font suite, nous sont si familières que nous avons peine à imaginer qu'elles puissent ne pas être nécessaires.

Mais les faits que présentent nombre de sociétés moins avancées que la nôtre ne rentrent pas dans le même cadre. Comme l'indiquait déjà Lafitau, « parmi la plupart des nations sauvages, les corps morts ne sont que comme en dépôt dans la sépulture où on les a mis en premier lieu. Après un certain temps on leur fait de nouvelles obsèques et on achève de s'acquitter envers eux de ce qui leur est dû par de nouveaux devoirs funéraires » [1]. Cette différence dans les pratiques n'est pas, nous le verrons, un simple accident ; elle traduit au dehors le fait que la mort n'a pas été toujours représentée et sentie comme elle l'est chez nous.

Nous allons essayer dans les pages qui suivent de constituer l'ensemble des croyances relatives à la mort et des pratiques funéraires dont les doubles obsèques sont un fragment. À cet effet, nous nous servirons d'abord de données empruntées exclusivement

---

1 *Mœurs des sauvages Amériquains (1724)*, t. II, p. 444.

Robert Hertz

aux peuples indonésiens, surtout aux Dayaks de Bornéo [1] chez qui le phénomène se présente sous une forme typique. Nous montrerons ensuite qu'il ne s'agit pas là de faits purement locaux à l'aide de documents relatifs à d'autres provinces ethnographiques. Nous suivrons dans notre exposé l'ordre même des faits, traitant en premier lieu de la période qui s'écoule entre la mort (au sens usuel du mot) et les obsèques définitives, et ensuite de la cérémonie finale.

I. - La période intermédiaire

On peut grouper sous trois chefs les notions et les pratiques auxquelles la mort donne lieu, selon qu'elles concernent le corps du défunt, ou son âme, ou les survivants. Cette distinction n'a certes pas une valeur absolue ; mais elle facilite l'exposé des faits.

a) *Le corps : la sépulture provisoire*. - Parmi les peuples de l'archipel Malais qui n'ont pas encore subi trop profondément l'influence des civilisations étrangères, la coutume est de ne pas transporter immédiatement le cadavre dans sa sépulture dernière ; cette translation ne pourra avoir lieu qu'au bout d'un temps plus ou moins long, pendant lequel le corps est déposé dans un asile temporaire.

La règle générale parmi les Dayaks semble avoir été de conserver les cadavres des chefs et des gens riches jusqu'aux obsèques définitives à l'intérieur même de leur maison ; le corps est alors enfermé dans un cercueil dont les fentes sont bouchées à l'aide d'une substance résineuse [2]. Le gouvernement hollandais, pour

1 L'institution nous est chez eux relativement bien connue ; GRABOWSKY a réuni les documents relatifs aux Dayaks du Sud-Est (Olo Ngadju et Ot Danom), en y joignant quelques observations personnelles, dans un article précieux mais un peu sujet à caution : Der Tod, das Begrübnis, das Tiwah oder Todtenfest.. bei den Dajaken (*Internat. Archiv f. Ethnog.*, II, p. 177 sq.). On y trouvera une bibliographie ; la meilleure source reste Hardeland qui a publié, en appendice à sa Grammaire dayak (Amsterdam, 1858), le texte complet et la traduction littérale d'un grand nombre de chants et formules récités par les prêtresses au cours du Tiwah.

2 Cf. sur les Olo Ngadju, GRABOWSKY, *Tiwah*, p. 182; sur les Olo Maanjan , TROMP, Das Begräbnis bei den Sihongern, in *Berichle der Rheinischen MissionsgesellschafT (1877), p. 48 ;* sur les Dayaks de *Koetei,* TROMP, Uit de salasila

des raisons d'hygiène, a interdit cette pratique, au moins dans certains districts ; mais, en dehors de l'intervention étrangère, des causes bien différentes ont dû restreindre l'extension de ce mode de sépulture provisoire. Les vivants doivent au mort qui réside au milieu d'eux toutes sortes de soins ; c'est une veillée funèbre en permanence qui comporte, de même qu'en Irlande ou chez nos paysans, mais pour plus longtemps, beaucoup de tumulte et des frais très élevés [1] ; de plus, la présence d'un cadavre dans la maison impose aux habitants des tabous souvent rigoureux : gêne d'autant plus sensible que la longue maison dayak est à elle seule souvent tout le village [2]. Aussi cette exposition prolongée est-elle aujourd'hui exceptionnelle.

Quant aux morts qui ne paraissent pas mériter d'aussi lourds sacrifices, on leur fournit un abri, en déposant le cercueil, après une exposition de quelques jours, soit dans une maison de bois en miniature, élevée sur des poteaux [3], soit plutôt sur une sorte d'estrade surmontée simplement d'un toit [4] ; cette sépulture provisoire se trouve parfois dans le voisinage immédiat de la maison mortuaire, mais plus souvent assez loin, dans un endroit isolé au milieu de la forêt [5]. Ainsi le mort, s'il n'a plus sa place dans la grande maison des vivants, possède du moins sa petite maison, tout à fait analogue à

van *Koetei*, in *Bijdr. tot de Taal, Land en Volkenk, van Nederl. Indië, 5te v., III, p. 76*, et BOCK, *The Head-Huniers of Borneo*, pp. 141-142 ; sur les Kayans, riverains du Tinjar, HOSE *in* Ling *ROTH, Natives of Sarawak, t. 1, p. 148 ; sur* les Longkiputs du fleuve Baram, KÜKENTHAL, *Ergebnisse einer... Forschungsreise in den Molukken und in Borneo, p. 270;* sur les Skapans, Brooke Low, in ROTH, *ibid., pp. 152-153 ; sur* les Dusuns et Muruts du Nord de l'île *ibid., pp. 151* et *153*.

1 GRABOWSKY, *Der Distrik Duson-Timor, in Ausland (1884), p. 472;* TROMP, *Sihong., p. 47 sq.*

2 Cf. par exemple NIEUWENHUIS, *Quer durch Borneo, I, p. 27.*

3 Cf. TROMP, *Koetei, p. 76 ;* d'après Salomon MÜLLER *(Reis in het Zuidelijk gedeelte van Borneo, in Verhandlingen ov. de Natuurlijke Geschiedenis der Nederl,overzeesche Bezillingen,afd. Land enVolkenk., p. 402)*, chez les Olo Ngadju, riverains du Bejadjoe, le cercueil est déposé avec plusieurs autres dans une sépulture collective, le *sandong raung ; mais* ce témoignage est contredit par Hardeland *(Dajaksch deutsches Wërterbuch (1859), p. 503)* qui nous dit expressément que le cercueil (raung) n'est transporté dans la sépulture collective ou sandong que lors de la cérémonie finale. En tout cas, si le fait rapporté par Müller est exact, il est exceptionnel : la règle est que, pendant la période d'attente, le cercueil est isolé.

4 *Cf.* par exemple GRABOWSKY, *Tiwah, pp. 181-182.*

5 HARDELAND, *Versuch einer Grammatik der dajakischen Sprache, p. 350 ;* PERELAER, *Ethnographische beschrijving der Dajaks, pp. 224-225.*

Robert Hertz

celles [1] qu'habitent temporairement les familles dayaks lorsque la culture du riz les oblige à se disséminer sur un territoire souvent très étendu [2].

Ce mode de sépulture provisoire, bien qu'il soit, semble-t-il, le plus répandu dans l'archipel Malais, n'est pas le seul existant ; peut-être même est-il dérivé d'un autre plus ancien, qui nous est signalé en quelques points [3] : l'exposition du cadavre, enveloppé dans de l'écorce, sur les branches d'un arbre. D'autre part, au lieu d'exposer le cercueil à l'air, on préfère souvent l'enterrer plus ou moins profondément, quitte à l'exhumer plus tard [4]. Mais, quelle que soit la variété de ces coutumes qui souvent coexistent dans une même localité et se substituent l'une à l'autre, le rite en ce qu'il a d'essentiel est constant : le corps du défunt est déposé provisoirement, en attendant les secondes obsèques, dans un endroit distinct de la sépulture définitive : il est presque toujours isolé.

Cette période d'attente a une durée variable. Pour ne considérer que les Olo Ngadju, certains auteurs mentionnent entre la date de la mort et la célébration de la cérémonie finale ou Tiwah un délai de sept à huit mois ou d'un an [5] ; mais c'est là, suivant Hardeland [6], un minimum qui n'est que rarement atteint : le délai ordinaire est d'environ deux ans, mais il est assez souvent dépassé et l'on voit en bien des cas s'écouler quatre ou six [7] ou même dix [8] ans avant que les

---

1 Elle porte le même nom chez les Olo Ngadju : *pasah* ; *cf.* HARDELAND, *Wörterbuch*, *à* ce mot. Chez les Alfourous du Nord d'Halmahera, la sépulture temporaire s'appelle « la maison du mort » ; de CLERCQ, Dodudi Mataoe, in *Internat, Arch. f. Ethnogr., II*, p. 208.

2 *Cf.* en particulier NIEUWENHUIS, *Op cit.*, p. 162.

3 A Timor-Laut, RIEDEL, *De sluik en kroesharige rassen tusschen Selebes en Papua*, pp. 305-306 ; ~ Timor, FORBES *A naturalist's wanderings in the Eastern Archipelago*, p. 434 ; sur les Toumbuluh de la Minahassa, *cf.* RIEDEL, *Alte Gebrâuche... bei dem Toumbuluhstamm*, in *Intern. Arch. f. Ethnogr., 1*, pp. 108-109.

4 Chez les Olo Ngadju, il n'y a enterrement quel si l'on prévoit qu'un Ion délai s'écoulera avant les secondes obsèques; le cercueil, s'il était élevé au-dessus du sol, risquerait de tomber, ce qui est considéré comme un événement funeste pour la famille. Au-dessus de la tombe on construit une petite hutte ; GRABOWSKY, *Tiwah*, p. 182. - *Chez* les Olo Maanjap, l'enterrement est la règle lorsqu'on ne garde pas le cadavre dans la maison; TROMP, *Sihong.*, p. 46.

5 Halewijn, *in* GRABOWSKY, *Tiwah*, p. 182.

6 *Wörterbuch*, au mot Tiwah.

7 Sal. MÜLLER, *Op, cit.*, p. 402.

8 HARDELAND, *ibid.*

...la représentation collective de la mort

derniers honneurs ne soient rendus au cadavre [1]. Cet ajournement anormal d'un rite aussi nécessaire à la paix et au bien-être des survivants qu'au salut du mort s'explique par l'importance de la fête qui y est obligatoirement liée : celle-ci comporte des préparatifs matériels très compliqués qui prennent souvent à eux seuls un an ou davantage [2] ; elle suppose des ressources considérables en espèces et en nature (victimes à sacrifier, victuailles, boisson, etc.), qui sont rarement disponibles et doivent être d'abord amassées par la famille. De plus un usage ancien, encore respecté par clé nombreuses tribus de l'intérieur, interdit de célébrer le Tiwah avant de s'être procuré une tête humaine fraîchement coupée ; et cela prend du temps, surtout depuis l'intervention gênante des Européens. Mais si ces causes d'ordre extérieur rendent compte des longs retards qui sont souvent apportés à la célébration du Tiwah, elles ne suffisent pas [3] à expliquer la nécessité d'une période d'attente et à en définir le terme. Même à supposer remplies toutes les conditions matérielles requises pour les obsèques définitives, celles-ci ne pourraient pas avoir lieu aussitôt après la mort : il convient en effet d'attendre que la décomposition du cadavre soit terminée et qu'il ne reste plus que des ossements [4]. Chez les Olo Ngadju et chez certains autres peuples indonésiens, ce motif n'apparaît pas au premier plan, à cause de l'amplitude extrême que présente chez eux la fête des obsèques et à cause des préparatifs coûteux et longs qu'elle nécessite [5]. Mais, chez d'autres tribus, l'obligation d'attendre, pour procéder au rite définitif, que les os soient secs est sans aucun doute la cause directe du délai, et elle en

---

1 A Timor, d'après Forbes (*op. cit., p. 434),* le délai est parfois d'un siècle entier (pour des chefs importants) ; l'obligation de célébrer les funérailles se transmet alors de père en fils, avec l'héritage.

2 GRABOWSKY, *ibid., p. 188.*

3 Ainsi que le pense WILKEN . *Het Animisme, p. 77* sq., p. 92 et Ueber das Haaropfer, in *Revue coloniale, III,* p. 255 sq., IV, p. *347* sq.

4 Sal. MÜLLER, *loc.cit* ; HARDELAND, *Wörterb.,* au mot Tiwah.

5 Certains auteurs expliquent l'exposition provisoire du cadavre exclusivement par la longueur des préparatifs nécessaires et la difficulté de se procurer des victimes pour le sacrifice : cf. pour les Bataks, HAGEN, Beiträge zur Kenntniss der Battarcligion, in *Tijdschr. v. Ind. Taal Land en Volkenk., XXVIII,* p. *517,* et ROSENBERG, *Der Malayische Archipel,* p. 27; pour les Niassais du Nord, ROSENBERG, *ibid.,* p. *156 ; pour* Timor, FORBEs, op. *cil., p. 434* sq. ; pour les îles Kei, ROSENBERG, *ibid.,* p. *351.*

Robert Hertz

limite la durée [1]. Il est donc permis de penser que normalement la période qui s'écoule entre la mort et la cérémonie finale correspond au temps jugé nécessaire pour que le cadavre passe à l'état de squelette, mais que des causes secondaires interviennent pour prolonger, parfois indéfiniment, ce délai.

Ce qui montre bien que l'état du cadavre n'est pas sans influence sur le rituel funéraire, c'est le soin avec lequel les survivants bouchent hermétiquement les fentes du cercueil et assurent l'écoulement des matières putrides au dehors, soit en les drainant dans le sol, soit en les recueillant dans un vase de terre [2]. Il ne s'agit pas ici bien entendu d'une préoccupation d'hygiène (au sens où nous prenons ce mot), ni même -exclusivement - d'un souci d'écarter les odeurs fétides : nous ne devons pas attribuer à ces peuples des sentiments et des scrupules d'odorat qui leur sont étrangers [3]. Une formule prononcée à diverses reprises lors du Tiwah nous indique le véritable mobile de ces pratiques : la putréfaction du cadavre y est assimilée à la « foudre pétrifiante », car elle menace, elle aussi, d'une mort soudaine les gens de la maison qu'elle atteindrait [4]. Si

1 C'est le cas notamment : à Bornéo, pour les Milanaus, les Dusuns et les Muruts, Ling ROTH, Op. cit., pp. *150-152;* pour les Longkiputs, KÜKENTHAL, Op. cit., p. *270 ; pour* les Dayaks de l'Ouest, riverains du Kapceas, VETH, *Borneo's Wester Afdeeling, II, p. 270 ; pour* les Ot Danom, SCHWANER, *Borneo, II, p. 151 ; - à* Sumatra, pour les Bataks Oran-Karo, HAGEN, *ibid., p. 520 ;* à Timor-laut, FORBES, Op. *cit., p. 322* sq. et RIEDEL, *Sluiken kroesharige rassen, pp. 305-306 ; à* Buru, FORBES, *p. 405 ; pour* les Alfourous de l'Est de Célèbes, Bosscher, in WILKEN, *Hel Animisme, p. 179 ;* dans le Nord d'Halmahera, de CLERCQ, Op. *cit., p. 208 ;* dans l'île de Babar, RIEDEL, *ibid., p. 359.*
2 À cet effet, un tuyau de bambou est passé dans un trou creusé au fond du cercueil; cf. par exemple sur les Olo Ngadju, GRABOWSKY *Tiwah,* p. 181 ; sur les Bataks, VAN DER TUUK, *Balaksch Woordenboek, p. 165 ;* sur les Alfourous du district de Bolaang-Mongoudou, WILKEN et SCHWARZ, Allerlei over het land- en volk., in *Mededeel. v. w. h. Nederl. Zend. Gen.,* XI, p. 323.
3 Cf. Low, *Sarawak,* p. 207 : « L'odeur dégoûtante que produit la décomposition (à ce que m'ont dit fréquemment les Dayaks) est particulièrement agréable à leurs sens. » Il est question dans ce passage du cadavre ou plutôt de la tête coupée d'un ennemi.
4 HARDELAND, *Grammalik,* p. 218 (et le commentaire). -MEYER et RICHTER (Die Bestattungsweisen in der Minahassa, in *Abhandlungen des Museums z. Dresden, IX, Ethnogr. Miscellen, 1, 6, p. 110,* B. 1) suggèrent que la clôture hermétique du cercueil a eu peut-être pour objet d'empêcher la sortie redoutée de l'âme du mort ; ils ajoutent que l'odeur de la décomposition a pu être considérée comme le signe de la présence de l'âme. Le texte transcrit par Hardeland semble démontrer qu'en effet la crainte d'un péril mystique est bien le mobile déterminant et en même temps qu'il

l'on tient tant à ce que la décomposition s'accomplisse, pour ainsi dire, en vase clos, c'est qu'il ne faut pas que l'influence mauvaise qui réside dans le cadavre et qui fait corps avec les odeurs puisse se répandre au dehors et frapper les survivants [1]. Et d'autre part, si l'on ne veut pas que les matières putrides restent à l'intérieur du cercueil, c'est parce que le mort lui-même, à mesure que progresse la dessiccation de ses os, doit être peu à peu délivré de l'infection mortuaire [2].

L'importance mystique attachée par les Indonésiens à la dissolution du corps se manifeste encore dans les pratiques qui concernent les produits de la décomposition. Chez les Olo Ngadju, le pot où ils sont recueillis est brisé lors des secondes obsèques et les fragments en sont déposés avec les ossements dans la sépulture définitive [3]. La coutume suivie par les Olo Maanjan est plus significative : lorsque le cadavre est gardé dans la maison, le quarante-neuvième jour après la mort, on détache le pot et on en examine le contenu : « s'il renferme trop de matières, une pénalité est infligée [4], les parents (du mort) n'ont pas fait leur devoir ». Le pot est ensuite de nouveau soigneusement adapté au cercueil et le tout reste dans la maison jusqu'à la cérémonie finale [5]. Ce rite n'est évidemment qu'une survivance : pour en restituer le sens, il suffit de le rapprocher de pratiques observées en d'autres points de l'archipel Malais. Dans l'île de Bali, qui pourtant a subi profondément l'influence hindoue, l'usage est de garder le corps à la maison pendant de longues semaines avant de l'incinérer : le cercueil est troué par le fond « pour donner issue aux humeurs qu'on reçoit dans un bassin qui est vidé chaque jour en grande cérémonie » [6]. Enfin, à Bornéo

---

est inutile de faire intervenir ici la notion de l'âme du mort.

1 Perham, *in ROTH, 1, p. 204, p. 210,* au sujet des Dayaks maritimes qui pratiquent l'enterrement immédiat : « Le corps d'un mort n'est pas appelé corps, ni cadavre ; c'est un *antu* (esprit) ; et si les vivants le gardaient longtemps auprès d'eux, ils s'exposeraient à de sinistres influences surnaturelles. »

2 Cf. plus bas, p. 51.

3 GRABOWSKY, *Tiwah, p. 181* ; selon Salomon MÜLLER, *loc. cit.,* le pot est enterré au lieu où a été faite la crémation des restes du cadavre.

4 Cette indication assez vague signifie sans doute qu'en ce cas les parents ne peuvent pas être relevés des tabous et observances du deuil.

5 TROMP, *Sihong., p. 48 ;* cf. GRABOWSKY, *Duson-Timor, p. 472.*

6 Relation d'une Ambassade hollandaise à Bali en 1633, *in Histoire générale des Voyages,* t. XVII, P. 59; Cf. CRAWFORD, *Historg of the Indian Archipelago, p. 255.*

Robert Hertz

même, les Dayaks du Kapoeas recueillent dans des plats de terre les liquides provenant de la décomposition et ils les mêlent au riz que les proches parents du mort mangent pendant la période funèbre [1]. Il vaut mieux réserver l'interprétation de ces usages, car nous les retrouverons, plus répandus et plus complexes, en dehors de l'aire que nous étudions ; concluons provisoirement que les Indonésiens attachent une signification particulière aux changements qui s'accomplissent dans le cadavre : leurs représentations sur ce point les empêchent de terminer immédiatement les rites funéraires et elles imposent aux survivants des précautions et des observances définies.

Tant que le rite final n'a pas été célébré, le cadavre est exposé à de graves périls. C'est une croyance familière aux ethnographes et aux folkloristes qu'à certaines époques le corps est particulièrement livré aux attaques des mauvais esprits, à toutes les influences nocives qui menacent l'homme [2] : on doit alors renforcer par des procédés magiques son pouvoir de résistance amoindri. La période qui suit la mort présente à un haut degré ce caractère critique : aussi faut-il exorciser le cadavre et le prémunir contre les démons. Cette préoccupation inspire, au moins en partie, les ablutions et les rites divers dont le corps est l'objet aussitôt après la mort, par exemple l'usage répandu de fermer les yeux et les autres ouvertures du corps avec des pièces de monnaie ou des perles [3] ;

1 Ritter, *in* VETH, *Op. Cil.*, *II*, p. 270. - *Pour* que la comparaison entre ces Dayaks de l'Ouest et les Olo Maanjan soit plus complète, nous devons ajouter que chez ces derniers, pendant les quarante-neuf jours qui précèdent l'étrange cérémonie qu'on a vue, les plus proches parents du mort doivent manger, au lieu de riz, du « djelaï » ; les grains en sont petits, de couleur brune, ont une *odeur assez désagréable*, et fort mauvais goût (TROMP, *ibid.*, *p. 47* et p. *44)*. Le détail que nous soulignons, rapproché du rite du 49e jour, autorise-t-il à penser que le « djelaï » des riverains du Sihong est le substitut (après la chute de l'usage ancien) du riz imprégné de substance cadavérique, imposé aux Dayaks occidentaux ? - Cette hypothèse n'est d'ailleurs pas indispensable à notre interprétation: le « devoir » dont il est question dans le passage cité ci-dessus et auquel les parents ne doivent pas manquer, c'était de ne pas laisser s'accumuler les matières dans le pot, et d'en prendre leur part. Le rite est devenu ultérieurement une formalité arbitraire. - Dans certaines îles de l'archipel de Timorlaut, les indigènes se frottent le corps avec les liquides provenant du cadavre de leurs proches parents ou des chefs :RIEDEL, *Sluik en kroesharige rassen*, p. 308.

2 Par exemple le corps de l'enfant pendant un certain temps après la naissance, ou de la femme pendant la menstruation.

3 Cf. NIEUWENIIUIS, *Op. cit.*, p. 89 : il donne comme motif le désir d' « apaiser

de plus elle impose aux survivants la charge de tenir compagnie au mort pendant cette phase redoutable, de « veiller » à ses côtés en faisant fréquemment retentir les gongs pour tenir à distance les esprits malins [1]. Ainsi le cadavre, frappé d'une infirmité spéciale, est un objet de sollicitude, en même temps que de crainte, pour les survivants.

b) *L'âme : son séjour temporaire sur la terre.* - De même que le corps n'est pas conduit de suite à sa « dernière demeure », de même l'âme n'arrive pas aussitôt après la mort à sa destination définitive. Il faut d'abord qu'elle accomplisse une sorte de stage, pendant lequel elle reste sur terre, dans le voisinage du cadavre, errant dans la forêt ou fréquentant les lieux qu'elle a habités de son vivant: c'est seulement au terme de cette période, lors des secondes obsèques, qu'elle pourra, grâce à une cérémonie spéciale, pénétrer dans le pays des morts. Telle est du moins la forme la plus simple que présente cette croyance [2].

---

les mauvais esprits qui pourraient s'emparer du cadavre - ; dans le cas des chefs, il mentionne en outre diverses amulettes protectrices. (De même lors de certaines cérémonies relatives à la grossesse ou à la naissance, les gens les plus exposés se bouchent les oreilles avec du coton « pour n'être pas troublés par les mauvais esprits ») ; RIEDEL, *Alle Gebräuche, p. 95* et *99*). Il est vrai que d'autres auteurs présentent cet usage comme destiné uniquement à la protection des vivants : cf. GRABOWSKY, *Tiwah, p. 179*. Ce rite est probablement ambigu, à double fin, comme il arrive souvent : il s'agit à la fois, confusément, d'empêcher l'influence funeste contenue dans le cadavre de se propager au-dehors et de barrer la route aux esprits mauvais qui voudraient pénétrer dans le cadavre et s'en emparer. Des éléments de provenance hindoue semblent d'ailleurs en certains cas s'être greffés sur la coutume originale.

1 TROMP, op. cit., p. 48 ; ce texte a trait au cas où le cadavre est gardé dans la maison. Mais à Timor-laut, où il est exposé au bord de la mer à quelque distance du village, on dresse sur le cercueil (du moins s'il s'agit d'un personnage de marque) des figures d'hommes jouant sur des gongs, tirant des coups de fusil, gesticulant furieusement afin de chasser les mauvaises influences loin de celui qui est là endormi (to frighten away evil influences from the sleeper) ; FORBES, op. cit., p. 322 sqq. - Cf. KÜKENTHAL, op. cit., p. 180.

2 Elle se rencontre (exceptionnellement) chez les Olo Ngadju, HARDELAND, *Wörterb., p. 233* et *Grammatik, p. 364*, n. 223 ; BRACHES, Sandong Raung, in *Rhein. Missionsber. (1882), p. 102 ;* chez les Olo Maanjan, GRABOWSKY, *Duson-Timor, p. 47 ;* et THOMP, *Sihong., p. 47;* chez les Bahau, NIEUWENHUIS, *Op. cit.,* I, p. 104 ; chez les Kayans, L. ROTH, *II, p. 142 ;* dans les îles de Serang (RIEDEL, *Sluik en kroesharige rassen, p. 144)* et de Bali (Van Eck, *in* WILKEN,

Mais les représentations qui ont trait au sort de l'âme sont par nature vagues et flottantes ; il ne faut pas chercher à leur imposer des contours trop définis. En fait, l'opinion la plus répandue chez les Olo Ngadju [1] est plus complexe : au moment de la mort l'âme se divise en deux parties, la *salumpok liau,* qui est « la moelle de l'âme », l'élément essentiel de la personnalité, et la *liau krahang ou* âme corporelle qui est constituée par les âmes des os, des cheveux, des ongles, etc. [2] ; cette dernière reste avec le cadavre jusqu'au Tiwah, inconsciente et comme engourdie ; quant à l'âme proprement dite, elle continue de vivre, mais son existence est assez inconsistante [3]. Sans doute elle parvient, dès le lendemain de la mort, dans la céleste « ville des âmes » ; mais elle n'y a pas encore sa place attitrée ; elle ne se sent pas à son aise dans ces hautes régions ; elle est triste et comme perdue et regrette son autre moitié ; aussi s'échappe-t-elle souvent pour revenir vagabonder sur la terre et surveiller le cercueil qui renferme son corps. Il faut célébrer la grande fête terminale si l'on veut que l'âme, solennellement introduite dans le pays des morts et rejointe par la *liau krahang,* retrouve une existence assurée et substantielle [4].

De même on rencontre bien chez les Alfourous du centre des Célèbes l'opinion que l'âme reste sur terre auprès du cadavre jusqu'à la cérémonie finale (*tengke*) ; *mais* la croyance la plus générale est que l'âme se rend dans le monde souterrain aussitôt après la mort : toutefois elle ne peut pénétrer de suite dans la demeure commune des âmes, il faut qu'en attendant la célébration du *tengke,* elle réside au-dehors dans une maison séparée. Le sens de cette représentation apparaît clairement si on la rapproche d'une pratique observée dans les mêmes tribus : les parents d'un enfant mort veulent parfois garder son cadavre avec eux (au lieu

---

Animisme, p. 52) ; etc.

1 HARDELAND, *Wörterb., p. 308* et *p. 233;* PERELAER, Op. cit., *p. 219* et p. 227 ; GRABOWSKY, *Tiwah, p. 183* sq.

2 La même distinction est signalée par Nieuwenhuis *(op. cit., p. 103)* chez les Bahau ; mais les deux âmes sont séparées du vivant même de l'individu.

3 *Aussi* les vivants lui offrent-ils dans leur maison une sorte de support matériel : une planche couverte de figures relatives au dernier voyage de l'âme et à l'autre monde ; Cf. GRABOWSKY, *Tiwah, p. 184.*

4 Si le Tiwah ne peut être célébré par la famille, l'âme risque fort de voir cet état temporaire se prolonger indéfiniment ; c'est alors, suivant une expression caractéristique, une *liau mataï,* une âme morte (GRABOWSKY, *ibid., p. 181).*

de l'enterrer) ; dans ce cas ils ne peuvent pas continuer à habiter dans le kampong mais doivent se construire à quelque distance une maison isolée. Ainsi ce sont leurs propres sentiments que ces tribus prêtent aux âmes de l'autre monde : et la présence d'un mort, pendant la période qui précède les obsèques définitives, ne peut pas plus être tolérée dans le village des vivants que dans celui des morts. Le motif de cette exclusion temporaire nous est d'ailleurs explicitement indiqué : c'est que « Lamoa (Dieu) ne peut pas souffrir la puanteur des cadavres » ; bien que cette formule renferme peut-être quelque élément d'origine étrangère, la pensée qu'elle exprime est certainement originale : c'est seulement lorsque la décomposition du cadavre est terminée que le nouveau venu parmi les morts est censé être débarrassé de son impureté et qu'il paraît digne d'être admis dans la compagnie de ses devanciers [1].

Pourtant certaines tribus font célébrer par leurs prêtres, peu de temps après la mort, la cérémonie qui doit conduire l'âme jusque dans l'autre monde [2] ; mais même en ce cas elle n'entre pas de plain-pied dans sa nouvelle existence. Pendant les premiers temps, elle n'a pas pleinement conscience d'avoir quitté ce monde ; sa demeure est ténébreuse et déplaisante ; elle est fréquemment obligée de revenir sur terre chercher sa subsistance qui lui est refusée là-bas. Il faut que les vivants, par certaines observances, en particulier par l'offrande d'une tête humaine, adoucissent un peu cette condition pénible ; mais c'est seulement après la cérémonie finale que l'âme pourra subvenir elle-même a ses besoins et goûter pleinement les joies que lui offre le pays des morts [3].

---

1 KRUIJT, Een en ander aanpande het geestelijk leven van den Poso Alfoer, in *Med. Ned. Zend. Gen., F.* XXXIX (1895), p. 24,26,28; l'auteur observe que « la notion d'une maison d'attente existe même chez ceux pour qui l'âme reste sur terre jusqu'au *tengke;* sans doute, ajoute-t-il, l'âme est censée passer une partie de cette période sur terre et une autre dans la maison. Les pensées des Alfourous sur ce point ne sont pas claires ». Mais ce flottement même nous paraît caractéristique et les deux représentations, qui logiquement semblent devoir s'exclure, sont au fond solidaires (sans qu'il soit besoin de les séparer dans le temps) : c'est parce qu'il n'a pas encore complètement quitté ce monde que le mort ne peut pas encore pénétrer complètement dans l'autre.
2 Par exemple, les Ot Danom qui contrastent à cet égard avec leurs voisins, les Olo Ngadju ; cf. SCHWANER, Op. cit., II, p. 76.
3 Cf. sur les Dayaks Maritimes, Perham, *in* L. ROTH, pp. 203, 206.207, 209 ; pour les Toumbuluh de la Minahassa, cf. BIEDEL, *Alle Gebräuche,* pp. 105-107.

Robert Hertz

Ainsi, en dépit des contradictions apparentes, l'âme ne rompt jamais tout d'un coup les liens qui l'attachent à son corps et la retiennent sur terre. Aussi longtemps que dure la sépulture temporaire du cadavre [1], le mort continue à appartenir plus ou moins exclusivement au monde qu'il vient de quitter. Aux vivants incombe la charge de pourvoir à ses besoins : deux fois par jour jusqu'à la cérémonie finale les Olo Maanjan lui apportent son repas accoutumé [2] ; d'ailleurs, lorsqu'elle est oubliée, l'âme sait bien prendre elle-même sa part de riz et de boisson [3]. Pendant toute cette période le mort est considéré comme n'ayant pas encore terminé complètement sa vie terrestre : cela est si vrai qu'à Timor, lorsqu'un rajah meurt, son successeur ne peut pas être officiellement nommé avant que le cadavre soit définitivement enterré ; car, jusqu'aux obsèques, le défunt n'est pas véritablement mort, il est simplement « endormi dans sa maison » [4].

Mais si cette période de transition prolonge pour l'âme son existence antérieure, c'est d'une manière précaire et lugubre. Son séjour parmi les vivants a quelque chose d'illégitime, de clandestin. Elle vit en quelque sorte en marge des deux mondes : si elle s'aventure dans l'au-delà, elle y est traitée comme une intruse ; ici-bas, elle est un hôte importun dont on redoute le voisinage. Comme elle n'a pas de place où elle puisse se reposer, elle est condamnée à errer sans relâche, attendant avec anxiété la fête qui mettra fin à son inquiétude [5]. Aussi n'est-il pas étonnant qu'au cours

---

1 La croyance que l'âme reste quelque temps sur la terre avant de partir pour le pays des morts se rencontre aussi chez des peuples qui, de nos jours, enterrent le corps (définitivement) aussitôt après la mort cf. par ex. pour les Dayaks de l'intérieur, LOW, in ROTH, t. I, p. 217 ; pour l'île de Roti, GRAAFLAND, Die Insel Rote, in Milleil. d. geogr. Gesellsch. zu lena, VIII, p. 168 et IHEIJEMERING, Zeden en gewoonten.... Tijdschr. v. Nederl. Indië, VI, p. 363 sq. ; la période d'attente est seulement plus courte douze et neuf jours dans les deux cas cités.

2 TROMP, Sihong., p. 47 : il s'agit des morts dont le cadavre est gardé dans la maison ; pour les autres, l'obligation est moins stricte. - Cf. à Soemba : Ross, Bijdr. tot de kennis van taal... en volk van Soemba, in *Verhandl. v. h. Balav. Gen. v. Kunst en Welensch.*, XXXVI, p. 58.

3 PERHAM, *op. cit.*, pp. 209-210 : le matin, on trouve parfois des traces de son passage auprès des provisions de riz.

4 FORBES, *op. cit.*, pp. 438 et 447 : cet interrègne peut durer fort longtemps (trente ans ou plus) à cause des grands frais impliqués par la fête.

5 Aussi le Dayak, avant de mourir, supplie-t-il ses parents de ne pas trop tarder à célébrer le Tiwah GRABOWSKY, Tiwah, p. 188.

de cette période l'âme soit conçue comme un être malfaisant : la solitude où elle est plongée lui pèse, elle cherche à entraîner des vivants avec elle [1] ; n'ayant pas encore les moyens réguliers de subsistance dont disposent les morts, il lui faut marauder chez les siens ; dans sa détresse présente, elle se rappelle tous les torts qu'on lui a faits pendant sa vie et cherche à se venger [2]. Elle surveille âprement le deuil de ses parents et s'ils ne s'acquittent pas bien de leurs devoirs envers elle, s'ils ne préparent pas activement sa délivrance, elle s'irrite et leur inflige des maladies [3], car la mort lui a conféré des pouvoirs magiques qui lui permettent de mettre à exécution ses mauvais desseins. Tandis que plus tard, lorsqu'elle aura sa place chez les morts, elle ne rendra visite aux vivants que sur leur invitation expresse, maintenant elle « revient» de son propre mouvement, par nécessité ou par malice, et ses apparitions intempestives sèment l'épouvante [4].

Cet état à la fois pitoyable et dangereux de l'âme pendant la période trouble qu'elle traverse explique l'attitude complexe des vivants, où se mêlent en proportions variables la commisération et la crainte [5]. Ils cherchent à subvenir aux besoins du mort et à adoucir sa condition ; mais en même temps ils se tiennent sur la défensive et se gardent d'un contact qu'ils savent mauvais. Lorsque, dès le lendemain de la mort, ils font conduire l'âme dans le pays des morts, on ne sait s'ils sont mus par l'espoir de lui épargner une attente douloureuse ou par le désir de se débarrasser au plus vite de sa présence sinistre ; en réalité les deux préoccupations se confondent dans leur conscience [6]. Ces craintes des survivants ne <u>pourront prendre</u> fin complètement que quand l'âme aura perdu le

1 GRABOWSKY, *ibid., p.* 182 cf. Pour les Tagales des Philippines, BLUMENTRITT, Der Ahnenkultus.... in, *Mitteil. d. k. k. Geogr. Gesellsch. Wien*, XXV, pp. 166-168.
2 PERHAM, *loc .cit.*
3 HARDELAND, *Wörterb., p. 308.*
4 RIEDEL (au sujet des Toumbuluh), *Alle Gebräuehe, p. 107 ; cf.* sur les Kayans, ROTH, t. II, p. 142. - Il n'est pas question ici des âmes qui, pour une raison ou pour une autre, ne parviendront jamais à la paix et à la sécurité de l'au-delà.
5 Il nous parait vain de vouloir décider lequel de ces deux mobiles est « primitif » ; c'est une question mal posée qui ne peut être résolue qu'arbitrairement.
6 Cf. RIEDEL, *op. cit., pp. 106-107 : les* prêtres toumbuluh ont le caractère à la fois de psychopompes et d'exorcistes chasseurs d'esprits ; pendant les neuf jours qui suivent la cérémonie du convoi de l'âme dans le pays des morts, ils exécutent une danse de guerre pour lui faire peur (au cas où elle ne se serait pas encore éloignée), afin qu'elle ne revienne pas tourmenter ses parents.

Robert Hertz

caractère pénible et inquiétant qu'elle présente après la mort.

c) Les vivants : le deuil. - Non seulement les parents du défunt sont obligés, au cours de la période intermédiaire, à toutes sortes de soins envers lui, non seulement ils sont en butte à la malveillance et parfois aux attaques de l'âme tourmentée ; mais ils sont en outre assujettis à tout un ensemble de prohibitions qui constituent le deuil [1]. La mort, en effet, en frappant l'individu lui a imprimé un caractère nouveau ; son corps, qui auparavant (sauf en certains cas anormaux) était dans le domaine commun, en sort tout d'un coup : on ne peut plus le toucher sans danger, il est un objet d'horreur et d'effroi. Or, on sait à quel point les propriétés religieuses ou magiques des choses présentent pour les « primitifs » un caractère contagieux : le « nuage impur » [2], qui selon les Olo Ngadju environne le mort, souille tout ce qu'il vient à atteindre, c'est-à-dire non seulement les gens et les choses qui ont subi le contact matériel du cadavre, mais aussi tout ce qui, dans la conscience des survivants, est intimement uni à l'image du défunt. Ses meubles ne pourront plus servir à des usages profanes ; il faut les détruire ou les consacrer au mort, ou au moins leur faire perdre par des rites appropriés la vertu nocive qu'ils ont contractée. De même les arbres fruitiers du mort, les cours d'eau où il pêchait sont l'objet d'un tabou rigoureux : les fruits et les poissons, si on les recueille, serviront exclusivement de provisions pour la grande fête funéraire [3]. Pendant un temps plus ou moins long la maison mortuaire est impure ; et la rivière au bord de laquelle elle se

---

1 Cette distinction ne serait pas fondée S'il fallait admettre la théorie exposée jadis par FRAZER (in *Journ. of the Anthropol. Instit.,* t. XV, p. 64 sq.) ; car les pratiques du deuil ne seraient que des rites destinés à protéger les vivants contre le retour offensif de l'âme du mort ; mais cette théorie ingénieuse était trop étroite et artificielle. La manière de voir que nous adoptons ici n'est pas nouvelle pour les lecteurs de *L'Année sociologique : cf.* t. IV, p. 192, et t. VI, pp. 363-364; notons qu'elle n'exclut pas l'interprétation animiste ; car l'âme, avec les dispositions que lui prête l'opinion commune dans les temps qui suivent sa sortie du corps, devait naturellement apparaître comme la gardienne jalouse des tabous imposés par le deuil aux survivants et comme la personnification des énergies mauvaises qui, du fait de la mort, se trouvent accumulées dans le cadavre.

2 HARDELAND, *Grammatik, p.* 218.

3 HICKSON , *A naturalist in North Celebes, p.* 194 ; Low, *in* ROTH, I, p. 155. - Nous nous bornons à rappeler ici des faits bien connus.

trouve, frappée d'interdit [1].

Quant aux parents du mort, ils ressentent dans leurs personnes le coup qui a frappé l'un des leurs : un ban pèse sur eux qui les sépare du reste de la communauté. Ils ne doivent pas quitter leur village ni faire aucune visite ; ceux qui sont le plus directement atteints passent quelquefois des mois entiers séquestrés dans un coin de leur maison, assis, immobiles, et ne faisant rien ; ils ne doivent pas non plus être visités par des gens du dehors, ou (si cela est permis) il leur est interdit de répondre quand on les interroge [2]. Non seulement les hommes, mais les esprits protecteurs aussi les délaissent : tant que dure leur impureté, ils n'ont à espérer aucune aide des puissances d'en haut [3]. L'exclusion dont les parents du mort sont frappés réagit sur tout leur genre de vie. Par suite de la contagion funèbre, ils sont changés et mis à part du reste des hommes : ils ne peuvent donc plus continuer à vivre comme les autres. Ils ne devront pas participer au régime alimentaire, à la façon de se vêtir, de s'orner et de porter la chevelure, qui conviennent aux individus socialement normaux et qui sont la marque de cette communion à laquelle (pour un temps) ils n'appartiennent plus [4] ; de là les nombreux tabous et les prescriptions spéciales auxquels

---

1 Cf. pour les Kayans du Centre, NIEUWENHUIS, *op. cit.*, I, pp. 338 et 391 ; pour les Olo Ngadju, GRABOWSKY, *Tiwah*, p. 182 ; HARDELAND, *Wörterb.*, pp. 485, 401, 608 : le mot *rutas* désigne spécialement l'impureté funèbre, il s'applique aussi bien aux maisons, rivières, personnes contaminées qu'au cadavre lui-même ; *poli* (= interdit, causant du malheur) est un terme général qui correspond exactement à tabou.

2 Voir les textes cités à la note précédente et (sur les Ot Danom) SCHWANER, *Borneo, II, p. 76*; (*sur* les indigènes de Luang-Sermata) RIEDEL, *Sluik- en kroesharige rassen, pp. 328-329. Cf.* les faits tout analogues rapportés par Tromp *(Koetei, p. 71)* au sujet des Bahau du haut Mahakarn : les victimes d'un incendie sont parquées ensemble hors du kampong ; on les considère comme possédées par des mauvais esprits ; tant que ceux-ci n'ont pas été chassés, il est interdit sous peine de mort aux malheureux d'entrer en relation avec d'autres hommes ; ils ne peuvent même pas recevoir de visites ni accepter de secours.

3 HARDELAND, *Wörterb.*, p. 608 ; PERELAER, *op. cit., p. 227.*

4 HARDELAND, *ibid.*, p. 36; NIEUWENHUIS, *op .cit.*, p. 144 ; TROMP, *Sihong.*, p. 47 ; Ling ROTH, I, p. 155 et p. 258 et II, p. 142. - L'interdiction est générale, mais les prescriptions positives varient beaucoup ; c'est ainsi qu'à Bornéo nous trouvons trois règles différentes pour les vêtements de deuil : retour à l'antique vêtement d'écorce (Bahau), vêtements usés et loqueteux (Dayaks maritimes), vêtements de couleur unie, d'abord blancs, puis noirs (Olo Ngadju).

Robert Hertz

les gens en deuil doivent se conformer [1].

Si la souillure funèbre s'étend sur tous les parents du mort et sur tous les habitants de la maison mortuaire, elle ne les atteint pas tous également : aussi la durée du deuil varie-t-elle nécessairement suivant le degré de parenté. Les parents éloignés, chez les Olo Ngadju, ne restent impurs que pendant les quelques jours [2] qui suivent immédiatement la mort ; puis, à la suite d'une cérémonie au cours de laquelle plusieurs poules sont sacrifiées, ils peuvent reprendre leur vie ordinaire [3]. Mais quand il s'agit des parents les plus proches du mort [4], le caractère singulier qui les affecte ne se dissipe pas si vite, ni si aisément ; avant qu'ils puissent être complètement délivrés du ban qui pèse sur eux, il faut qu'une longue période se soit écoulée, qui coïncide précisément avec la durée de la sépulture provisoire. Pendant tout ce temps, ils doivent observer les tabous que leur état leur impose ; s'il s'agit d'un veuf ou d'une veuve, ils n'ont pas le droit de se remarier, car le lien qui attache l'époux survivant au défunt ne sera rompu que par la cérémonie finale [5]. Les proches parents en effet, parce qu'ils ne font pour ainsi dire qu'un avec le mort, participent à son état, sont englobés dans les sentiments qu'il inspire à la communauté et frappés comme lui d'interdit pendant tout l'intervalle compris entre la mort et les secondes obsèques.

Les faits ne présentent pas toujours la simplicité typique que nous leur trouvons, par exemple, chez les Olo Ngadju. Le délai souvent

1 Il n'est pas question de donner ici un exposé complet, encore moins une théorie, du deuil chez les Indonésiens : nous ne nous occupons pas des motifs secondaires qui interviennent dans la détermination positive des diverses pratiques.

2 *Au moins trois, mais en général sept*; cf, HARDELAND, *Wörterb.,* p. 485.

3 GRABOWSKY, *Tiwah,* p. 182 ; ou, s'ils restent en deuil au-delà de ce terme, c'est pour satisfaire une inclination personnelle, non par devoir.

4 Le survivant de deux époux, les parents pour leurs enfants et réciproquement, les frères et sœurs :HARDELAND, *ibid.,* p. 608 ; *cf.* pour les Olo Maanjan, TROMP, *loc. cit.* - Il semble qu'assez souvent une seule personne assume la charge et les gênes du deuil; par sa stricte observance elle dispense les autres.

5 HARDELAND, *Wörterb.,* p. 608 et 36 ; *cf.* pour les Dayaks de Sarawak, Ling ROTH, I, p. 130 et 156 ; *la* veuve est censée appartenir à son mari jusqu'au *Gawei Antu* (fête correspondant au Tiwah des Olo Ngadju) ; si elle ne reste pas chaste pendant cette période, c'est un véritable adultère, qui est puni comme si le mort était encore vivant. - Comme le remarque *GRABOWSKY, Tiwah,* p. 183, cette considération doit intervenir dans la hâte que l'on apporte parfois à la célébration de la fête du mort.

...la représentation collective de la mort

très long qu'exige la préparation de la fête funéraire aurait pour effet de prolonger presque indéfiniment les privations et les gênes du deuil, si l'adoption d'un terme fixe et relativement rapproché ne venait remédier à cette situation [1]. Il est bien probable - quoique le fait ne semble pas susceptible d'une démonstration historique pour les sociétés qui nous occupent -qu'une semblable réduction du deuil est survenue assez fréquemment. D'ailleurs, comme l'a montré Wilken [2], le nouveau terme, destiné à marquer, en place des obsèques définitives, la fin du deuil, n'a pas dû être choisi arbitrairement. En effet l'état du mort au cours de la période intermédiaire, n'est pas immuable, il subit des changements qui atténuent peu à peu le caractère dangereux du cadavre et de l'âme et obligent les vivants, lors de certaines dates, à des cérémonies spéciales. Ces dates, qui ne constituaient d'abord pour les gens en deuil que des étapes vers la libération, sont devenues ultérieurement le terme marquant la fin de leur impureté. C'est ainsi que le deuil obligatoire expire chez les Olo Maanjan, non pas comme chez les Olo Ngadju lors de la fête terminale, mais dès la cérémonie du quarante -neuvième jour [3].

D'autre part de nombreux documents font coïncider la levée des tabous du deuil avec l'acquisition par les parents du mort d'une tête humaine, et la cérémonie qui a lieu à l'occasion de cet heureux événement [4] ; mais cet usage aussi semble être le produit d'une évolution dont il est possible de définir les principaux moments. Chez les Olo Ngadju, l'immolation d'une victime humaine (dont

---

1 La sévérité même des tabous du deuil empêche en certains cas les survivants de préparer activement la fête qui doit les délivrer ; de sorte que leur condition serait sans issue s'il n'y avait pas d'accommodement. Les indigènes de Luang Sermata (cf. RIEDEL, *Sluik- en kroesharige rassen, pp. 328-329)* nous en fournissent un exemple curieux : environ deux mois après la mort, les parents du mort, après un sacrifice, font venir un prêtre pour savoir si le défunt les autorise à quitter le village (où ils sont séquestrés), afin d'amasser les choses nécessaires à la fête funéraire ; si l'autorisation est refusée, on répète la même tentative quatre ou six mois après : quand le mort a donné son consentement, le deuil est terminé et l'on se prépare en vue de la cérémonie finale qui aura lieu au bout d'un ou deux ans.

2 Ueber das Haaropfer, in *Revue coloniale, III, p. 254* sq. - Wilken a bien mis en lumière le fait que pour les Indonésiens, « à l'origine » la fin du deuil coïncide avec les obsèques définitives et la fête qui s'y rattache.

3 TROMP, *Sihong., p. 47.*

4 Cf. par exemple pour les Zambales des Philippines, BLUMENTRITT, *op. cit.,* p. 156 ; pour les Toumbuluh, RIEDEL, *Alte Gebräuche, p. 107.*

Robert Hertz

la tête est coupée) est, nous le verrons, l'un des actes essentiels de la fête funéraire[1] ; le sacrifice est bien ici une condition indispensable de la terminaison du deuil, mais il fait partie d'un ensemble complexe et est lié aux obsèques définitives. Chez les Dayaks maritimes de Sarawak, ce rite se détache et devient indépendant ; sans doute l'*ulit* ou tabou qui constitue le deuil ne prendra fin complètement qu'avec la fête du mort ; « pourtant, si dans l'intervalle une tête humaine a été acquise et fêtée dans le village, les interdictions sont partiellement levées, et il est de nouveau permis de porter des ornements »[2]. Que ce processus se poursuive, que la pratique des doubles obsèques vienne à être abandonnée[3], une heureuse « chasse aux têtes », un événement en partie fortuit, en tout cas extérieur à l'état du mort, suffira à assurer la libération des survivants.

Ainsi le long deuil des parents les plus proches semble lié, chez les Indonésiens, aux représentations relatives au corps et à l'âme du défunt pendant la période intermédiaire; il dure normalement jusqu'aux secondes obsèques. Les usages divergents où cette relation n'apparaît pas sont dus selon nous à un adoucissement ultérieur de la coutume originale,

La notion que les derniers rites funéraires ne peuvent pas être célébrés de suite après la mort, mais seulement à l'expiration d'une période plus ou moins longue, n'est point particulière aux Indonésiens ni à telle ou telle race déterminée[4] ; nous en avons pour preuve la grande généralité de l'usage de la sépulture provisoire.

Sans doute les formes spéciales que revêt cet usage sont extrêmement variées ; et il est fort probable que des causes ethniques et géographiques contribuent à faire prédominer dans une aire donnée de civilisation tel ou tel mode de disposition

---

1 GRABOWSKY, *Tiwah, p. 191* ; *ROTH,* t. II, p. 142 et p. 164 en note.

2 Ling ROTH, I, p. 155, p. 210. Ce fait est à rapprocher de l'indication tout à fait parallèle que nous avons rapportée plus bas (p. 45) au sujet de la condition de l'âme ; d'autres auteurs *(ibid.)* disent simplement que la capture d'une tête a pour effet de lever le tabou.

3 Cela arrive fréquemment, comme nous le verrons.

4 Comme le croient à tort certains ethnographes : ainsi Brinton considère la pratique des secondes obsèques et les croyances qui y président comme la propriété exclusive de la race américaine : *Myths of the New World* (1868), pp. '254, '260.

...la représentation collective de la mort

provisoire du corps [1], mais c'est là un problème distinct que nous ne voulons pas aborder ici. Au point de vue où nous sommes placés, il y a homologie rigoureuse entre l'exposition du cadavre sur les branches d'un arbre, telle que la pratiquent les tribus du centre de l'Australie [2], ou à l'intérieur de la maison des vivants, comme cela se rencontre chez certains Papous [3] et chez quelques peuples Bantous [4], ou sur une plate-forme élevée à dessein, ainsi que le font en général les Polynésiens [5] et de nombreuses tribus indiennes de l'Amérique du Nord [6], ou enfin l'enterrement provisoire, observé en particulier par la plupart des Indiens de l'Amérique du Sud [7]. Toutes ces formes diverses de la sépulture provisoire, qui dans une classification technologique devraient sans doute figurer sous des rubriques spéciales, sont pour nous équivalentes. Elles ont toutes le même objet qui est d'offrir au mort une résidence temporaire en attendant que la dissolution naturelle du corps soit achevée et qu'il ne reste plus que les ossements.

Mais certains usages funéraires semblent irréductibles à ce type général : l'embaumement a précisément pour objet d'empêcher la

---

1 Cf. PREUSS, *Begräbnisarten der Amerikaner*, p. 307.

2 SPENCER et GILLEN, *Northen Tribes*, pp. 506, *617* ; ROTH, *Ethnological studies*, p. 166.

3 KRIEGER, *New-Guinea*, pp. 177-179 ; MACLAY, in *Natuurkand. v.Nederl. Indië*, XXXVI, pp. 301-302 : pour les Mélanésiens, Cf. CODRINGTON, *The Melanesians*, pp. 261, 268, 288 ; pour les Nagas, GODDEN, in *Journ. Anthr. Inst.*, XXVI, p. 194 sq. - Les Tahitiens ont gardé le souvenir d'une époque grossière où les survivants conservaient dans leur maison les cadavres des :morts ; c'est plus tard seulement, par suite du progrès des moeurs, que s'est établie la coutume d'élever pour les morts des maisons séparées ; cf. ELLIS, *Polynesian Researches*, I, p. 404. Il n'y a pas de raison selon nous pour suspecter l'authenticité de cette tradition, et l'évolution qu'elle décrit est probablement typique.

4 Cf. pour les Bakundu SEIDEL, in *Globus*, LXIX, p, 277 ; pour les Apingis du CHAILLU, *Voyages... dans l'Afrique équatoriale*, p. 512 ; pour les Wapare, BAUMANN,*Usambara*, p. 238.

5 Cf. pour Tahiti, ELLIS, *loc.cit.*, Cook in HAWKESWORTH, *Account of the vogages...*, II, p. 235 ; pour les îles Gambier, MOERENHOUT,*Vogage aux îles du grand Océan*, I, pp. 101-102; CUZENT, *Voyage aux Îles Gambier*, p. 78.

6 Cf. YANROW, Mortuary customs of the N. Am. Indians, in *Bureau of Ethn.*, *Ann. Rep.*, I, p. 158, 168 sq.; SCHOOLCRAFT, IV, P. 65; KEATING, *Long's Expedition*, *I*, p. 345 ; CATLIN, *Letters and Notes*, I, p. 87 sq. ; ADAIR, *History of the Am. Ind.*, p. 129.

7 *Cf.* SIMONS *Proc. Roy. Geog. Soc (1885), p. 792* ; CANDELIER, *Rio-Hacha*, p. 216 sq.; et les textes cités par PREUSS, *Begräbnisarten der Amerikaner*, p. 126 sq.

Robert Hertz

corruption des chairs et la transformation du corps en squelette ; la crémation d'autre part prévient l'altération spontanée du cadavre par une destruction rapide, plus ou moins entière. Selon nous, ces modes d'ensevelissement artificiel ne diffèrent pas essentiellement des formes de sépulture provisoire que nous avons énumérées : la démonstration complète de cette thèse nous entraînerait hors de notre sujet ; qu'il suffise d'indiquer ici brièvement les raisons qui à nos yeux la justifient.

Notons d'abord que la momification n'est en certains cas qu'un simple résultat de l'exposition ou de l'inhumation temporaires, dû aux propriétés dessiccatrices de la terre ou de l'air environnants [8]. De plus, même lorsque les survivants n'ont point l'intention de préserver artificiellement le cadavre, ils ne l'abandonnent pas toujours complètement au cours de la décomposition. Comme la transformation qui s'accomplit en lui est pénible et dangereuse à la fois pour le mort et pour ceux qui l'entourent, on prend souvent des mesures pour abréger la putréfaction, pour en diminuer l'intensité ou pour en neutraliser les effets sinistres : on entretient auprès des restes du mort un feu destiné à la fois à écarter les influences malignes, à réchauffer l'âme errante et à exercer une action bienfaisante sur le corps [9], on entoure celui-ci de fumées odoriférantes, on l'enduit d'onguents aromatiques [10]. De ces pratiques à l'usage de faire boucaner le cadavre sur une claie [11]

---

8 Cf. SWAN, *The N.-W. Coast*, pp. 70-71 ; YARROW, *op. cit.*, p. 166 ; PREUSS, *op. cit.*, p. 186. Chez les Égyptiens, la momification semble avoir été d'abord spontanée ; les procédés artificiels ont été introduits ultérieurement; MASPERO, *Histoire ancienne des peuples de l'Orient classique*, t I, p. 112, p. 116.

9 De même qu'à Timor, la mère pendant les quatre mois qui suivent l'accouchement doit rester immobile auprès d'un feu continu; la chaleur et la fumée sont censées remettre son corps en état ; cf. Sal. MÜLLER, *op. cit., p. 275.*

10 Les Kurnai extraient quelquefois les intestins du corps afin que la dessiccation se fasse plus vite : HOWITT, *Native tribes of S. E. Austral.*, p. 459 ; c'est là une des opérations préliminaires de l'embaumement. Dans certaines îles mélanésiennes, on accélère la dissipation des chairs en répandant à profusion de l'eau sur le cadavre ; cf. DANKS, in *Journ. Anthr. Inst.*, XXI, p. 354 ; Codrington, *op. cit.*, p. 263.

11 Cf. HOWITT (sur les Unghi du Queensland), *op. cit.*, p. 467 ; sur les Papous, Sal. MÜLLER, *op. cit*, p. 72; GOUDSWAARD *De Papœwa's van d. Geelvinksbai*, p. 71 sq. ; FINSCH, *New-Guinea*, p. 86, etc. ; sur les Nigritiens, BOSMAN, *Voyage de Guinée*, p. 229 sq. ; ROTH, *Benin, p.* 42 ; sur les Fjort, DENNETT, *Notes on the Folk-lore of the Fjort*, p. 22 sq. ; sur les Malgaches, GUILLAIN, *Documents sur l'histoire... de Madagascar*, p. 158 ; GRANDIDIER, in *Revue d'ethnographie, V*, pp.

ou à un embaumement rudimentaire [1] la transition est presque insensible. Pour que l'on passe de la dessiccation spontanée qui ne laisse subsister que les os à cette forme spéciale de dessiccation qui transforme le cadavre en momie, il suffit que le désir se soit développé chez les survivants de faire entrer dans la sépulture définitive un corps aussi peu altéré que possible [2]. C'est ainsi que le rituel funéraire égyptien concorde dans ses traits essentiels avec les croyances et les pratiques indonésiennes : pendant soixante-dix jours, l'embaumeur lutte contre la corruption qui voudrait s'emparer du cadavre ; c'est seulement au terme de cette période que le corps, devenu impérissable, sera conduit au tombeau, que l'âme partira pour les champs d'Ialou et que le deuil des survivants prendra fin [3]. Il paraît donc légitime de considérer la momification comme un cas particulier et dérivé de la sépulture provisoire.

Quant à la crémation [4], elle n'est pas en général un acte définitif et se suffisant à lui-même ; elle appelle un rite ultérieur et complémentaire. Dans le rituel de l'Inde antique, par exemple, les restes du corps qui subsistent après la combustion doivent être, ainsi que les cendres, soigneusement recueillis et déposés au bout d'un temps variable dans un monument funéraire [5] ; la

214, 222; pour les faits américains, Cf. PREUSS, *op. cit.*, p. 187sq.

1 Comme celui qu'on pratiquait à Tahiti ; cf. HAWKESWORTH, *op. cit.*, p. 235 ; ELLIS, *ibid., pp.* 400, 404 ; CUZENT *loc. cit.* ; TURNER, *Samoa, pp.* 145, 148 ; - et, sur les Waganda, DECLÉ, *Three years in savage Africa,* p. 446 ; sur les Antankarana, GRANDIDIER, *ibid.,* p. 217; sur les Aïnos de Sakhalin, PREUSS, *op. cit.,* p. 190 : la veuve d'un chef devait pendant un an, jusqu'à l'enterrement, protéger son cadavre de la putréfaction, cela sous peine d'être mise à mort.

2 Rien ne prouve, croyons-nous, que ce désir soit « naturel » et original. D'ailleurs, la plupart des documents cités nous présentent la momification comme un rite exceptionnel, réservé par exemple aux chefs ou aux enfants particulièrement aimés. - L'homologie entre la préservation artificielle du cadavre et la simple exposition temporaire paraîtra moins difficile à admettre si l'on tient compte du fait qui sera mis en lumière plus bas : les ossements secs, résidu de la décomposition, constituent pour le mort un corps incorruptible, absolument comme la momie.

3 MASPERO, *op. cit., ibid.,* et p. 178 sq. et *Etudes de mythologie et d'archéologie égypt.,I,* p. 292 sq., 358 sq. ; cf. *Livre des morts,* ch. CLIV; HÉRODOTE, Il, 86 ; *Genèse,* 1, 3.

4 Nous ne voulons parler ici que de la crémation pratiquée sur le corps avant (ou pendant) qu'il se décompose ; nous mettons à part la crémation des os qui a lieu quelquefois lors des obsèques définitives ; cf. plus bas, p. 76.

5 Cf. OLDENBERG, *Religion du Véda,* trad. franç., p. 494 sq. ; CALAND, *Allind. Totengebräuehe,* p. 99 sq. Ce dernier auteur indique lui-même (*op. cit.,* p. 180) le

Robert Hertz

crémation et l'inhumation des ossements calcinés, correspondent aux premières et aux secondes obsèques des Indonésiens [1]. Sans doute la nature même du rite observé fait que l'intervalle entre les cérémonies initiale et finale est indéterminé et peut se réduire au point qu'elles forment parfois un tout continu [2] ; mais cela n'empêche point la crémation d'être une opération préliminaire et d'occuper, dans le système des rites funéraires, la même place que l'exposition temporaire [3]. À cette homologie externe répond

rapprochement entre l'érection du monument funéraire et les obsèques finales des Dayaks. Le rite d'ailleurs, sous cette forme complète, est réservé aux pères de famille ayant allumé les trois feux des grands sacrifices (*ibid.*, p. 128) ; pour les autres, on se borne à déposer les restes dans la terre ou dans une rivière (p. 107) ; mais entre les deux cérémonies il n'y a qu'une différence de degré et de solennité. Les différents textes fournissent des indications variées et flottantes sur la longueur du délai qui doit s'écouler entre la crémation et la cérémonie finale (p. 99, 116, 130) - l'usage le plus répandu aujourd'hui est de recueillir les restes le troisième jour ; mais la tradition la plus ancienne semble faire coïncider ce rite avec la fin de la période d'impureté de dix jours. - Chez les anciens Aztèques, les ossements étaient enfermés dans une sorte de statue portant le masque du mort ; celle-ci était gardée et honorée pendant une période de quatre ans ; puis avait lieu une seconde crémation à la suite de laquelle les restes étaient enterrés ; ce rite final était censé coïncider avec l'accès de l'âme à sa demeure définitive ; cf. SAHAGUM, *Histoire générale des choses de la Nouvelle-Espagne,* trad. franç. p. 221 sq. ; Ed. SELER, *Gesammell Abhandlungen, II,* p. 678 sq., p. 746 ; Z. NUTTALL, *Codex Nuttall* (Peabody Museum, 1902), p. 25 sq., p. 81 sq. - Chez les Tolkotins de l'Orégon, les ossements calcinés sont remis à la veuve qui doit les porter avec elle pendant toute la durée de son deuil (environ trois ans) ; la délivrance de la veuve a lieu en même temps que l'on dépose les os dans un monument funéraires : Ross Cox, *in* YARROW, *op. cit.,* p. 144 sq. ; de même chez les Takhali : HALE, *U. S. Explor. Exped.* (1846), p. 203 ; *cf.* sur les Roucouyennes, CREVAUX, *Voyages dans l'Amérique du Sud,* pp. 120-121.

1 Cette homologie est plus manifeste encore chez les Todas ; car ceux-ci désignent expressément sous le nom de « premières obsèques » la crémation du cadavre pour la distinguer des «secondes obsèques », célébrées au bout d'un délai plus ou moins long, qui consistent dans un nouvelle crémation des reliques et dans l'enterrement final des cendres. Durant l'intervalle qui sépare les deux cérémonies, les reliques enveloppées d'un manteau sont traitées comme le serait le cadavre lui-même (elles portent le même nom), l'âme ne peut encore se rendre au pays des morts et est tenue pour malveillante, les proches parents sont impurs et taboués. La période intermédiaire dure au moins un mois, quelquefois plus d'un an. Comme on le voit, ces croyances et ces pratiques concordent rigoureusement avec le type normal, Cf. RIVERS, *The Todas,* p. 337, p. 364 sq., p. 378 sq., p. 403, p. 697, p. 701.

2 Comme c'est le cas par exemple chez les Tlinkit, cf. KRAUSE, *Tlinkit* Indianer, p. 222 sq., 227.

3 Dans les tribus australiennes de la région de Maryborough nous voyons la crémation pratiquée à côté de l'enterrement provisoire et de l'exposition sur une

...la représentation collective de la mort

d'ailleurs une similitude plus profonde : l'objet immédiat de la sépulture provisoire est, nous le verrons, de laisser à la dessiccation des os le temps de s'achever ; cette transformation n'est point aux yeux des « primitifs » une simple dissolution physique, elle change le caractère du cadavre, en fait un corps nouveau, et est par suite une condition nécessaire du salut de l'âme. Or tel est précisément le sens de la crémation : bien loin d'anéantir le corps du défunt, elle le recrée et le rend capable d'entrer dans une vie nouvelle [1] ; elle aboutit donc au même résultat que l'exposition temporaire [2], mais seulement par une voie beaucoup plus rapide [3]. L'action violente du feu épargne au mort et aux survivants les peines et les dangers qu'implique la transformation du cadavre, ou du moins elle en abrège considérablement la durée en accomplissant tout d'un coup cette destruction des chairs [4] et cette réduction du corps à des éléments immuables qui naturellement se font d'une manière lente et progressive [5]. Ainsi, entre la crémation et les divers modes de la

---

estrade ; elle est mise sur le même plan que ces autres modes : cf. *HOWITT, op. cit.,* p. 470.

1 Cette préoccupation apparaît explicitement dans les formules prononcées au cours de la crémation hindoue : « Ne le consume point (le mort), dit-on à Agni, ne lui fais pas de mal; ne mets pas en pièces ses membres ; quand tu l'auras cuit à point, puisses-tu l'envoyer auprès de nos pères. » Aussi offre-t-on un substitut aux forces destructrices du feu ; c'est le boue qu'on attache au bûcher et qu'on laisse s'échapper ; Cf. CALAND, p. 59, 62, 67, 175 sq. Sans doute il y a dans ce rituel bien des éléments adventices, en particulier la notion d'Agni psychopompe ; mais il nous paraît arbitraire de restreindre (comme le fait Oldenberg) (*op. cit.,* p. 499), « le rôle primitif du feu » au fait de débarrasser les vivants de l'objet impur et dangereux qu'est le cadavre ; aussi loin que nous puissions remonter dans le passé, l'action purifiante de la crémation, comme du rituel funéraire en général, s'exerce tout ensemble au profit des survivants et du mort. - Cf. sur les tribus californiennes, POWERS, in *Contrib. to N. Am.Ethnol.,* III (1876), p. 194, 207 : l'âme ne peut être sauvée et délivrée que par l'action du feu.

2 La crémation peut même rejoindre la momification qui semble lui être directement opposée ; ainsi « les Quichés réunissaient les cendres et en pétrissaient avec de la gomme une statue à laquelle ils mettaient un masque représentant les traits du mort ; la statue était déposée dans le tombeau ». BRASSEUR DE BOURBOURG, *Popol-Vuh,* pp. 192-193.

3 Cf. ROHDE, *Psyche* (2e éd.), I, pp. 30-32.

4 Dans le rituel hindou, le feu qui a servi à la crémation (et qui doit être définitivement éteint) est désigné sous le nom de *Krâvyâd,* « *man*geur de chair » ; CALAND, *ibid.,* p. 113.

5 Il y a d'ailleurs des formes intermédiaires entre la simple exposition et la crémation complète : l'exposition ne dure que peu de jours dès que cela est possible, on

sépulture provisoire il y a une différence de temps et de moyens, mais non de nature.

Dans tous les rites que nous avons étudiés jusqu'à présent, les parties molles du cadavre, lorsqu'on ne les préserve pas par des procédés artificiels, sont détruites purement et simplement : on ne les considère que comme des éléments périssables et impurs dont les os doivent être dégagés ; mais des représentations plus complexes se font jour dans la pratique connue sous le nom d'endocannibalisme [1], qui consiste dans la consommation rituelle des chairs par les parents du mort. Assurément ce rite n'a pas pour objet exclusif la purification des os. Ce n'est pas, comme l'anthropophagie banale, un raffinement de cruauté ou la satisfaction d'un appétit physique ; c'est un repas sacré, auquel seuls certains groupes définis de membres de la tribu [2] peuvent prendre part, et dont les femmes, du moins chez les Binbinga, sont strictement exclues. Par ce rite les vivants intègrent à leur propre substance la vitalité et les qualités spéciales du défunt qui résidaient dans sa chair : si on laissait celle-ci se dissoudre, la communauté perdrait des forces qui doivent lui revenir [3]. Mais en même temps

dépouille les os de leurs chairs qui sont brûlées il y a ici une véritable crémation partielle, ayant pour objet d'achever plus rapidement la dessiccation des ossements et l'élimination des parties impures ; cf., sur les Santee de la Caroline du Sud, Lawson *in* MOONEY, *Siouan tribes of the E.*, p. 79 ; *sur* les Hawaï, ELLIS, *op. cit.*, p. 132 sq., *359 ;* PREUSS, *op. cit., p. 309-310.* Certains auteurs signalent le fait que la crémation n'a lieu parfois qu'au bout d'un long délai, lorsque la décomposition est déjà fort avancée cf. sur les Tlinkit, KRAUSE, *op. cit.*, pp. 222, 234, et ERMAN, in *Zeitschr. f.Ethn.*, II, 380 sq. ; et sur certains Galibis, BIET, *Voyage de la France équinoxiale* (1664), p. 392; notons que dans les deux cas cités la crémation fait suite à une exposition du cadavre dans la maison même. - Nous ne prétendons pas que la crémation a partout succédé à l'inhumation ou à l'exposition provisoires ; ce serait compliquer inutilement notre thèse d'une hypothèse historique, impossible à vérifier ; nous cherchons seulement à établir qu'il y a équivalence entre ces divers modes et qu'ils répondent à la même préoccupation fondamentale. L'idée que la crémation ne fait que reproduire, en l'accélérant, le processus naturel de la décomposition a été exposée d'une manière un peu différente par R.KLEINPAUL, *Die Lebendigen u. die Toten*, pp. 93-95.

1 Cf. STEINMETZ, *Der Endokannibalismus.*

2 La nature de ces groupes varie d'ailleurs dans les différentes tribus; cf. SPENCER et GILLEN, *Northern Tribes*, p. 548 et *HOWITT, op. cit.*, pp. 446-449.

3 Cette intention apparaît surtout nettement dans certains cas d'infanticide suivi d'une consommation des chairs par un frère ou une sœur aînés que l'on veut ainsi fortifier ; cf. HOWITT, p. 749-750, SPENCER et GILLEN, *ibid.*, p. 608. Howitt

l'endocannibalisme évite au mort l'horreur d'une lente et ignoble décomposition et fait parvenir ses os presque immédiatement à leur état définitif ; il assure d'autre part aux chairs la sépulture la plus honorable [1]. En tout cas la présence de cette pratique n'altère pas essentiellement le type général que nous cherchons à constituer ici : car après la consommation des chairs les ossements sont recueillis et gardés par les parents du mort pendant une période plus ou moins longue au terme de laquelle les obsèques finales seront célébrées : pendant ce temps l'âme est censée rôder près des os et du feu sacré que l'on entretient à côté et le silence est strictement imposé aux proches parents du mort [2]. Ainsi, quelles

---

nous signale la croyance répandue dans la vertu magique de la graisse de l'homme : en elle résident la force et la santé de l'individu ; dans certaines tribus, chez les Dieri par exemple, seule la graisse est mangée ; cf. *HOWITT,* pp. 367, 411, 448. - Nous ne prétendons pas d'ailleurs que cette interprétation soit exhaustive : ainsi chez les mêmes Dieri, la consommation de la graisse du mort a pour objet de pacifier les parents et de les décharger de leur chagrin ; c'est toujours un changement favorable opéré dans l'état des survivants.

1 Les Turrbal justifient cette coutume en alléguant leur affection pour le mort : « De cette manière, ils savaient où il était, et sa chair ne puerait pas » ; HOWITT, p. 752. Cf. sur les Indiens de l'Amérique du Sud, PREUSS, *op. cit.,* p. 218 : un Masuruna converti se plaignait de ce qu'étant enterré à la mode chrétienne, il serait mangé par les vers au lieu de l'être par ses parents.

2 Nous suivons l'exposé des faits relatifs aux Binbinga, SPENCER et GILLEN, *op. cit.,* pp. 549-554. Les ossements, enveloppés dans de l'écorce, sont d'abord gardés quelque temps sur une plate-forme jusqu'à ce qu'ils soient complètement secs, puis on renouvelle leur enveloppe et les dépose au sommet d'un pieu fourchu, parfois au milieu même du camp ; ils y restent environ un an ou davantage. Très instructive est la comparaison, suggérée par les auteurs eux-mêmes, entre cette série de rites et celle qu'on rencontre dans la tribu voisine des Gnanji *(ibid.,* p. 545) : chez ceux-ci l'endocannibalisme semble n'être qu'exceptionnellement pratiqué ; le cadavre est d'abord exposé sur une plate-forme dans un arbre, jusqu'à ce que la plus grande partie des chairs ait disparu des os ; ceux-ci sont alors enveloppés dans de l'écorce et laissés sur la plate-forme jusqu'à ce qu'ils soient assez secs pour pouvoir être aisément disjoints ; puis on les met dans une autre enveloppe et les laisse dans l'arbre jusqu'à ce qu'ils soient blanchis : alors seulement a lieu la cérémonie finale. On voit que les deux séries se correspondent rigoureusement ; la première période d'exposition des Gnanji tient seulement la place de la consommation des chairs par les parents. On passe ainsi facilement de l'état de choses observé chez les tribus côtières à celui qui existe dans le centre de l'Australie, chez les Kaitish par exemple, où les obsèques finales ont lieu au bout de quelques mois d'exposition sur un arbre, quand toute la chair a disparu des os *(ibid.,* p. 508). Cf. HOWITT, pp. 470, 753 ; et sur les Botocudos, Rath, *in* PREUSS, loc. cit., p. 219 ; sur les Chirihuana, GARCILASSO DE LA VEGA, *Royal commentaries of Peru* (1688), p. 278.

Robert Hertz

qu'en puissent être les causes directes, l'endo-cannibalisme vient prendre place parmi les pratiques diverses observées en vue de la dénudation des os dans la période comprise entre la mort et les derniers rites funéraires.

Nous avons vu que la période d'attente coïncide dans un très grand nombre de cas avec la durée réelle ou présumée de la décomposition ; c'est en général sur des restes desséchés et à peu près immuables que l'on célèbre les derniers rites funéraires. Il semble donc naturel de supposer qu'un rapport existe entre l'institution des obsèques provisoires et les représentations que fait naître la dissolution du cadavre : on ne peut songer à donner la sépulture définitive au mort tant que celui-ci est encore plongé dans l'infection [1]. Cette interprétation n'est pas une hypothèse gratuite : nous la trouvons exposée tout au long comme un dogme essentiel dans le Zend-Avesta. Pour les fidèles du Mazdéisme, un cadavre est la chose impure par excellence [2] et d'innombrables prescriptions ont pour objet de préserver contre la contagion funèbre les personnes et les choses appartenant à la bonne création. C'est un attentat à la sainteté de la terre, de l'eau et du feu que de leur infliger le contact immonde d'un corps mort [3] : il faut reléguer celui-ci sur quelque hauteur éloignée et stérile, et, s'il se peut, à l'intérieur d'une enceinte de pierre [4], « là où l'on sait que viennent toujours des chiens carnivores et des oiseaux carnivores » [5]. Les vautours et les fauves sont aux yeux des Parsis les grands purificateurs du cadavre : car c'est dans les chairs corruptibles que réside la Nasu, l'Infection démoniaque. Au bout d'un an, lorsque les os seront complètement nus et secs, la terre qui les porte sera pure [6], on pourra les toucher, comme le déclare expressément Ormazd, sans

---

1 C'est l'explication que suggère, à propos des Malgaches, Grandidier (op. cit., p. 214) : « Cette coutume semble avoir pour but de ne pas enterrer définitivement les os avec les matières putrescibles que produit la décomposition des chairs et qu'ils considèrent comme impures. »

2 *Zend-Avesta (tract. Darmesteter)*, t. II, p. x sq., p. 146 sq.

3 *Vendidad*, III, 8 sq., VII, 25 sq.

4 Ce sont les célèbres « Tours du silence » ou Dakhmas ; cf. DARMESTETER , *ibid.*, p. 155 sq.

5 *Vendidad*, VI, 44 sq. ;VIII, 10. Il est essentiel que le cadavre « voie le soleil », cf. *ibid.*, III, 8, n. 14, VII, 45.

6 *Vendidad*, VII, 46.

...la représentation collective de la mort

encourir de souillure [1]. Il sera temps alors de les déposer dans un ossuaire, leur sépulture définitive [2]. Ainsi, dans le Zoroastrisme, l'exposition temporaire a pour fonction d'isoler le cadavre tenu pour dangereux, et en même temps d'en assurer la purification. Mais les textes avestiques ne nous présentent peut-être que le produit d'une réflexion théologique raffinée et tardive : il faut rechercher quelle signification des sociétés plus jeunes attachent à la réduction du corps en squelette.

Les documents indonésiens nous ont laissé apercevoir une sorte de symétrie ou de parallélisme entre la condition du corps, condamné à attendre un certain temps avant de pouvoir pénétrer dans la sépulture définitive, et celle de l'âme qui ne sera admise régulièrement au pays des morts que quand les derniers rites funéraires auront été accomplis ; mais dans d'autres provinces ethnographiques ces deux groupes de faits sont unis d'une manière plus directe. C'est ainsi que certains Caraïbes de la Guyane française déposent provisoirement le mort dans une fosse, assis sur un siège, avec tous ses ornements et ses armes : ils lui apportent à boire et à manger jusqu'à ce que les os soient complètement dénudés ; car, disent-ils, les morts « ne vont point là-haut qu'ils ne soient sans chair » [3]. De même, chez les Botocudos, l'âme reste dans le voisinage de la tombe jusqu'à la fin de la décomposition et pendant tout ce

---

1 *Ibid., VIII, 33* sq.:cette déclaration est suivie de l'énoncé du principe général : « Le sec ne se mêle pas au sec. »

2 *Vendidad, VI, 49* et sq., et les notes. L'usage des secondes obsèques est tombé en désuétude ; chez les Parsis contemporains, « les squelettes desséchés sont deux fois par an précipités dans le puits central» du Dakhma ; DARMESTETER, *op. cit.,* p. 156. Mais dans la coutume ancienne, encore observée au IXe siècle, le Dakhrna était une sorte de lazaret dont les restes des morts, une fois purifiés, devaient être retirés. La comparaison entre les rituels iranien et hindou confirmerait l'interprétation que nous avons donnée de la crémation.

3 BIET, *Op. cit.,* p. 392 ; au terme de cette période ont lieu les obsèques finales sur lesquelles nous reviendrons. - Cf. ROTH, *Ethnol, Stud., p. 165,* au sujet de la tribu de Boulia dans le Queensland : « Le sauvage se représente vaguement le cadavre « devenant plus vieux et s'en allant « en quelqu'autre place », quand il cesse d'apporter de la nourriture et du tabac au lieu de la sépulture. » - Chez les indigènes christianisés des Iles Paumotu, la veuve et les parents du mort viennent veiller le mort sur sa tombe toutes les nuits et lui apportent sans doute de la nourriture ; ce rite est obligatoire pendant deux semaines, période qui correspond, affirme-t-on, à la dissolution du cadavre ; STEVENSON, *In the South Seas*, p. 185 sq., 201.

Robert Hertz

temps elle inquiète les vivants qui viennent à l'approcher [1]. Ces tribus rattachent donc explicitement à la dissolution du cadavre leur croyance en un séjour temporaire de l'âme sur la terre, avec les obligations et les craintes qui en dérivent.

Ce n'est pas arbitrairement que l'on ajourne ainsi le départ final de l'âme jusqu'au moment où le corps sera entièrement désagrégé. Cette représentation est liée à une croyance générale bien connue : pour faire passer un objet matériel ou un être vivant de ce monde-ci dans l'autre, pour libérer ou pour créer son âme, il faut le détruire. La destruction peut être soudaine comme dans le sacrifice, ou lente comme dans l'usure graduelle des choses consacrées, déposées en lieu saint ou sur la tombe ; à mesure que l'objet visible disparaît, il va se reconstituer dans l'au-delà, plus ou moins transfiguré [2]. La même croyance vaut pour le corps et l'âme du défunt. Selon les Aïnos, « la mort n'est pas l'affaire d'un moment » ; tant que la décomposition n'est pas terminée, la vie et l'âme subsistent en quelque mesure à l'intérieur ou dans le voisinage de la tombe ; « c'est graduellement que l'âme se libère de son tabernacle terrestre » ; et il faut avoir soin de la laisser seule pendant tout ce temps [3]. Une représentation identique se présente chez certaines tribus du Nord-Ouest américain avec plus de détails : à mesure que progresse la dissolution du cadavre, les âmes des précédents morts viennent chaque nuit ôter la chair des os et l'emportent dans la maison des âmes, située au centre de la terre ; lorsque cette opération est terminée, le mort possède un nouveau corps semblable à l'ancien, si ce n'est que les os sont demeurés sur la terre [4].

1 Bath, in KOCH, Animismus d.Südam.Ind. in Int.Arch. Ethn. (1900), p. 26 ; il n'est pas fait mention, dans ce texte, de secondes obsèques.
2 Cf. TYLOR, Civilisation primitive, t.I, p. 558 sq. - Pour le dernier point cf. MARINER, Account of the natives of Tonga, Il, p. 129 (sur les Fijiens) ; Geolog. Survey of Canada, VIII (1895), p. 55 L (sur les Esquimaux du Labrador) : les esprits des objets matériels sont censés être libérés aussitôt que ceux-ci se gâtent. Dans une histoire irlandaise, rapportée par MOONEY (in Proc. Americ. Philos. Society, 1888, p. 295), un fils, à l'intention de son père mort, commande des habits et les porte lui-même : à mesure qu'ils s'usent, ils vont vêtir son père dans l'autre monde.
3 BATCHELOR, The Aïnu, p. 561. La même représentation existe à propos des objets matériels. L'auteur ne mentionne point l'usage de la sépulture provisoire, mais sur les Aïnos de Sakhaline, cf. PREUSS, p.. 114, 190. - FISON a rencontré une croyance semblable en Australie, Journ. Anthr. Inst., X, p. 140 sq.
4 SWAN, sur les Makah, in Smithson. Contrib. Io Knowl., XVI (1870), p. 84 et cf. p. 78, 83, 86 ; Eells, sur les Clallams et Twanas, in YARROW, op. cit., p. 171 sq., 176 ;

Mais l'homme possède, outre ce double spirituel de son corps, une autre âme mobile et relativement indépendante ; celle-ci qui, pendant l'existence terrestre, pouvait déjà s'absenter à l'occasion et subsister par elle-même, peut aussitôt après la mort vivre d'une vie séparée ; c'est même justement son départ qui est la cause de la désagrégation du corps. Cependant la solidarité ancienne persiste : si l'âme gagne immédiatement le pays des morts, elle n'est pas sans subir le contrecoup de l'état où se trouve le cadavre. Dans plusieurs îles mélanésiennes, on croit que l'âme reste faible tant que dure la putréfaction ; après son arrivée dans l'autre monde, elle se tient d'abord immobile ; le pouvoir magique qu'elle possède est temporairement engourdi. Lorsque toute odeur a disparu, l'âme retrouve accrues sa force et son activité, elle devient un *lindalo*, un esprit protecteur, auquel les vivants rendront un culte ; « elle a cessé d'être un homme » [1]. Peut-être faut-il prendre à la lettre cette dernière formule, car les esprits des morts, du moins un grand nombre d'entre eux, sont souvent en Mélanésie censés habiter dans le corps de différents animaux, en particulier des requins et des oiseaux-frégates [2]. La mort n'est pleinement consommée que lorsque la décomposition a pris fin; alors seulement le défunt cesse d'appartenir à ce monde pour entrer dans une autre existence.

Il n'est pas étonnant que de semblables idées se retrouvent à Madagascar, puisque les peuples de cette île sont apparentés aux Indonésiens. Les Sihanaka s'imaginent que pendant que la chair se détache des os, l'âme ressent de cruelles souffrances : parvient-elle à les surmonter, elle continuera indéfiniment à vivre comme un esprit; mais si elle succombe, elle doit passer dans le corps

---

ces dernières tribus exposent le cadavre sur un canot surélevé ; au bout d'environ neuf mois a lieu l'enterrement définitif ; chez les Makah, actuellement, on procède à l'inhumation de suite après la mort, mais il reste, semble-t-il, des traces assez nettes de l'ancien usage.

1 CODRINGTON, *op. cit.*, p. 260, cf. pp. 257, 277, 286; l'auteur rattache aux mêmes représentations les pratiques suivies dans l'île de Saa (à l'égard des morts distingués), qui ont pour objet d'accélérer la décomposition ou d'empêcher les émanations cadavériques : de cette matière les âmes riches en *mana* seront actives et disponibles plus vite, seules ces dernières deviennent des tindalos ; *ibid.*, p. 253 ; *PENNY, Ten Years in Melon.*, p. 56. La notion d'un séjour temporaire de l'âme sur la terre se rencontre aussi ; CODRINGTON, pp. 267, 284 ; *PENNY*, p. 55. - Cf. *Cambridge Exped. to Torres Straits*, V, p. 355.

2 CODRINGTON, pp.179-180 ; *PENNY*, p. 56.

Robert Hertz

d'un papillon [1]. Peut-être quelque élément d'origine étrangère s'est-il greffé sur la représentation originale : il n'en est pas moins remarquable que la période intermédiaire soit conçue comme un temps d'épreuves, et que les souffrances de l'âme soient reliées à la transformation qui s'accomplit dans le corps. Mais la croyance la plus répandue chez les Malgaches, c'est que les liquides provenant de la décomposition des chairs donnent naissance à quelque animal plus ou moins mythique qui n'est autre que l'incarnation nouvelle de l'âme ; aussi recueille-t-on avec soin ces liquides dans des jarres de terre ; parfois on les arrose de sang de bœuf afin de mieux assurer la renaissance du défunt : tant que celui-ci n'est pas « revenu » sous les espèces d'un petit ver, il est interdit chez les Betsileo et de donner la sépulture aux restes du corps et de vaquer aux travaux des champs [2]. C'est toujours sous des formes variées la même notion qui reparaît : la dissolution de l'ancien corps conditionne et prépare la formation du corps nouveau que l'âme habitera désormais.

Il faut se garder d'attribuer à ces représentations diverses une généralité et une valeur explicative qu'elles n'ont pas. Ce serait tomber dans l'arbitraire que d'ériger telle ou telle croyance particulière en vérité universelle, d'affirmer par exemple que toujours le corps nouveau du mort sera constitué par ses chairs volatisées [3]. En fait, comme nous le verrons, ce sont souvent les os qui sont censés servir de support matériel à l'âme désincarnée. Ces représentations opposées s'accordent en ce qu'elles ont d'essentiel, elles traduisent de manières diverses un thème constant. Deux notions complémentaires paraissent composer ce thème : la première, c'est que la mort ne se consomme pas en un

---

1 LORD, in *Antananarivo annual...*, VII (1883), p. 95.

2 RICHARDSON (sur les Betsileo), *ibid.*, I (1875), p. 73 sq. ; SHAW, *ibid.*, IV (1878), pp. 6-7 ; SIBREE, *Great Afric. Island*, p. 277 ; GRANDIDIER, *op. cit.*, pp. 217, 221, 225, 231 ; GUILLAIN, *op. cit.*, p. 158. Chez les Betsileo, s'il s'agit d'un grand personnage, on va chercher le serpent sur la tombe au bout de quelques mois et on le ramène avec pompe dans la ville dont il sera désormais le gardien. - Cf. HOLLIS, *The Masai*, p. 307 ; s'il s'agit d'un riche ou d'un homme-médecine, son âme passe dans le corps d'un serpent aussitôt que le cadavre tombe en putréfaction ; le serpent se rend au kraal de ses enfants pour veiller sur eux.

3 Cette assertion a été émise par KLEINPAUL dans l'ouvrage déjà cité, pp. 31-34 ; « l'essentiel, dit-il, c'est que les morts se volatilisent la décomposition est pour les primitifs une sorte de sublimation dont les produits constituent un être plus élevé ».

acte instantané, elle implique un processus durable, qui, du moins dans un grand nombre de cas, ne sera considéré comme achevé que lorsque la dissolution du corps aura elle-même pris fin ; la seconde, c'est que la mort n'est pas une simple destruction mais une transition : à mesure qu'elle s'achève, la renaissance se prépare ; tandis que le corps ancien tombe en ruine, un corps nouveau se forme avec lequel l'âme, pourvu que les rites nécessaires aient été accomplis, pourra entrer dans une autre existence, souvent supérieure à l'ancienne.

Pendant toute cette période où la mort n'est pas encore terminée, le défunt est traité comme s'il était toujours vivant : on lui apporte à manger, ses parents et amis lui tiennent compagnie, lui parlent [1]. Il conserve tous ses droits sur sa femme et il les garde jalousement. La veuve est littéralement la femme d'un mort, d'un individu en qui la mort est présente et se continue ; aussi est-elle regardée pendant tout ce temps comme un être impur et maudit, et condamnée dans un très grand nombre de sociétés à une vie abjecte de paria ; c'est seulement lors de la cérémonie finale qu'elle pourra être libérée et autorisée par les parents du mort soit à se remarier soit à rentrer dans sa famille [2]. De même, quelquefois,

---

1 Cf. plus bas, p, 64, n. 1, et GRANDIDIER, *op. cit.*, p. 225 CANDELIER, *Rio-Hacha*, p. 218, sur les Goajires : les proches parents allument des feux et déposent des vivres sur la tombe pendant neuf jours, « car pour eux on n'est réellement mort qu'au bout de ces neuf jours ; notons que cette période ne coïncide pas avec la durée de la sépulture provisoire qui est d'un ou deux ans (jusqu'à complète dessiccation des os) ; cf. SIMONS, *Roy.Geog.* Soc. (1885), p. 792. - Cf. ELLIS, *Polyn. Res.*, I, p. 404 ; RIEDEL, *Sluik- en kroesharige rassen*, p. 267 sq. (sur les indigènes des îles Aru).
2 Voir WILKEN, *Das Haaropfer*, in *Revue Coloniale*, III, Appendice. L'âme du mort est souvent censée suivre constamment la veuve, surveillant sa conduite. - Notons que même dans les sociétés où est en vigueur l'institution du lévirat, le nouveau mariage n'a lieu souvent que lors de la cérémonie finale; parfois cependant (chez les Chippeways par exemple, Cf. YARROW, *op. cit.*, p.. 184) il peut se faire plus tôt, il relève alors ou dispense la veuve du deuil ; il n'y a pas en ce cas succession proprement dite mais continuation du mort par son frère ou cousin, cf. CALAND, *op. cit.*, p. 42 sq. - Les documents relatifs à ces faits sont très nombreux et bien connus ; nous n'en citerons que quelques uns :SPENCER et GILLEN, *Native Tribes*, p. 502 et *Northern Tribes*, p. 507 ; sur les indigènes des îles Aru, RIEDE, *Sluik- en kroesharige rassen*, p. 268 ; sur les Papous, VAN HASSELT, in *Mill. Geogr. Ges. Iena*, X, p. 10. ROSENBERG,*D. Mal. Archipel.*, p. 434 ; sur les Maoris, TAYLOR,*Te Ika a Maui*, p. 99 ; sur les indigènes des îles Gilbert, MEINICKE, *Inseln des Stillen Oceans*, Il, p. 339 ; sur les Iroquois,LAFITAU, *op. cit.*, Il, p. 439 ; sur les Tolkotin, YARROW, p. 145 ; sur les tribus de la Guyane, KOCH, *op. cit.*, pp. 70-71 ; sur les Nigritiens,

l'héritage reste intact jusqu'au jour où le mort sera véritablement parti de ce monde [1]. Mais les faits les plus instructifs sont ceux qui concernent la succession des rois ou des chefs.

La coutume de ne proclamer le successeur d'un chef que lors de la cérémonie finale, coutume que nous avions déjà rencontrée dans l'île de Timor, nous est signalée chez plusieurs peuples appartenant à divers groupes ethniques [2]. On conçoit les dangers auxquels un semblable interrègne expose les sociétés qui s'y soumettent : la mort d'un chef détermine dans le corps social un ébranlement profond qui, surtout s'il se prolonge, est gros de conséquences. Il semble en bien des cas que le coup qui a frappé la tête de la communauté dans la personne sacrée du chef ait eu pour effet de suspendre temporairement les lois morales et politiques et de déchaîner les passions normalement contenues par l'ordre social [3]. Aussi

KINGSLEY, *Travels in W. Africa*, p. 483, DIETERLE, in*Ausland* (1883), p. 756 ; sur les Fjort, DENNETT, *Notes on the Folk-lore...* pp. 24, 114, 156 ; sur les Ba-Ronga, JUNOD, *Les Ba-Ronga*, p. 66 sq. ; sur les Malgaches, GBANDIDIER, *op. cit.*, pp. 217, 262, RABE, in *Antan. Ann.*, III, p. 65. - Rien ne prouve que le meurtre rituel de la veuve ait été à l'origine la règle générale, comme l'admet WILKEN (*loc. cit.*, pp. 267, 271).

1 C'est le cas par exemple chez les Ba-Ronga, JUNOD, *ibid.*, pp. 56, 67 ; chez les Senga (Zambèze portugais), DECLÉ, op. cit., p. 234 sq. ; cf. sur les Barabra, RUETE, *in Globus*, LXXVI, p. 339.

2 Chez les Indiens de Costa-Rica, cf. GABB, in *Proc. Am. Phil. Soc.* (1875), p. 507, et BOVALLIUS, in *Int. Arch. Ethn.*, Il, p. 78 ; chez les Fjort, DENNETT, *Seven years...* p. 178 et *Notes...*, p. 24 ; chez les Ba-Ronga, JUNOD, *op. cit.*, pp. 56 et 128 sq. ; chez les Wanyamwesi,STUHLMANN, *Mil Emin Pascha*, pp. 90-91 ; chez les Tongans, BAESSLER,*Südsee Bilder* p. 332-334. - Le même phénomène se présente sous une autre forme chez des tribus nigritiennes de Libéria : le cadavre d'un roi n'est enterré définitivement que lors de la mort de son successeur ; pendant tout le règne de celui-ci, qui coïncide avec la durée de la sépulture provisoire, l'ex-roi « n'est pas considéré comme réellement mort », il surveille son successeur et l'assiste dans ses fonctions. Ainsi un roi n'est véritablement titulaire de sa charge que pendant la période comprise entre sa mort et celle de son successeur ; de son vivant il n'exerçait qu'une sorte de régence de fait ; cf. BÜTTIKOFER, in *Int. Arch. Ethn.*, pp. 34, 83-84. - Des traces du même usage subsistent au Bénin : l'avènement du nouveau roi ne peut avoir lieu que quand la mort de l'ancien est consommée ; pour s'en assurer on va interroger les serviteurs qui ont été ensevelis vivants avec lui ; tant qu'ils peuvent répondre que « le roi est très malade », on apporte de la nourriture, la ville est en deuil ; quand le silence s'est fait, vers le 4e ou 5e jour, on procède à l'intronisation du successeur; ROTH, *Benin*, p. 43; cf. NASSAU, *Fetichism*, pp. 220-221.

3 L'existence d'une période d'anarchie et d'une sorte de saturnale, après la mort des chefs ou de leurs parents, est un phénomène régulier dans certaines sociétés.

...la représentation collective de la mort

rencontrons-nous fréquemment l'usage de tenir cachée la mort du souverain pendant une période de temps plus ou moins longue ; l'entourage immédiat du défunt connaît seul la vérité et exerce le pouvoir en son nom ; pour les autres le chef est seulement malade [1]. À Fiji, le secret est gardé pendant une période qui varie de quatre à dix jours ; puis lorsque les sujets, qui commencent à se douter de quelque chose et qui sont impatients de pouvoir légitimement piller et détruire, viennent demander si le chef est mort, on leur répond que « son corps est décomposé à l'heure qu'il est ». Les visiteurs, déçus, n'ont plus qu'à s'en aller ; ils sont venus trop tard et ont laissé passer l'occasion. L'idée qui intervient ici, ajoute l'auteur qui rapporte ces faits, c'est que tant que la décomposition n'est pas censée être suffisamment avancée, on n'en a pas vraiment fini avec le défunt et son autorité ne peut être transmise à son successeur : la main du mort ne peut plus tenir le sceptre, mais elle n'a pas encore lâché prise [2]. On doit attendre que le roi soit mort entièrement avant de pouvoir crier : Vive le roi !

A Fiji, les tribus sujettes font irruption dans la capitale et s'y livrent à tous les excès sans rencontrer de résistance : FISON, in *Journ. Anthr. Inst.,* X, p. 140 ; *de même* dans l'archipel des Carolines, cf. KUBARY, in *Orig. Mill. d. Ethnol. Ableil. d. Konigl. Mus. Berlin,* 1, p. 7 et *Ethnogr. Beiträge,* p. 70, no. 1, et chez les Maoris, COLENSO, *On the Maori races,* p. 59, 63 et DUMONT D'URVILLE, *Hist. gén. d. voyages,* Il, p. 448 : la famille du chef mort est dépouillée de ses victuailles et biens mobiliers notons que la même réaction se produit chaque fois qu'un tabou a été violé ; la mort du chef est un véritable sacrilège dont son entourage doit porter la peine ; les brigandages commis par les étrangers sont une expiation nécessaire. - Aux îles Sandwich, les gens sont en proie à une véritable furie qui porte un nom spécial ; presque tous les actes considérés normalement comme criminels sont alors commis (incendie, pillage, meurtre, etc.), et les femmes sont tenues de se prostituer publiquement ; ELLIS, *Polynes, Researches,* IV, pp. 177, 181 ; CAMPBELL, *A voyage round the world,* p. 143 ; cf. sur les îles Marianes, LE GOBiEN, *Histoire des îles Marianes* (1700), p. 68 et sur les îles Gambier, CUZENT, *Voyage aux Gambier,* p. 118 sur les Betsileo, SHAW, *loc. cit.* ; sur les Tschi, DIETERLE, *op. cit.,* p. 757 sur les Waidah, BOSMAN, *Voyage de Gainée* (1705), p. 390 sq. : « Aussitôt que la mort du roi est publique, chacun vole son prochain à qui mieux mieux... sans que personne ait le droit de le punir, comme si la justice mourait avec le roi » ; les brigandages cessent dès la proclamation du successeur.

1 Voir les notes précédentes ; cf. GRANDIDIER, op. cit., pp. 218, 220.

2 FISON , *loc. cit.* ; l'auteur ne fait aucune mention de doubles obsèques. WILLIAMS *(Fiji and theFijians,* p. 187 sq.) dit seulement qu'à Vanua Levu, l'annonce de la mort d'un chef donne le signal du pillage; il n'est pas question de la tenir secrète pendant quelque temps. Le même auteur rapporte (p. 204) une tradition intéressante qui semble attester l'existence ancienne d'un rite d'exhumation ; cf. p. 198.

Robert Hertz

S'il faut du temps pour que la mort s'achève, les énergies mauvaises qu'elle met en œuvre n'épuiseront pas leur effet en un instant ; présentes au sein de la communauté des vivants, elles menacent d'y faire de nouvelles victimes. Sans doute des rites déterminés peuvent jusqu'à un certain point atténuer l'impureté dangereuse du cadavre [1] : il n'en reste pas moins le foyer permanent d'une infection contagieuse. De la sépulture provisoire émane une influence mauvaise [2] qui fait que les vivants évitent d'en approcher. La crainte qu'inspire le voisinage de la mort est si intense qu'elle détermine souvent de véritables migrations : aux îles Andaman par exemple, les indigènes, après avoir enterré le mort, désertent le village et s'en vont camper au loin dans des huttes temporaires ; ils ne réintégreront leur habitat normal qu'au bout de quelques mois, lorsque le moment sera venu de recueillir les ossements et de célébrer la cérémonie finale [3]. L'interdit qui frappe l'individu pendant que la mort s'accomplit en lui se communique non seulement au lieu où il se trouve, mais aux choses qui lui ont appartenu : dans diverses îles mélanésiennes, on ne doit pas toucher au canot du défunt, à ses arbres, à son chien, tant que les obsèques définitives n'ont pas levé le tabou mortuaire [4].

L'institution du deuil [5] doit être rattachée aux mêmes

---

1 Ainsi, à Tahiti, une cérémonie, qui a lieu immédiatement après le dépôt du corps sur la plate-forme, a pour objet d' « enterrer l'impureté » de manière à ce qu'elle ne s'attache pas aux survivants ; ELLIS, *op. cit.*, pp. 401-403. - Cf. sur les Maoris, TAYLOR, *op. cit.*, p. 99. - De même le rituel avestique prescrit de mener auprès du cadavre « un chien jaune à quatre yeux » ; le regard de ce chien « frappe l'Infection » ; il est dit expressément que ce rite du Sagdîd atténue, mais ne supprime pas, le danger d'impureté ; *Zend-Avesta*, p. xi, p. 149 et *Vendidad*, VII, 29 sq., VIII, 16 sq.

2 Elle porte à Tahiti un nom spécia *aumiha* ; ELLIS, *op. cit,*, p. 405. Chez les Bribis du Costa-Rica, la chose la plus impure (après le corps d'une femme enceinte pour la première fois) c'est un cadavre : un animal qui passe auprès de la sépulture temporaire est souillé et doit être tué, sa chair ne pourra être mangée ; GABB, *op. cit.,* p. 499. - De même les Dakhmas sont des lieux maudits « où les bandes de démons se précipitent, où se produisent les maladies », où se perpètrent les crimes ; *Vendidad*, VII, 56 sq.

3 MAN, in *Journ. Anthr. Inst.*, XI, p. 281 sq., XII, p. 141 sq. ; on suspend autour du village abandonné des guirlandes de feuilles pour avertir les étrangers du péril.

4 VERGUET, in *Revue d'Ethnographie* (1885), p. 193, SOMERVILLE, in *Journ. Anthr. Inst.*, XXVI, p. 404.

5 Nous entendons par ce mot non la crise émotionnelle violente qui se produit aussitôt après la mort, quelquefois dès l'agonie, mais l'état durable et prolongé imposé à certains parents du mort jusqu'à un terme prescrit. Sur cette distinction

représentations. Si l'impureté funèbre se prolonge pendant un temps défini, c'est parce que la mort elle-même se continue jusqu'à l'accomplissement des derniers rites et qu'une solidarité étroite et obligatoire unit à celui qui n'est plus certains des survivants. Plus encore que les faits indonésiens ne nous le laissaient voir, il y a un lien interne entre l'état du défunt et celui de ses proches parents, pendant la phase intermédiaire [1]. C'est ce que marque explicitement une tradition Maori qui relate les dernières paroles d'un chef à son fils : « Pendant trois ans, lui dit-il, il faudra que ta personne soit sacrée et que tu restes séparé de la tribu.... car mes mains pendant tout ce temps ramasseront la terre, et ma bouche mangera constamment des vers et une nourriture immonde, la seule qui soit offerte aux esprits dans le monde d'en bas. Puis quand ma tête tombera sur mon corps et que la quatrième année sera venue, éveille-moi de mon sommeil, montre ma face à la lumière du jour. Quand je me lèverai, tu seras *noa*, libre » [2]. Ainsi le deuil n'est que le contrecoup direct dans la personne des vivants de l'état même du mort [3].

(qui n'a rien d'absolu), cf. ELLIS, *op. cit.*, p. 407 sq. ; LAFITAU, *op. cit.*, II, p. 438; NASSAU, *Fetichism,* p. 219.

1 Chez les Todas, le mot *kedr,* qui signifie : cadavre, désigne en même temps l'intervalle compris entre les premières et les secondes obsèques et la condition spéciale où se trouvent les parents du mort pendant cette période ; RIVERS, *op. cit.*, p. 363 sq.

2 SHORTLAND, *Maori religion* (1882), p. 52. - Le récit ajoute qu'avant l'expiration du délai fixé, le fils enfreint une des prohibitions ; « alors les restes sacrés de son père se tournèrent contre lui, et il mourut ». Remarquons en passant qu'ici l'âme est censée passer la période de transition dans le pays des morts souterrain et ténébreux ; peut-être y a-t-il un rapport entre cette croyance et le fait que le monde de sépulture provisoire pratique est l'enterrement ; la destinée finale des âmes des chefs est d'aller rejoindre les dieux dans le ciel, cf. TAYLOR, *op. cit.*, p. 100. Il ne faut certainement pas voir dans le texte cité la fantaisie arbitraire d'un mourant ; car les rites prescrits sont effectivement observés, avec cette réserve que le délai précédant l'exhumation n'est en général que de deux ans ; TAYLOR, *ibid.,* p. 99 sq. et TREGEAR in *Journ. Anthr. Inst.* (1889), p. 105. - Notons pourtant que chez les mêmes Maoris on peut par des rites appropriés délivrer même le plus proche parent du mort de la qualité spéciale qu'il a contractée et rompre le lien qui l'unit au mort ; le deuil est alors extrêmement réduit, Cf. SHORTLAND, *ibid.,* pp. 53-63.

3 Nous avons émis la conjecture que dans les cas où la durée du deuil ne coïncide pas avec celle de la sépulture provisoire, une réduction est survenue : cf. plus bas, p. 55. Ce fait paraît historiquement démontrable, en ce qui concerne Fiji. Dans cette île (où les premières obsèques sont définitives), le deuil dure seulement de dix à vingt jours ; or on appelle cette période les cent nuits : telle est précisément la durée du

La solidarité qui unit au défunt ses parents les plus proches s'exprime en certaines sociétés par des usages, dont nous avons déjà rencontré quelques traces parmi les Indonésiens : ces parents, particulièrement la veuve, ont l'obligation de recueillir, soit journellement, soit à des dates déterminées, les liquides que produit la décomposition des chairs, pour s'en enduire le corps ou pour les mêler à leur nourriture [1]. Ceux qui observent ces pratiques les justifient en alléguant leur affection pour le défunt et le chagrin qu'ils ressentent de l'avoir perdu. Mais ces mobiles ne suffisent pas à rendre compte du rite ; celui-ci en effet est souvent strictement obligatoire ; les femmes auxquelles il incombe sont menacées de la peine capitale si elles ne s'y soumettent pas [2]. Il ne s'agit donc pas simplement de l'expression spontanée d'un sentiment individuel, mais d'une participation forcée de certains survivants à la condition présente du mort. Il faut faire à la mort sa part si l'on ne veut pas qu'elle continue à sévir à l'intérieur du groupe. En communiant en quelque sorte avec le défunt, les survivants s'immunisent eux-mêmes et ils évitent à la société éprouvée de nouveaux malheurs. Quelquefois ils espèrent s'assimiler ainsi les qualités du mort [3], ou absorber la puissance mystique dont le cadavre est le siège [4].

---

deuil et de la sépulture provisoire dans d'autres îles mélanésiennes. Il semble donc que le deuil fijien, dont la durée originale était de cent jours, a subi une réduction. Cf. WILKFN, in *Revue Colon.*, VI, p. 349 ; CODRINGTON, *op. cit.*, pp. 282-284; SOMERVILLE, in *Journ. Anthr. Inst.*, XXVI, pp. 403-404.

1 Cf. pour les Australiens, SPENCER et GILLEN, *Northern Tribes*, p. 530, HOWITT, *op. cit.*, pp. 459, 467-468, 471 ; pour les Papous de la Nouvelle-Guinée, TURNER, *Samoa*, p. 348 ; VAN HASSELT, *Milt. Geogr. Ges. Iena* (1886), p. 118 ; pour les insulaires de Tud, GILL, in *Cambr.Anthr.Exp. to Torres Straits*, V, p. 258 ; pour ceux des îles Aru, KOLFF, *Voyages of the Dourga*, p. 167; RIEDEL, *op.cit.*, p. 267 ; BIRBE, in *Festchr.Ver.f. Erdkunde Dresden* (1888), p. 191 ; WEBSTER, *Through N.- Guinea*, p. 209 sq.; pour les indigènes de Nouvelle-Bretagne, des îles Banks et Gilbert, DANKS, in *Journ.Anthr. Inst.* XXI, p. 354 sq.; CODRINGTON, *op. cit.*, p. 268 ; HALE, U.S. *Explor.Exped.*, VI, pp. 99-100; MEINICKE, Inseln desSt. *Oceans* II, p. 339 ; pour les Malgaches, GRANDIDIER, *op. cit.*, p. 217 ; chez les Tolkotins de l'Orégon, le même rite est observé par la veuve au cours de la crémation, Cox, *in* YARROW, *op. cit.*, p. 144 sq.

2 SPENCER et GILLEN, *loc. cit.* ; VAN HASSELT, *loc. cit.*

3 C'est ainsi que ces pratiques se confondent parfois avec l'endocannibalisme proprement dit.

4 C'est un fait courant qu'un objet tabou recèle un pouvoir magique susceptible sous certaines conditions d'être utilisé ; le rite dont il est question ici peut ainsi devenir une simple opération magique, n'ayant plus aucun rapport avec le deuil : cf.

...la représentation collective de la mort

Mais que ce soit par devoir ou par intérêt, ces gens vivent dans un contact intime et continu avec la mort; et la communauté des vivants les repousse hors de son sein [1].

Cette exclusion ne suppose pas nécessairement un contact matériel des vivants avec le cadavre. Tant que la mort est à l'œuvre, la famille immédiate du défunt est en butte à « l'action ténébreuse des puissances hostiles ». Dans les sociétés peu civilisées, il n'y a pas de distinction nette entre le malheur et l'impureté : l'affliction des gens en deuil les souille profondément [2]. Leur intégrité physique même est entamée ; c'est à peine si leur corps se distingue du cadavre. « Les gens ont horreur de mon corps, dit un Hupa en deuil ; aussi n'ai-je point mon feu là où les autres ont le leur ; ce que les autres mangent, je ne le mange point ; je ne regarde pas le monde, tant mon corps les effraie » [3]. Ce sont bien au propre les « gens de la mort » [4] ; ils vivent dans les ténèbres [5], morts eux-mêmes au point de vue social, puisque toute participation active de leur part à la vie collective ne ferait que propager au dehors la malédiction qu'ils portent en eux [6].

KINGSLEY, *Travels*, p. 478; dos Santos, *in* THEAL, *Records*, VII, *p.* 289.

1 De même, à Tahiti, les embaumeurs, pendant toute la durée de leur travail, étaient évités par tout le monde, car l'impureté mortuaire leur était attachée; ils ne pouvaient se nourrir eux-mêmes, de peur que la nourriture, souillée par l'attouchement de leurs mains, ne causât leur mort; ELLIS, *op. cit.*, p. 403.

2 Cf. JUNOD, *Les Ba-Ronga*, pp. 55, 471 ; CASALIS, *Les Bassoulos* p. 269 sq.

3 GODDARD, *Hupas*, I, p. 78 sq., II, p. 351 ; les gens en deuil sont rangés, à côté des femmes récemment accouchées ou ayant leurs règles, dans la catégorie des gens ayant un « corps mauvais », gâté. - Chez les Unalit de l'Alaska, le premier jour après la mort tous les habitants du village se considèrent comme mous et sans nerf ; ils n'ont qu'un faible pouvoir de résistance aux influences malignes ; le lendemain ils se déclarent un peu plus durs ; le troisième jour ils disent que comme le cadavre est en train de se congeler, ils sont près de revenir à leur solidité normale; un bain d'urine les délivre alors du mal et raffermit leur chair; NELSON, *Ann. Rep. Bur. Ethn.*, XVIII, p. 313 sq. On voit qu'il existe une relation étroite entre l'état du cadavre et celui des survivants. Faut-il voir dans cette représentation une forme particulière (en rapport avec le climat arctique) de la croyance générale relative à la dissolution du corps? Notons que l'âme ne quitte la terre que le quatrième jour après la mort et que, du moins chez les Esquimaux du bas Yukon (Kwilpagemutes), les obsèques n'ont lieu qu'au bout du même laps de temps ; Cf. JACOBSEN, *Reise an der N.-W. Küste*, p. 196. Voir plus bas, p. 73.

4 C'est le nom sous lequel on désigne les gens en deuil, dans l'île de Mabuiag; *Rep. Cambr. Anthr. Exped.*, V, p. 249.

5 Chez les Basoutos le même mot signifie ténèbres et deuil; CASALIS, *ibid.*, p. 335.

6 Citons à titre d'exemple la série des tabous du deuil que l'on rencontre chez les

Nous nous sommes attaché à faire ressortir la relation qui unit la condition de l'âme et le deuil à l'état du corps, pendant la période qui précède les obsèques définitives ; mais nous ne prétendons nullement que les trois termes sont indissolublement liés et ne peuvent se présenter l'un sans l'autre. Cette affirmation absolue se heurterait immédiatement au démenti des faits ; car il est à peine besoin de dire que nous rencontrons la croyance en un séjour temporaire de l'âme sur la terre et l'institution du deuil prolongé dans des sociétés où aucune trace certaine de doubles obsèques ne nous est signalée. Le terme de la période d'attente est quelquefois fixé d'une manière conventionnelle : c'est ainsi que dans différentes tribus indiennes de l'Amérique du Sud, on attache au cadavre, enterré immédiatement, une corde dont l'extrémité est visible à la surface de la tombe ; lorsque cette corde a disparu par suite de la pluie ou de l'usure, c'est signe que l'âme du mort, jusqu'alors présente auprès du cadavre, est enfin partie pour l'autre monde [1]. Mais le plus souvent lorsque le mort reçoit sans délai la sépulture dernière, ce sont les représentations relatives au cours même du temps qui imposent un terme aux observances [2]. La mort ne sera

---

Kwakiutl : pendant quatre jours, le plus proche parent du mort ne doit pas faire un mouvement ; puis, après une cérémonie d'ablution, il peut pendant les douze jours suivants bouger un peu mais non marcher ; si on lui parle, on est sûr de causer la mort d'un parent ; il est nourri deux fois par jour par une vieille femme à marée basse avec du saumon pris l'année avant (noter que tous ces éléments appartiennent à l'ordre des choses contraires à la vie) ; progressivement, par étapes, il retrouve la liberté de se mouvoir et de communiquer avec les autres ; BOAS, *Proc. Am. Phil. Soc.* (1887), p. 427. Un silence absolu est même imposé à différents groupes de parentes du mort pendant toute la durée du deuil, chez les Warramunga ; SPENCER et GiLLEN, *Norlhern Tribes*, p. 525. Une formule typique du tabou alimentaire se rencontre chez les indigènes de l'une des Nouvelles-Hébrides : la « bonne nourriture » est interdite aux parents immédiats du mort ; notamment ils ne doivent pas manger les fruits des arbres cultivés, mais seulement les fruits sauvages de la forêt ; CODRINGTON, *op. cit.*, p. 281. Rappelons enfin le fait courant que les gens en deuil sont «dispensés des devoirs de civilité », doivent s'abstenir en général du travail social, des fêtes et assemblées publiques, des cérémonies du culte; cf. LAFITAU, *op. cit.,* II, p. 438.
1 Cf. pour les Indiens Koggaba de la Colombie, SIEVERS , *Reise in d. Sierra Nevada,* p. 97 ; sur les Colorados de l'Équateur, SELER, op. cit., p. 6 ; sur les Saccha, KOCH, *op. cit.,* p. 85.
2 Ces représentations interviennent aussi dans le cas de doubles obsèques, elles déterminent souvent la période jugée nécessaire pour que la dessiccation soit complète ; c'est ainsi que la cérémonie finale coïncide souvent avec l'anniversaire de la mort.

...la représentation collective de la mort

pleinement consommée, l'âme ne quittera la terre, le deuil des vivants ne prendra fin que lorsqu'une période de temps considérée comme complète sera révolue ; cette période pourra être le mois ou l'année ; le retour du jour marquera alors la clôture de l'ère mauvaise, le recommencement d'une autre vie. Souvent aussi la croyance au caractère éminent et sacré d'un nombre déterminé fait sentir son influence : c'est ainsi sans doute qu'il faut expliquer le fait, si fréquent dans les sociétés de l'Amérique du Nord, que la durée du séjour de l'âme sur la terre ou de son voyage vers l'autre monde est limitée à quatre jours [1]. Faut-il considérer ces faits comme des fragments détachés et modifiés de l'ensemble plus complexe que nous avons analysé ? Il est rarement possible de trancher cette question avec quelque certitude ; mais on sera tenté d'y répondre par l'affirmative, si l'on admet avec nous qu'il existe une connexion naturelle entre les représentations qui concernent la dissolution du corps, le sort de l'âme et l'état des survivants pendant la même période.

---

1 Cf. pour les Esquimaux, NELSON, op. cit., p. 310 sq., 319, 427 ; TURNER,*Rep. Bur. Ethn.*, XI, pp. 192-193 ;PINART, *Esquimaux et Koloches*, p. 5 ; VENJAMINOV, in *Nouvelles* Annales des *voyages*, CXXIV, p. 122 ; etc. pour les Indiens Otoe, YARROW, *op. cit.*, p. 97 ; pour les Sioux Hidatsa, *ibid.*, p. 199 ; Pour les Zuñi, STEVENSON, *Rep. Bur. Ethn.*,XXII, pp. 307-308 ; pour les Hopi, VOTH, in *Field Columb. Mus.* (1905) *Anthr. Ser.*, VIII, p. 20; pour les Sia, STEVENSON,*Rep. Bur.Ethn.*, XI, p. 145; pour les Aztèques, voir plus bas, p. 59, n. 3; pour les Pipiles, Palacios,*in* TERNAUX-COMPANS, *Recueil de documents*, p. 37 ; dans certains de ces textes, la période indiquée est non de quatre jours, mais de quatre mois ou années. - Le nombre 40 joue le même rôle chez divers peuples ; cf. sur les Roumains, FLACHS, *Rumänische... Todlengebräuehe*, p. 63 ; sur les Bulgares, STRAUSZ, *Die Bulgaren*, pp. 451-453 ; *sur* les Abchases (mahométans) du Caucase, V. HAHN, *Bilder aus d. Kaukasus,* pp. 244-246 (l'âme est en proie à des souffrances expiatoires, les parents sont en grand deuil) ; sur les Barabra (Musulmans de Nubie), RUETE, in *Globus*, LXXVI, p. 339 ; *sur* les Tchérémisses, SMIRNOV, *Populations finnoises, 1, pp. 140-144* (l'obligation pour les parents de pourvoir à la nourriture du mort cesse avec le 40e jour) ; rappelons enfin que quarante jours s'écoulaient entre la mort des anciens rois de France et leurs funérailles, pendant lesquels on servait à manger au roi défunt représenté par une effigie ; cf. *Curiosités des traditions...* (1847), p. 294. - *Sur* le rôle important du nombre sacré 3 (ou 9) dans les usages funéraires des anciens Grecs et Romains, cf. DIELS, *Sibillin. Blätter,* pp. 40-41.

Robert Hertz

II - La cérémonie finale

L'institution d'une grande fête liée aux obsèques définitives est générale chez les Indonésiens : sous des noms divers, elle se rencontre dans la plupart des îles de l'archipel Malais depuis Nicobar à l'ouest jusqu'à Halmahera à l'est. Cette fête, dont la durée est de plusieurs jours, quelquefois même d'un mois [1], a pour les indigènes une importance extrême [2] : elle nécessite des préparatifs laborieux et des dépenses qui souvent réduisent la famille du mort à la misère [3] ; de nombreux animaux [4] y sont sacrifiés et consommés dans des banquets qui dégénèrent fréquemment en d'immenses orgies ; des invitations sont adressées, pour cette occasion, à tous les villages des environs et ne sont jamais refusées [5]. Aussi cette fête tend-elle à prendre un caractère collectif ; les frais dépassent ordinairement les ressources dont dispose une famille isolée ; et de plus une pareille interruption de la vie courante ne peut se répéter souvent. Chez les Olo Ngadju, le Tiwah se célèbre en général pour plusieurs morts à la fois, les familles intéressées se partageant entre elles la dépense [6]. Dans d'autres sociétés, la fête se répète régulièrement, tous les trois ans par exemple, et est célébrée en commun pour tous ceux qui sont morts dans l'intervalle [7] ;

1 Le Tiwah des Olo Ngadju dure ordinairement sept jours ; GRABOWSKY, *Tiwah*, p. 196. A Halmahera les cérémonies couvrent tout un mois, parfois davantage ; v. BAARDA, Ein Totenfest auf Halmaheira, in *Ausland*, p. 903.

2 KLOSS *(In the Andamans and Nicobars*, p. 285) nous dit au sujet des habitants de Kar Nicobar que c'est la plus importante de toutes leurs cérémonies.

3 Cf. pour TIMOR, FORBES, *op.cit.*, p. 434 ; BRACHES *(Rhein. Missionsb.,.*, 1882, p. 105) cite le cas de Dayaks qui se sont engagés comme esclaves afin de pouvoir subvenir aux frais du Tiwah ; c'est, d'après Schwaner (in Ling ROTH, II, CLXXIII), la fête la plus coûteuse dans le bassin du Barito.

4 Chez les Topebato du centre de Célèbes, lors d'une fête considérée comme peu importante, on mit à mort *80* buffles, *20* chèvres et *30* pores (KRUIJT, in *Med. Ned. Zend. gen.*, XXXIX, p. 35); *ROSENBERG (Mal. Archip.*, p. 27), mentionne le chiffre de 200 buffles (dans le cas d'un chef) pour les Bataks de Pertibi.

5 Cf. Perham, sur les Dayaks maritimes, in ROTH, *1, p. 207* ; GRABOWSKY (Sur les Olo Maanjan), in *Ausland (1884)*, p. 472. A Kar Nicobar, tous les villages de l'île sont conviés à la fête (SOLOMON, in *J. A. I.*, XXXII, p. 205). - De 800 à 1 000 personnes participent quelquefois au principal banquet du Tiwah (GRABOWSKY *Tiwah*, p. 203).

6 HARDELAND, *Grammatik*, p. 351 ; BRABOWSKY, *Tiwah*, p. 188.

7 *Cf.* pour les Olo Maajan, GRABOWSKY, in *Ausland* (1884), p. 47 et TROMP, *Rhein, Missionsb.* (1877), p. 47 ; - pour les Alfourous du centre de Célèbes, KRUIJT,

elle intéresse donc directement, non plus la famille de tel mort particulier, mais le village dans son ensemble.

La cérémonie finale a un triple objet : elle doit donner aux restes du défunt la sépulture définitive, assurer à son âme le repos et l'accès au pays des morts, enfin relever les survivants de l'obligation du deuil.

a) *La sépulture définitive*. - Chez les Dayaks du sud-est de Bornéo, la dernière demeure du corps est une petite maison, toute en bois de fer, souvent très délicatement sculptée, montée sur des poteaux de la même matière, plus ou moins élevés ; un tel monument porte le nom de *sandong*, et constitue une sépulture familiale pouvant contenir un grand nombre d'individus [1], et durer de longues années. On en rencontre deux espèces qui ne varient guère que par le contenu et leurs dimensions : le *sandong raung*, destiné à servir de réceptacle aux cercueils contenant les restes desséchés des morts, et le *sandong tulang*, de proportions très réduites, qui ne recueille que les ossements enveloppés dans une étoffe ou enfermés dans un pot, et ayant subi souvent une incinération préalable [2]. L'emplacement de ce monument funéraire n'est pas fixe : souvent le sandong s'élève

---

op. cit., p. 34 : l'intervalle est en moyenne de trois ans ; chez les Toundae, la règle est de célébrer la fête quand il y a dix morts dans le village ; la date n'est jamais rigoureusement fixe ; - pour les habitants de Kar Nicobar, KLOSS, *op. cit.*, p. 285 Sq., et SOLOMON, *op. cit.*, p.. 209 : la fête revient tous les trois ou quatre ans, mais tous les habitants de l'île ne peuvent pas la célébrer en même temps (sans doute parce que les différents villages font les uns pour les autres fonctions d'assistants et d'hôtes). On attend aussi que les restes de tous les morts soient desséchés. - Ailleurs cette dernière condition n'est pas observée ; il s'ensuit que la date des obsèques définitives est indépendante de l'état du cadavre.

1 Une trentaine en moyenne (dans le cas du *sandong raung)* : GRABOWSKY, *Tiwah*, p. 189 ; quand un *sandong* est plein, on en construit un second, puis un troisième *à* côté (PERELAER, *op. cit., p.* 246).

2 HARDELAND, *Wörterb.*, p. 503 ; BRACHES, *op .cit.*, p. 101 ; GRABOWSKY, *op. cit.*, pp. 188-189, pp. 200-201 ; *MEYER* et RICHTER, *op.cit.*, p. 125sq. - *Raung* signifie cercueil, *tulang* ossements. Le *sandong tulang* n'est souvent monté que sur un seul poteau. - L'usage de la crémation des os se rencontre chez différents peuples de l'archipel Malais, par exemple chez les Bataks, HAGEN, in *Tijdschr. v. Ind.T.L. en Vk.*, XXVIII, p. 517 ; chez les Balinèses, CRAWFURD, *op. cit.*, p. 255 et Van Eck, in WILKEN, *Animisme*, p. 52 ; chez les Ot Danom, SCHWANER, Borneo, II, p. 76, p. 151. Cet usage est Peut-être dû à l'influence hindoue ; en tout cas il n'altère en aucune façon le type normal indonésien.

Robert Hertz

dans le voisinage immédiat de la maison, à l'intérieur de la clôture qui protège le village [1] ; souvent aussi il est établi assez loin, sur un terrain spécialement consacré à la famille [2].

Ces deux types de sépulture définitive ne sont pas particuliers aux Dayaks du Sud-Est ; ils se retrouvent chez d'autres tribus à Bornéo même et dans d'autres îles [3]. Peut-être est-il légitime de les rattacher à des formes plus primitives qui se rencontrent aussi dans la même famille de peuples. Le *sandong tulang* semble bien être dérivé de la coutume, encore en vigueur chez les tribus de l'intérieur de Bornéo, qui consiste à enfermer simplement les restes du mort dans le tronc d'un arbre (bois de fer) qui a été creusé à cet effet [4] ; et le *sandong raung* n'est sans doute qu'une modification de l'usage, fort répandu dans l'archipel Malais, de réunir finalement les cercueils contenant les ossements dans des anfractuosités de rochers ou dans des cavernes souterraines [5].

---

1 Cf. SCHWANER, *op. cit.*, I, pp. 217-218 et II, pp. 7, 85, 120 ; GRABOWSKY, *loc. cit.* ; Sal. MÜLLER, *op. cit.*, p. 402 : un village s'enorgueillit du nombre de sandongs qu'il renferme à cause des richesses qu'ils représentent.

2 Cet éloignement tient probablement au caractère *pali* ou tabou de l'ossuaire : cf. BRACHES, p. 103 ; GRABOWSKY, p. 198, n. 1. - Les documents relatifs aux Olo Ngadju ne nous permettent pas d'affirmer si chez eux les sandongs des diverses familles composant le village se trouvent réunis de manière à constituer un véritable cimetière ; tel est bien le cas chez les Olo Maanjan du Sihong, d'après TROMP, *Rhein. Missionsb.* (1877), p. 43 et GRABOWSKY, in Ausland (1884), p. 474.

3 C'est ainsi qu'au sandong raung correspond le salong des Kayans, et au sandong tulang le klirieng des Dayaks maritimes de Sarawak ; cf. L. ROTH, I, pp. 146, 148 ; NIEUWENHUIS, *op. cit.*, I, p. 90 et pour Halmahera, BAARDA, *loc. cit.*

4 Cf. L. ROTH, *loc cit.*, et p. 152, 153; GRABOWSKY, in Ausland (1888), p. 583 ; KÜKENTHAL, *op.cit.*, p. 270 ; TROMP, in *Bijdr. t. d. T. L. en Vk. v. Nederl. Ind.*, 5te v., dl. III, p. 92 ; SCHAWANER, in ROTH, II, app. p. CXCVII; ce dernier auteur indique la possibilité de cette filiation. Les textes cités semblent fournir les intermédiaires entre l'arbre vivant des Orang-Ot et le sandong-tulang.

5 Cf. pour Bornéo, GRABOWSKY, *Tiwah*, p. 200; NIEUWENHUIS, *op. cit.*, I, p. 376 ; TROMP, *op. cit.*, p. 76 ; CREAGH, in *Journ. Anlhr. Inst.*, XXVI, p. 33 (description d'une caverne renfermant 40 cercueils) ; pour Célèbes, RIEDEL, in *Int. Arch. Ethn.*, VIII, pp. 108-109 ; MEYER et RICHTER, *op. cit.*, p. 139 ADRIANI, in *Med. Ned. Zend.*, XLIII, pp. 28 et 38 ; KRUIJT, *op. cit.*,., p. 236 ; MATTHES, *Verslag van een uitstapje naar de ooster distr. v. Celebes*, pp. 68-69 ; ce dernier auteur a visité trois grandes cavernes souterraines ; chacune d'elles contenait une masse d'ossements de morts, rangés les uns auprès des autres, un grand nombre étant renfermés dans des cercueils ; ces cavernes avaient servi, avant l'introduction de l'Islamisme, de lieux réguliers de sépulture.

Cette variété dans les modes de la sépulture définitive [1] est d'ailleurs pour nous secondaire ; l'essentiel est que dans la plupart des cas elle présente un caractère collectif, au moins familial : elle contraste par là nettement avec la sépulture provisoire où le cadavre est, nous l'avons vu, généralement isolé. La translation des restes, lors de la cérémonie finale, n'est donc pas un simple changement de lieu ; elle opère une transformation profonde dans la condition du défunt : elle le fait sortir de l'isolement où il était plongé depuis la mort et réunit son corps à ceux des ancêtres [2]. C'est ce qui apparaît clairement lorsqu'on étudie les rites observés au cours de ces secondes obsèques.

On retire de leur sépulture provisoire les restes de celui ou de ceux pour qui la fête doit être célébrée, et on les ramène au village dans la « maison des hommes » somptueusement décorée, ou dans une maison érigée spécialement à cet effet [3] ; ils y sont déposés sur une sorte de catafalque [4]. Mais auparavant il faut procéder à une opération que l'un des auteurs nous présente comme l'acte essentiel de cette fête [5] : on lave avec soin les ossements [6] ; si, comme il arrive, ils ne sont pas complètement dénudés, on les

---

1 Nous n'en avons pas épuisé la liste : ainsi l'enterrement (définitif) est mentionné quelquefois.

2 BRACHES, op. cit., p. 101. - Dans l'île de Nias, au cours d'une cérémonie analogue sur laquelle nous reviendrons, la veuve appelle le mort et lui dit : « Nous venons te chercher, t'emmener hors de ta hutte solitaire et te conduire dans la grande maison (des ancêtres) » (la hutte solitaire est identique au *pasah* des Olo Ngadju, cf. plus bas, p. 43) ; CHATELIN, in *Tijdschr. v. Ind. T. L. en Vk.*, XXVI, p. 149. - Il faut, croyons-nous, interpréter dans le même sens les formules prononcées au cours du chant d'ouverture du Tiwah : les esprits y sont adjurés de venir « mettre un terme à l'état d'égarement du défunt qui est semblable... à l'oiseau perdu dans les airs.... à la paillette d'or envolée.... etc. » ; HARDELAND, *Gramm.*, p. 219.

3 GRABOWSKY, *Tiwah*, p. 191 ; TROMP, *Rhein. Missionsb.* (1877), p. 47 ; KRUIJT, op. cit.,. p. 32 ; quand le cadavre a été gardé dans l'habitation des vivants, on le transporte aussi dans la balai ; GRABOWSKY, in*Ausland* (1884), p. 472.

4 GRABOWSKY, Tiwah, p. 192 ; KRUIJT, p. 230.

5 KRUIJT , p. 26.

6 Cf. pour les Olo Lowangan, GRABOWSKY, in *Ausland* (1888), p. 583 pour les Dayaks de Koetei, TROMP, in *Bijdr.t. d. T. L. en Vk. v. Ned.- Ind., 5te v., dl. III, p. 76 ; pour les Muruts, L ROTH, I, p. 153 ; pour les indigènes de l'île Babar, RIEDEL, *Sluik- en kroesharige rassen*, p. 362 ; pour Nicobar, SOLOMON, p. 209. Nous ne trouvons pas cette pratique expressément mentionnée au sujet des Olo Ngadju ; on nous dit seulement que les restes sont transférés dans un nouveau cercueil ; cf. GRABOWSKY, *Tiwah,* p. 200.

Robert Hertz

dépouille des chairs qui y sont encore attachées [1]. Puis on les remet dans une enveloppe nouvelle, souvent précieuse [2]. Ces rites sont loin d'être insignifiants : en purifiant le corps [3], en lui donnant un nouvel attirail, les vivants marquent la fin d'une période et le commencement d'une autre ; ils abolissent un passé sinistre et donnent au mort un corps nouveau et glorifié [4], avec lequel il pourra dignement entrer dans la compagnie de ses ancêtres.

Mais il ne part sans qu'on lui ait fait des adieux solennels et sans qu'on ait entouré de tout l'éclat possible les derniers jours de son existence terrestre. Aussitôt que le cercueil est déposé sur le catafalque, chez les Olo Ngadju, le veuf, ou la veuve, vient s'asseoir tout auprès : « Tu es encore pour peu de temps parmi nous, dit-il au mort, puis tu t'en iras vers le lieu agréable où demeurent nos ancêtres... » On cherche à satisfaire le défunt en exposant auprès de ses ossements les vases sacrés et les trésors les plus précieux de la famille, dont il a joui de son vivant et qui lui garantissent une existence opulente dans l'autre monde [5].

Chez les Alfourous du centre de Célèbes, on danse autour des

---

1 KRUIJT, pp. 26, 33. - C'est une opération non seulement physiquement répugnante, mais pleine de dangers surnaturels.

2 Nous suivons KRUIJT, *loc. cit.*, p. 232 : les ossements sont comme emmaillotés dans des morceaux d'écorce d'un arbre déterminé. Dans certains districts on décore la tête pendant la durée de la fête avec un masque de bois (p. 231) ; les ossements avec leur enveloppe sont déposés dans un tout petit cercueil (p. 235). - Cf. pour Timor, FORBES, *op. cit.*, p. 435.

3 Les Olo Maanjan, qui pratiquent la crémation des os, la considèrent comme un acte indispensable de purification : TROMP, *Rhein. Missionsb.* (1877), p. 48.

4 Un passage de HARDELAND semble confirmer et compléter cette interprétation (*Wörterb.*, p. 308, au mot *liau*) : pour que la *liau krahang* ou âme corporelle puisse être réunie à l'âme principale, on rassemble tous les restes du cadavre (en priant les bons esprits d'y joindre tous les cheveux, ongles, etc., que le mort peut avoir perdus au cours de sa vie); puis Tempon Telon, le psychopompe mythique, en fait sortir la *liau krahang* que sa femme asperge d'une eau vivifiante ; l'âme, ainsi revenue à la vie et à la conscience, est ensuite conduite dans la cité céleste. Comme, dans toute cette cérémonie, les événements (imaginaires) relatifs à l'âme sont l'exacte contrepartie des pratiques accomplies sur le corps, il ne nous paraît pas douteux que les prêtresses font elles-mêmes l'acte qu'elles attribuent à la femme de Tempon. Ce rite a pour objet une véritable résurrection corporelle.

5 En vertu de l'axiome : « Riche ici-bas, riche là-haut »; cf. BRACHES, op. cit., p. 102 ; GRABOWSKY, Tiwah, pp. 192-193. - Sans doute l'âme de chacun des objets exposés est censée suivre le mort ; naturellement la famille vivante s'exalte elle-même, dans ses morts, aux yeux des étrangers présents.

...la représentation collective de la mort

restes des morts pendant le mois qui précède la fête. Puis, lorsque les hôtes sont arrivés, des prêtresses prennent dans leurs bras les ossements enveloppés et, tout en chantant, les promènent processionnellement dans la maison de fête, durant deux jours : de cette manière, nous dit-on, les vivants accueillent pour la dernière fois les morts au milieu d'eux et leur témoignent la même affection que pendant leur vie, avant de prendre définitivement congé de leurs restes et de leurs âmes [1].

Si le lieu de la sépulture est éloigné et voisin du fleuve (comme c'est fréquemment le cas chez les Olo Ngadju), on dépose le cercueil dans un bateau brillamment décoré, tandis que dans un autre prennent place les prêtresses et les parents du mort. Lorsqu'on est arrivé au sandong et que les ossements y ont été introduits, les prêtresses exécutent une danse autour du monument et « prient les âmes de ceux qui y sont déjà ensevelis de vouloir bien faire bon accueil aux nouveaux arrivants ». S'agit-il vraiment d'une prière ? En réalité cette danse et ces chants par leur vertu propre donnent son sens et sa pleine efficacité à l'acte matériel qui vient d'être accompli : ils font entrer le mort dans la communion de ses pères, comme ses os viennent d'être réunis aux leurs dans le sandong. Les vivants partent maintenant avec le sentiment d'être quittes envers le mort : tandis qu'ils étaient venus silencieux, au son d'une musique funèbre, ils rentrent gaiement en chantant et buvant [2]. Ce contraste marque bien le sens des secondes obsèques : elles clôturent la période sombre où la mort dominait, elles ouvrent une ère nouvelle.

Les sentiments que les vivants éprouvent, après ces rites, à l'égard des ossements, diffèrent de ceux que le cadavre inspirait pendant la période précédente. Sans doute les os sont encore investis d'un caractère tel qu'un contact trop intime avec eux paraît redoutable et que souvent on préfère mettre une distance

---

1 KRUIJT, pp. 33 et 235 ; cette interprétation de l'auteur semble d'ailleurs atténuer la portée du rite : comme l'indiquent la présence des prêtresses et le fait de leurs chants, il s'agit d'un acte intéressant directement le salut des morts ; les paroles du chant sont fort obscures. Peut-être faut-il rapprocher ce rite de celui qui est décrit dans le paragraphe suivant.
2 HARDFLAND, Wörterb., p. 609 ; GRABOWSKY, Tiwah, pp. 200-201 cf. sur les Muruts, L. ROTH, I, p. 153.

Robert Hertz

assez grande entre la maison des morts et les vivants [1] ; mais désormais ce n'est plus l'élément de répulsion et de dégoût qui domine, c'est plutôt une confiance respectueuse. On croit que de l'ossuaire émane une influence bienfaisante qui protège le village contre le malheur et aide les vivants dans leurs entreprises [2]. Il suffit que ces représentations et ces sentiments se développent et se précisent pour qu'un véritable culte des reliques se constitue, qui détermine une modification grave dans la nature des obsèques définitives.

En effet, particulièrement lorsqu'il s'agit de chefs ou de grands personnages, la haute opinion que l'on a de la vertu de leurs restes et le désir de s'en assurer le bienfait font que dans certaines tribus on leur donne une place permanente dans la maison même des vivants. Dans l'archipel Malais, c'est presque toujours la tête seule qui jouit de ce privilège [3] ; elle est la partie essentielle du corps et le siège des pouvoirs du mort. Après l'avoir décorée, on la dépose à l'intérieur de la maison ou dans une petite niche voisine ; en certaines occasions, on lui offre de la nourriture, on l'oint avec quelque liquide spécial : elle fait partie du trésor sacré de la famille

---

1 BRACHES, p. 103 : le sandong, avec tout ce qui l'entoure, est poli.

2 VAN LIER (sur Timor-laut), in Int. Arch. Ethn., XIV, p. 216. - Aussi s'efforce-t-on de rester en contact avec les morts ; chez les Alfourous du centre de Célèbes, on garde des petits morceaux de l'écorce qui a servi à orner les ossements : on les porte à la guerre pour s'assurer la protection des morts (KRUIJT, p. 231, n. 1). De même dans l'île de Babar, les femmes qui ont été chargées de déposer les restes dans une caverne de la montagne rapportent de ce lieu des branches d'arbres et en distribuent les feuilles aux habitants du village ; RIEDEL, Sluik-en kroesharige rassen, p. 362. - Certains Alfourous de l'est de Célèbes vont même jusqu'à partager les os entre les membres de la famille qui leur attribuent des vertus magiques ; Bosscher et Matthissen, in WILKEN, Animisme, p. 179.

3 Les autres ossements ou bien sont portés à un ossuaire collectif ou ne sont pas exhumés du tout ; cf. pour Nicobar, SOLOMON, p. 209 ; KLOSS, p. 82 ; pour les Bataks de Toba, WILKEN, Iets ov. d. Schedelvereering, in Bijd. t. d. T. L. en Vk. v. Ned. Ind. (1889), I, p. 98 ; pour les Dayaks, GRABOWSKY, in Ausland (1888), p. 583 (sur les Olo-Lowangan) ; Bangert, in WILKEN, op. cit., pp. 95-96 (sur les Olo Maanjan) ; TROMP, Bijdr. 1. d. T. L. en Vit. v. Ned. Ind., 5te v., dl. Ill, p. 76 (sur les Tundjung) ; pour Buru, FORBES, p. 405 ; pour l'arch. de Timor-laut, KOLFF, Voyages of the Dourga, p. 222 ; FOIRBES, p. 324 (le fils du mort porte sur lui les deux premières vertèbres du squelette afin d'écarter le malheur de sa personne). - Notons que chez certains peuples, qui ne conservent point de reliques, on se borne aussi lors des obsèques définitives à rassembler les têtes des morts dans une sépulture collective : cf. RIEDEL, Sluik-en kroesharige rassen, p. 142, p. 362.

et garantit sa prospérité [1]. Ainsi les restes des morts ne sont pas toujours réunis finalement dans une sépulture commune avec ceux de leurs pères ; mais cette transformation du rite n'en altère pas gravement le sens. L'existence même d'un culte des reliques suppose la notion que entre la collectivité des vivants et celle des morts il n'y a pas une solution de continuité absolue : en revenant prendre place au foyer domestique en qualité d'ancêtres vénérés et protecteurs, ces morts distingués rentrent dans la communion familiale ; mais trop illustres et trop puissants pour aller se perdre dans la foule des morts, ils reçoivent une place d'honneur, à proximité des vivants ; et le culte dont ils sont désormais l'objet accuse fortement le changement que la cérémonie finale a opéré en eux.

Si l'on attend des secondes obsèques des effets favorables à la fois pour les morts et pour les vivants, l'accomplissement de ce rite n'en est pas moins pénible et redoutable à cause du contact intime qu'il suppose avec le foyer même de l'infection funèbre [2]. Aussi de nombreuses tribus, soit à la suite d'une évolution spontanée, soit sous l'action d'influences étrangères, en sont-elles venues à s'épargner l'ennui et les risques de cette cérémonie. Certains ont alors pris le parti d'avancer la célébration de la fête due au mort et de la faire coïncider avec les obsèques immédiates, devenues définitives [3]. Ailleurs, la fête est restée à son ancienne date, mais il

---

1 Cf. les textes cités à la note précédente, et Perham, in L. ROTH, I, p. 211. - Il s'agit bien ici d'un culte des ancêtres, du moins de certains ancêtres ; mais si la cérémonie finale est susceptible de devenir ainsi le point de départ d'un culte, elle n'a pas nécessairement un caractère cultuel. Les secondes obsèques indonésiennes ne diffèrent pas par leur fonction de nos funérailles, elles n'ont pas pour objet d'adorer ou de propitier des âmes divinisées. Le fait qu'elles sont célébrées longtemps après la mort ne doit pas faire illusion . une action cultuelle se répète indéfiniment à certains intervalles, tandis que la fête du mort au contraire termine une série de pratiques.

2 Cf. plus bas, p. 77, n. 5. - À Nicobar l'exhumation est considérée comme une opération très dangereuse, appelant des précautions et des purifications spéciales ; cf. SOLOMON, op. cit., p. 209. Dans le sud de l'île de Nias, on imposait cette tâche à un individu dont on s'était emparé par violence, puis on lui coupait la tête qui était jointe aux restes du mort (DONLEBEN, in Tiidschr. v. Nederl. Ind. (1848), p. 180). Les auteurs récents, en particulier MODIGLIANI (Un viaggio a Nias, p . 280), n'ont rien observé de semblable : on donne au mort immédiatement la sépulture définitive.

3 Comme par exemple les Olo Maanjan : cf. GBABOWSKY, in Ausland (1884), p. 471. L'ancienne coutume ne s'est maintenue que chez les riverains du Sihong.

Robert Hertz

ne subsiste plus que des traces de l'ancien usage du changement de sépulture. C'est ainsi que ceux des Alfourous du centre de Célèbes qui sont devenus mahométans n'exhument plus les cadavres : ils se bornent, lors de la cérémonie finale, à ôter toutes les mauvaises herbes de la tombe, à enlever la petite maison qui la recouvrait, à déposer enfin sur la place de nouveaux vêtements d'écorce et des provisions pour le grand voyage que l'âme doit accomplir [1]. Pour peu que ces survivances s'effacent, on en viendra à oublier qu'un des objets essentiels de la cérémonie finale a été la translation des ossements purifiés du lieu de dépôt temporaire dans une sépulture définitive à caractère collectif.

b) *L'accès de l'âme au séjour des morts*. - Parallèlement à cette action qui s'exerce sur les restes matériels du défunt, un service funèbre est célébré qui change la condition de l'âme : il s'agit de mettre un terme à son agitation inquiète en l'introduisant solennellement dans la société des morts. C'est une tâche ardue qui suppose de puissants concours : car la route qui mène dans l'autre monde est semée de périls de toutes natures [2], et l'âme ne parviendra pas au terme de son voyage si elle n'est pas conduite et protégée par quelque puissant psychopompe, comme le Tempon Telon des Olo Ngadju [3]. Afin d'assurer à l'âme cette assistance indispensable, des

---

1 KBUIJT, op. cit., p. 35. - Le rite de la destruction de la « maison » (temporaire) du mort lors de la cérémonie finale se rencontre aussi dans l'île de Soemba, corrélativement avec la clôture définitive de la tombe qui jusque-là n'avait été que recouverte d'une peau de buffle desséchée : cf. Ross, in Verhandt. v. h. Batav. Gen. v. K. en W., XXXVI, pp. 56-58. - Chez les Olo Ngadju eux-mêmes, quelquefois, on ne procède pas à l'exhumation des restes : alors, tout en récitant des formules appropriées, on plante sur la tombe une tige de bambou bien sculptée ; c'est signe pour l'âme qu'elle peut entrer dans la ville des morts: GRABOWSKY, Tiwah, p. 193 ; Cf. aussi RIEDEL, op. cit., p. 329 (sur les indigènes de Luang Sermata). - Dans le Gawei Antu, grande fête funéraire des Dayaks maritimes, il n'y a pas en général de secondes obsèques ; il est seulement question d'un monument en bois de fer élevé en certains cas sur la tombe, en même temps qu'on y apporte de la nourriture ; Ling ROTII, t. I, pp. 204-205, 208-209, 258.

2 Cf. sur les Olo Ngadju, GRABOWSKY, Tiwah, p. 185 sq. (la principale épreuve est le passage d'un tourbillon de feu) ; sur les Bahau du centre de Bornéo, NIEUWENHUIS, op. cit., p. 104.

3 C'est le plus renommé des sangiang, ou bons esprits des airs ; on le désigne, d'après son principal esclave, par l'appellation de « maître de Telon » ; mais son véritable nom est Rawing, le Crocodile ; cf. HARDELAND, Gramm., p. 352, n.

prêtres et prêtresses, convoqués par la famille du mort, récitent en s'accompagnant du tambour de longues incantations [1].

Il leur faut d'abord aller par-delà les nuages inviter les esprits célestes à descendre sur terre où les âmes les attendent [2] ; dociles, ils arrivent et, sur la prière des parents des morts, se mettent en devoir de charger leur bateau : ils y font entrer non seulement les âmes des morts, mais aussi celles des animaux immolés pour la fête et de tous les trésors qui y ont été exposés. Au son des tambours et des coups de feu, le navire, conduit par Tempon Telon, commence sa course rapide [3]. À mesure que le dénouement du drame approche, l'émotion devient plus intense ; les assistants écoutent silencieux, tandis que le principal officiant est en proie à une vraie frénésie : les traits crispés, écumant et tout en sueur, il semble s'identifier à Tempon Telon (dont il porte d'ailleurs les attributs), il voit les périls qui menacent son navire, le tourbillon de feu qu'il va falloir franchir. Enfin le cri de triomphe retentit qui soulage l'assistance [4] : ils sont sauvés ! la ville des morts est atteinte !... Les âmes débarquent, elles se mettent à danser autour de leur nouvelle demeure, elles se félicitent : « Il est venu, le jour de notre victoire !

---

43. Il est intéressant de noter à ce propos que les sculptures qui ornent le sandong sont en général des serpents et des crocodiles (PERFLAER, op. cit., p. 246). D'autre part, dans un passage du chant des prêtresses, Tempon Telon déclare lui-même être un tigre (ibid., p. 281) ; or les Dayaks du Mahakam donnent à leurs morts distingués un tigre en bois ayant la tête d'un crocodile, qui, sans doute, est chargé d'assister l'âme dans son voyage (TRomp, in Bijdr. t. d. T. L. en Vlk., 5te v., III, p. 63) ; et le tigre associé au crocodile ou au serpent est souvent figuré auprès du sandong (HARDELAND, ibid., p. 257 ; GRABOWSKY, Tiwah, p. IX, fig. 9). L'oiseau bucéros joue un rôle analogue. Il est remarquable que ces termes de tigre, de crocodile, ou de bucéros servent constamment dans le jargon des prêtresses à désigner les hommes et les femmes, ainsi que les morts déjà établis dans l'autre monde. On sait que la croyance en une parenté spéciale entre l'homme et le crocodile ou le tigre, et en une transmigration de l'âme après la mort dans le corps de ces animaux, se rencontre fréquemment dans l'archipel Malais : cf. Epp, Schilderungen aus Holländisch Ost-Indien, pp. 159-160 ; WILKEN, Animisme, p. 68 sq., et (pour le bucéros), PLEYTE, in Revue d'Ethnographie, IV, p. 313 sq., V, p. 464 sq.

1 HARDELAND, ibid., p. 209 ; GRABOWSKY, ibid., pp. 197-198.

2 HARDELAND, ibid., p. 236 sq.

3 Ibid., p. 252. Pour ce qui suit nous nous référons à Ullmann, in GRABOWSKY, loc. cit. ; car la description du voyage est sommaire dans le texte de Hardeland et ne fait notamment aucune mention d'épreuves à traverser.

4 Elle témoigne de sa joie par des cris et un tapage infernal ; GRABOWSKY, ibid., p. 198.

Robert Hertz

nous voici conduites par Tempon Telon loin de la rive terrestre où s'assemblent les lances des hommes ; nous voyons la ville riche où l'or étincelle... » Puis, après avoir mangé le repas copieux que la fête leur apporte, elles font venir leurs esclaves [1] qui les parent, huilent leurs cheveux et noircissent leurs dents : et leur cœur se réjouit ! Alors les ancêtres, qui depuis longtemps résident au pays des morts, s'assemblent et viennent souhaiter la bienvenue aux nouveaux arrivants [2]. Pourtant ceux-ci ne sont pas encore complètement rétablis. Il faut un nouveau voyage (et un chant spécial) [3] pour que les âmes des os, des cheveux et des ongles, réveillées de leur longue torpeur, parviennent à leur tour dans la ville céleste et rejoignent leur maître. Alors l'œuvre est achevée : l'ombre a repris corps, l'âme exilée et errante a maintenant une place fixe au milieu de ses semblables [4] ; à l'existence précaire qu'elle mène depuis la mort succède une vie opulente [5] qui semble perpétuer indéfiniment les splendeurs et l'énorme abondance de la fête funéraire elle-même. Bref après cette dernière épreuve, l'âme est affranchie, sauvée [6].

S'il faut en croire le missionnaire Braches, cette description du voyage de l'âme et du village céleste ne serait qu'une fable inventée à plaisir par les prêtres psychopompes ; au fond, pour ceux-ci comme pour tous les Dayaks, l'âme est attachée aux restes corporels et réside à l'intérieur ou dans le voisinage du Sandong [7]. En effet, il y a un lien étroit entre le réceptacle des ossements et la « ville des morts » : c'est l'âme ou la substance spirituelle de la maison-ossuaire et des brillants accessoires qui l'environnent qui

---

1 Ceux que le défunt avait,« envoyés à l'avance » de son vivant, en leur coupant la tête, ou les victimes immolées lors de la fête : BRACHES, op. cit., pp. 102-103.

2 HARDELAND, op. cit., pp. 269-273. - Notons la symétrie entre ces images et les pratiques observées au cours des obsèques : la ronde des âmes autour de la maison céleste correspond à la danse des prêtresses autour du sandong (cf. plus bas, p. 78), et la parure des nouveaux arrivés à la toilette des restes matériels.

3 D'ailleurs calqué sur le précédent : HARDELAND, p. 283.

4 Tous habitent ensemble ; les familles se reconstituent : GRABOWSKY, ibid., p. 186 ; cf. KRUIJT, op. cit., pp. 28-29. -Certaines catégories de morts habitent pourtant à part ; nous reviendrons sur ce point.

5 GRABOWSKY, p. 187 ; KRUIJT, loc. cit.

6 Cf. GRABOWSKY, p. 188 ; mais il a tort d'appliquer à l'âme le mot qui sert à désigner la fête : tiwah, comme nous le verrons, doit s'entendre des survivants.

7 BRACHES pp. 102-103. Il conclut : « Le Tiwah n'a donc pas d'autre objet que de transporter les ossements du mort du cercueil provisoire dans le sandong et de conduire l'âme de la « colline où le cercueil était caché » au lieu du sandong. »

...la représentation collective de la mort

va constituer dans le ciel, après avoir subi une transfiguration, la demeure et les trésors des morts [1]. Les chants magiques ne font que transposer dans la langue du mythe les pratiques accomplies sur les ossements. Mais cette transposition n'est pas une fiction mensongère. Sans doute « l'unique consolation du Dayak, c'est la pensée d'être un jour réuni à ses pères » [2] ; mais cette réunion, qui est, en ce qui concerne le mort, l'objet essentiel de la cérémonie finale, s'opère en même temps par deux voies différentes, par la déposition des restes dans une sépulture commune et par l'accès de l'âme au séjour collectif des morts ; les deux événements sont solidaires et également essentiels : le rite fournit à la représentation un support matériel, l'imagination prolonge et achève ce qui n'est qu'indiqué par le rite.

L'âme n'entre point dans la ville céleste pour y jouir d'un repos éternel ; l'immortalité n'appartient pas plus aux habitants de l'autre monde qu'à ceux de celui-ci. Pendant la durée de sept générations l'âme reste au ciel ; mais chaque fois qu'elle a atteint le terme d'une existence, elle doit mourir pour renaître ensuite [3]. Après sa septième mort, l'âme redescend sur la terre et s'introduit dans un champignon ou dans un fruit, de préférence à proximité du village. Qu'une femme vienne à manger ce fruit ou ce champignon, l'âme entrera dans son corps pour renaître bientôt sous forme humaine. Mais si le fruit est mangé par certains animaux, un buffle, un cerf ou un singe, l'âme se réincarnera dans un corps animal : ce dernier

---

1 GRABOWSKY, Tiwah, p. 190. - Un Dayak déclarait un jour après avoir entendu le sermon d'un missionnaire : «Notre ciel à nous c'est le sandong »; GRABOWSKY, ibid., p. 198. Il ne faut pas voir une négation de la céleste « ville des âmes » dans cette phrase destinée simplement à opposer aux prédications chrétiennes le système de croyances dont le sandong est l'expression visible. - Cf. sur les Alfourous, KRUIJT, Op. cit., p. 235.
2 BRACHES, p. 105.
3 Chez certaines tribus Dayaks de Sarawak, le nombre des morts successives est seulement de trois ; Ling ROTH, 1, p. 213 ; Chalmers (in ROTH, 1, p. 167) en mentionne quatre mais la première correspond à la fin de la période transitoire et à l'entrée au pays des âmes ; pendant chaque existence l'âme porte un nom distinct. La même croyance en trois morts successives se retrouve chez les Alfourous du centre de Célèbes (KRUIJT, Op. cit., p. 29) : l'âme passe chaque fois dans un nouveau séjour; les noms que portent ces différents lieux sont manifestement d'origine hindoue ou musulmane ; mais le fond de la croyance est original. - Les indigènes de Nias croient à neuf morts successives : les vies de l'autre monde durent juste le même nombre d'années que la précédente existence terrestre (WILKEN, Animisme, p. 65).

Robert Hertz

est-il enfin consommé par un homme, l'âme reviendra après ce détour parmi les humains [1]. Si au contraire le fruit ou l'animal meurt sans qu'aucun homme le mange, l'âme se dissipe alors pour de bon [2]. Sauf ce cas, qui chez les Olo Ngadju paraît exceptionnel, on voit que l'âme est destinée à parcourir sans fin le cycle des morts et des renaissances et que son séjour au ciel, parmi les ancêtres, n'est qu'un stage séparant deux incarnations terrestres, humaines ou animales. La mort n'est donc pas pour ces peuples un événement singulier, ne se produisant qu'une fois dans l'histoire de l'individu ; c'est un épisode qui se répète indéfiniment et qui marque simplement le passage d'une forme d'existence à une autre.

En mettant un terme aux peines de l'âme, la cérémonie finale ôte toute raison d'être aux dispositions malveillantes qu'elle nourrissait depuis la mort contre les survivants. Sans doute il reste vrai, même après la grande fête funéraire, que les morts appartiennent à un autre monde et qu'un contact trop familier avec eux est dangereux pour les vivants [3]. Pourtant, en général, les âmes laissent en paix leurs parents une fois que ceux-ci se sont acquittés de leurs

1 D'après PERELAER, op. cit., pp. 17-18, les Dayaks mangent volontiers la viande de ces animaux parce que ceux-ci ont une nourriture exclusivement végétale, et qu'il y a par suite de grandes chances pour qu'ils logent en eux une âme humaine. Au contraire, HENDRICHS (in Mill. d. Geogr. Ges. z. Iana (1888), 106-107), nous dit que de nombreux Dayaks ne consomment pas la chair des cerfs ou des sangliers ni certaines feuilles de palmier, parce que l'âme de leurs grands-parents pourrait y être renfermée. Les deux témoignages, quoique contradictoires, concordent sur le point essentiel. Au sujet des buffles, BRAciiEs (p. 103) nous dit que, selon les Olo Ngadju, ils ont le même arrière-grand-père que les hommes ; aussi les sacrifie-t-on lors du Tiwah au lieu des victimes humaines prohibées. Cf. NIENWENHUIS, I, pp. 103, 106.

2 Nous exposons la croyance sous la forme qu'elle présente chez les Olo Ngadju (cf. BRACHES, p. 102 ; GRABOWSKY, Tiwah, p. 187) et chez les Olo Maanjan (GRABOWSKY, in Ausland (1884), p. 471). Mais elle se retrouve au moins fragmentairement chez d'autres peuples de l'Archipel. - Cf. pour les Balinèses, WILKEN, Animisme, pp. 61-62: l'âme après son existence céleste redescend sur terre sous forme de rosée et se réincarne dans un enfant de la même famille, ce qui explique les ressemblances ataviques ; pour l'île de Nias, WILKEN, ibid., p. 65 ; pour les Dayaks du Nord-Ouest, L. ROTH, I, pp. 167, 213, 217-219 ; dans plusieurs tribus, la croyance en une réincarnation a disparu : l'âme revient sur terre sous forme de rosée ou disparaît dans quelque plante ou insecte anonyme de la forêt ; son existence réelle et personnelle est abolie. Il y a là sans doute un appauvrissement de la croyance primitive dont les Olo Ngadju peuvent nous donner une idée.

3 Cf. Perham, in ROTH, I, p. 208 : la présence des morts est désirée, mais seulement au moment convenable et de la manière convenable.

derniers devoirs envers elles [1]. Cette formule négative est en bien des cas insuffisante : entre la communauté des vivants et celle des morts il y a relations singulières et échange de bons offices [2]. Dans certaines sociétés indonésiennes un véritable culte est rendu aux âmes apaisées qui viennent alors prendre place, auprès du foyer domestique, dans un objet consacré ou une statuette du mort qu'elles animent : leur présence, dûment honorée, garantit la prospérité des vivants [3]. Ainsi l'acte qui réunit l'âme du mort à celles des ancêtres lui donne parfois le caractère d'une divinité tutélaire et la fait rentrer solennellement au cœur de la maison familiale [4].

---

1 Voir plus bas, p. 52. - Cf. Saint-John, in L. ROTH, II, p. 142 : « Alors (après la fête) les Dayaks oublient leurs morts et les esprits des morts les oublient. »

2 Les vivants offrent aux morts des sacrifices, les morts par leur puissance assurent le succès des entreprises terrestres, en particulier de la récolte; cf KRUIJT, op. cit., pp. 31, 36.

3 Dans l'île de Roti, le jour même où l'âme part pour le pays des morts on découpe suivant un modèle déterminé une feuille de palmier, on l'asperge du sang d'un animal sacrifié ; cet objet (appelé maik) qui porte désormais le nom du mort, est attaché à la suite d'autres, identiques, qui représentent les morts plus anciens, et suspendu sous le toit ; cette cérémonie équivaut, nous dit-on, à une canonisation du défunt. Lorsque le maik, par suite de l'usure et des vers, disparaît il n'est pas remplacé : on distingue deux classes d'esprits (nitus), ceux du dedans, qui ont encore leur maik, à qui l'on sacrifie à l'intérieur de la maison, et ceux du dehors, dont le nom ne vit plus que dans la mémoire des vivants à qui l'on sacrifie au dehors. Ainsi le culte domestique ne s'adresse qu'aux ancêtres les plus proches ; au bout d'un certain temps, les âmes vont se perdre dans la collectivité des ancêtres communs à tout le village : cf. HEIJMERING., Tijds. v. Ned. Ind. (1844), VI, pp. 365-366, 391 ; GRAAFLAND, Mill. d. Geog. Ges. z. Iena (1890), VIII, p. 168 ; Sal. MÜLLER, op. cit., p. 289 ; WILKEN, Anim., p. 195 ; cf. pour les Philippines, BLUMENTRITT, Ahnencultus, p. 150. - Dans le nord de l'île de Nias, il existe, à côté de l'âme-ombre qui se rend dans l'autre monde peu de temps après la mort, une âme-cœur qui, au bout de vingt ou trente jours, se transforme en une araignée plus ou moins authentique; celle-ci reste auprès du cadavre jusqu'à ce que ses parents viennent la chercher sur la tombe et la ramener en grande pompe dans la maison familiale où elle réside dans une petite statuette, attachée aux images des ancêtres et placée près du foyer : CHATELIN, in Tijds. v. Ind. T. L. en Vk. (1881), XXVI, pp. 147-155 ; MODIGLIANI, op. cit., pp. 290, 293 sq., 646-647. Il paraît certain que la cérémonie de l'extraction des âmes, célébrée pour plusieurs morts à la fois, est identique à la fête funéraire finale (après abandon du rite des secondes obsèques).

4 Ces faits sont étroitement liés à ceux qui ont été exposés plus haut, p. 93-94 ; peut-être même ne faut-il voir dans le maik ou la statuette que des substituts de la fête du mort. Certaines îles de l'archipel Timor-laut nous présentent une forme de transition : on garde dans la maison la tête du mort et on fait en outre une statuette

Robert Hertz

c) *La libération des vivants*. - Les rites envisagés jusqu'à présent avaient pour objet immédiat le bien du mort; s'ils profitaient aux vivants, ce n'était que par contrecoup. Mais on observe au cours de la fête funéraire une série de pratiques non moins importantes, qui ont directement pour but de mettre fin au deuil des parents du mort et de les réintroduire dans la communion sociale [1].

Dès le premier jour du Tiwah, après un banquet auquel les femmes seules ont pris part, l'une d'entre elles prépare sept petits paquets de riz pour les âmes des morts et sept autres pour les mauvais esprits ; en même temps elle prononce une formule qui révèle clairement la signification de cet acte : « Je dépose ici votre nourriture ; par là je brise toute résistance, tout ce qui est impur, tous les mauvais esprits, tous les mauvais rêves, et je mets un terme à tous pleurs » [2]. Cette offrande marque que le moment est venu pour les vivants de se séparer des morts, de dissiper l'atmosphère inquiétante qui les enveloppait pendant le deuil. Ce n'est là que la première indication d'un thème qui sera repris bien des fois au cours de la fête. Dans le chant même des prêtresses qui doit conduire les âmes dans la ville céleste, les vivants, en particulier les parents des morts, tiennent la plus grande place. Pendant toute la durée des incantations, les prêtresses portent dans les plis de leurs vêtements, comme de petits enfants [3], les âmes des donateurs de la fête ; chaque fois qu'elles montent au ciel pour appeler à leur aide les bons esprits, elles emmènent avec elles leurs protégés. D'ailleurs une sorte de fascination attire les âmes des vivants vers les régions d'en haut : il faut avoir soin de les rappeler par leur nom, si l'on ne

qui représente le mort. L'âme ne réside en permanence ni dans le crâne, ni dans la statuette ; quand on l'évoque, on la laisse choisir entre ces deux résidences : le fait qu'une mouche se pose sur l'une ou l'autre révèle le choix de l'âme ; Cf. WILKEN, Anim., pp. 178-179.

1 C'est cet élément de la cérémonie finale qui lui donne son nom chez les Olo Ngadju : car le mot tiwah signifie : être libre, relevé de l'interdit : c'est exactement le contraire de pali (de même que noa en Maori s'oppose à tabou) ; HARDELAND, Worterbuch, p. 608.

2 GRABOWSKY, Tiwah, p. 196. - Perham (in ROTH, 1, p. 209) mentionne chez les Dayaks de Sarawak un rite analogue qui constitue, nous dit-il, un élément important de la fête : une certaine quantité de tuak (boisson enivrante) a été mise à part dans un bambou et consacrée aux âmes elle est bue solennellement par un vieillard.

3 Aussi les parents du mort sont-ils souvent désignés sous cette appellation dans le chant des prêtresses; HARDELAND, Gramm., p. 216.

veut pas qu'elles restent dans l'autre monde où elles ont suivi les morts [1]. Mais ces voyages spirituels ne sont pas accomplis en vain. Les prêtresses ne manquent jamais d'attirer sur les donateurs de la fête l'attention des esprits : « Debout, crient-elles au plus puissant d'entre eux, presse le corps [2] de celui que voici pour en chasser le malheur ; éloigne la puanteur qui pétrifie comme la foudre, dissipe le nuage impur du mort ; rejette le destin qui abaisse et qui fait reculer la vie » [3]... Ce n'est pas assez de « tuer l'adversité » [4] qui opprimait les survivants ; il faut que Tempon Telon, en aspergeant leur corps d'une eau vivifiante, les régénère [5] et leur assure une longue vie, il faut qu'il leur communique « les charmes puissants qui donnent la richesse, le succès dans le commerce, et l'éclat de la gloire » [6]. Naturellement les prêtresses accomplissent en même temps les actes que leur chant impose ou prête aux esprits célestes [7] ; et ces rites tant oraux que manuels opèrent dans la personne des survivants un changement profond [8] : délivrés du mal qui les possédait, ils vont rentrer dans la vie régulière avec une provision fraîche de puissance vitale et sociale [9].

1 Ibid., p. 225 sq., p. 276.

2 C'est l'opération bien connue en magie curative qui consiste à retirer du corps du patient la chose mauvaise qui y était logée ; ici les esprits (et peut-être effectivement les prêtresses) en font sortir « la pierre qui borne (i. e. écourte) la vie ».

3 HARDELAND, p. 246 ; nous extrayons, à titre d'exemple, ces formules d'une série beaucoup plus longue, qui est répétée plusieurs fois (avec quelques variantes) au cours de ces chants ; cf. p. 216 sq., p. 231, p. 244, p. 323.

4 Ibid., p. 245 : le malheur est rendu inerte, sans force, comme les poissons, quand on empoisonne la rivière.

5 Cf. plus bas, p. 77. La même action qui, appliquée aux restes du mort, le fait renaître à une autre vie, renouvelle la personne des survivants.

6 Ibid., p. 276 sq., p. 290. Au fond de tous ces textes se trouve la distinction entre deux espèces contraires de la puissance magique : l'une (sial, palahan), qui comprend tout ce qui amoindrit le pouvoir vital ou social de l'individu, l'autre qui constitue ou renforce ce même pouvoir. L'effort des prêtresses tend à paralyser la puissance adverse qui avait prise sur les parents du mort pendant le deuil et d'autre part à mettre à leur disposition une forte réserve d'énergie (mystique) bienfaisante.

7 Cf. ibid., p. 231 ; p. 354, n. 77.

8 Ce changement est même physique : pendant le deuil les os étaient disjoints (comme c'est le cas, disent les Dayaks, chaque fois que l'organisme est épuisé ou faible) ; ils sont lors du Tiwah rattachés de nouveau les uns aux autres.

9 La maison aussi et le mobilier doivent être purifiés : à cet effet on les gratte et les bat, de manière à en faire sortir les « choses mauvaises - (conçues comme des personnes vivantes) ; celles-ci vont se poser sur les prêtresses qui les emmènent au dehors et les chassent sur des bateaux vers « leur demeure située au milieu de la mer»

Robert Hertz

Mais pour que les vivants soient guéris de leur impureté, un sacrifice est indispensable, de préférence celui qui, aux yeux des Dayaks et de la plupart des Indonésiens, est doué d'une efficacité irrésistible : l'immolation d'une victime humaine dont la tête est coupée et sera ensuite conservée [1]. Un jour entier, lors du Tiwah, est consacré à ce rite essentiel. Les prisonniers ou esclaves, auxquels une opération magique a préalablement enlevé leur âme, sont enchaînés au poteau sacrificiel ; collectivement les parents mâles du mort font fonction de sacrificateurs, dansant et bondissant autour de la victime, et la frappant de leur lance au hasard. Les hurlements de douleur sont salués par des clameurs joyeuses, car plus la torture est cruelle et plus les âmes, au ciel, deviennent heureuses. Enfin, au moment où la victime tombe à terre, elle est décapitée solennellement au milieu d'une allégresse intense ; son sang est recueilli par une prêtresse qui en asperge les survivants « afin de les réconcilier avec leur parent mort » ; la tête sera soit déposée avec les ossements du défunt, soit fixée au sommet d'un pieu élevé près du sandong [2]. À coup sûr, le sacrifice funéraire n'est pas destiné seulement à libérer du tabou la famille du mort ; ses fonctions sont aussi complexes que l'objet de la fête dont il est l'acte décisif, et la furie mystique des sacrifiants, en même temps qu'elle désacralise les vivants, donne à l'âme du mort la paix et la béatitude et (sans doute) régénère son corps [3]. Entre ces changements d'état que consomme à la fois la vertu du sacrifice, la libération des gens

---

cf. HARDELAND, ibid., p. 328 sq., 368 ; GRABOWSKY, Tiwah, p. 202.

1 Cf. WILKEN, Animisme, p. 1124 sq. in Revue coloniale, III, p. 258 in Bijdr. t. d. T. L. en Vk. v. Ned. Ind. (1889), I, p. 98 sq. ; cf. Saint-John, in ROTH, II, p. 143.

2 GRABOWSKY, Tiwah, p. 194, 198 sq., cf. sur les Dayaks maritimes, L. ROTH, I, p. 258 : l'aspersion des parents avec le sang de la victime a pour objet de « marquer que l'ulit ou tabou est levé - Telle est la forme complexe et originale du rite ; mais quand un esclave ou un prisonnier vivants ne sont pas disponibles, on se procure par un meurtre une tête autour de laquelle les hommes exécutent le simulacre du sacrifice (cf. TROMP, Bijdr. t. d. T. L. en Vk., 5te v., III, p. 81). Lorsque les auteurs mentionnent uniquement « l'acquisition d'une tête humaine », c'est que l'observation a été tronquée ou que le rite a subi une simplification: la « chasse aux têtes » est le substitut d'un véritable sacrifice.

3 Nous ne pouvons pas apporter la preuve positive de cette dernière assertion : cf. pourtant ROSENBERG, D. Mal. Archip., p. 157 sq. : dans le sud de Nias, on fait en sorte que la victime exhale son dernier souffle sur le cadavre (la fête est célébrée peu de temps après la mort). Nous ne pouvons que conjecturer par analogie que le sang de la victime a dû être employé à vivifier les restes; cf. plus haut, p. 41, n. 6.

en deuil est seulement le plus apparent, celui qui intéresse le plus directement les vivants [1].

Toute cérémonie religieuse doit être suivie de certains rites, qui affranchissent les participants du caractère dangereux qu'ils ont contracté et les rendent aptes à rentrer de nouveau dans le monde profane. Ces rites prennent lors de la fête funéraire une importance particulière, au point de constituer parfois une seconde fête, distincte de la première et lui succédant. En effet, le péril encouru lors d'une cérémonie comme le Tiwah est particulièrement intense. Sans doute elle est bienfaisante dans ses conséquences et constitue une sorte de victoire sur le malheur ; mais d'autre part, elle touche elle-même au règne de la mort, elle oblige les vivants à des rapports intimes avec les puissances mauvaises et avec les habitants de l'autre monde. Aussi les parents du mort et, avec eux, tous ceux qui ont travaillé à l'œuvre funèbre sont-ils tenus de se purifier. Ils prennent un bain dans la rivière ; pour en augmenter l'efficacité, on mêle quelquefois à l'eau le sang d'animaux sacrifiés ; et tandis qu'ils regagnent la rive à la nage, les prêtresses, qui les suivent en bateau, écartent de leur corps les influences malignes à l'aide de torches brûlantes ou de balais consacrés [2]. Enfin si tous les rites ont été exactement observés, les vivants sont lavés de toute souillure et affranchis de la contagion mortuaire.

---

1 On s'étonnera peut-être que nous ne mentionnions pas ici la croyance qui apparaît au premier plan dans beaucoup de documents et que Wilken, entre autres, considère comme génératrice du sacrifice funéraire : les âmes des victimes serviront d'esclaves, ou tiendront compagnie au mort dans la ville céleste. C'est que, pour nous, cette représentation, si répandue soit-elle, est secondaire et n'exprime pas la nature du rite. L'interprétation de Wilken l'oblige à considérer le sacrifice funéraire comme une espèce à part, radicalement distincte des sacrifices humains pratiqués en d'autres occasions (naissance d'un fils, mariage, inauguration d'une nouvelle maison, etc.) ; alors qu'au fond il s'agit dans tous les cas d'une même opération : changer l'état des personnes (ou des choses) pour les rendre capables d'entrer dans une phase nouvelle de leur vie. - Cf. HUBERT et MAUSS, Le sacrifice, in Année sociologique, t. II.
2 GRABOWSKY, Tiwah, p. 203 sq. ; in Ausland (1884), p. 474, pp. 448-449 ; ibid. (1888), pp. 583-584. - Chez les Olo Ngadju, la famille du mort monte dans une barque qui au milieu de la rivière est chavirée par les prêtresses : ceci est répété trois fois. Chez les Olo Maanjan, les participants à la fête se baignent dans le sang d'animaux sacrifiés au-dessus de leur tête dans la balai même ; au cours de cette cérémonie on élève à l'entrée du village une grande statue en bois destinée à prolonger jusqu'à la prochaine fête du même genre le bon effet de celle qui vient d'avoir lieu et à tenir à distance les mauvais esprits.

Robert Hertz

On n'a point attendu d'ailleurs l'accomplissement de ces dernières pratiques pour réintégrer solennellement dans la société ceux qui de par leur deuil en étaient exclus. On leur fait échanger les vêtements qu'ils portaient contre de nouveaux, conformes à l'usage ; ils font la toilette de leur corps ; les hommes ceignent leur beau poignard et les femmes reprennent leur parure. Un grand banquet, auquel les hôtes contribuent pour leur part, et des danses joyeuses marquent la levée du ban qui pesait sur les proches parents du mort : ils sont libres désormais de se mêler aux autres hommes et de reprendre le train ordinaire de la vie [1]. On le voit, il y a un parallélisme complet entre les rites qui introduisent le mort, lavé et vêtu de neuf, dans la compagnie des ancêtres et ceux qui font rentrer sa famille dans la communion des vivants : ou plutôt c'est un seul et même acte libérateur appliqué à deux catégories différentes de personnes.

Les sociétés sur lesquelles a porté la précédente étude appartiennent à un type de civilisation relativement avancé : c'est à peine si on y rencontre çà et là des traces de totémisme. Or un système religieux qui affecte aussi profondément l'organisation et la vie des sociétés où il domine doit évidemment imprimer sa marque sur les croyances relatives à la mort et à l'au-delà et par suite sur le rituel funéraire. Il est donc d'un intérêt particulier pour nous de définir la nature des obsèques définitives dans une société où le totémisme existe à l'état d'institution vivante. Les observations faites par Spencer et Gillen sur les tribus du Centre australien nous apportent les éléments d'information nécessaires.

Rappelons brièvement la croyance sur laquelle repose l'organisation totémique dans ces tribus. Chacun des groupes totémique actuellement existants tire son origine d'un ou de plusieurs ancêtres [2], semi-humains, semi-animaux, qui sortirent de terre dans les temps très anciens. Ces ancêtres parcoururent en tous sens le territoire tribal, s'arrêtant en de certains endroits

---

1 GRABROWSKY, Tiwah, pp. 202-203 ; Perham, in L. ROTH, I, p. 209; ibid., p. 258 ; TROMP, op. cit., p. 81.

2 Chez les Arunta ,les ancêtres totémiques formaient déjà un groupe plus ou moins nombreux, tandis que chez les Warramunga c'est ordinairement un ancêtre unique qui est censé avoir donné naissance à toutes les âmes dont le groupe dispose actuellement; la différence n'est pas absolue, car même chez les Arunta, les ancêtres ont laissé derrière eux d'autres âmes que la leur, liées à des objets sacrés (chruinga) qu'ils portaient avec eux;Northern Tribes, p. 150 sq., 161 sq.

pour y établir leur camp et pour pratiquer des cérémonies sacrées ; finalement ils s'enfoncèrent à nouveau sous la terre. Mais ils ne disparurent pas tout entiers, car en chaque lieu où ils avaient séjourné et où quelques-uns d'entre eux étaient morts [1], ils laissèrent derrière eux leurs âmes et un certain nombre d'autres âmes qu'ils portaient avec eux formant ainsi sur leur passage une multitude de colonies d'esprits liées à quelque objet naturel déterminé, un arbre ou un rocher par exemple. Ce sont ces âmes qui par leurs renaissances successives constituent le groupe totémique humain ainsi que l'espèce éponyme [2] ; car chaque membre vivant de la tribu n'est que la réincarnation temporaire soit d'un ancêtre particulier dont il porte en certains cas le nom [3], soit d'une des âmes émanées de lui [4].

Chez les Binbinga, un an environ après la mort, un messager, envoyé par le père du défunt, va convoquer d'autres groupes de la tribu ; il porte avec lui un os du bras du mort, peint en rouge, enveloppé rituellement ; cet objet sacré rend sa personne inviolable et tous ceux à qui il a été présenté ne peuvent s'empêcher de le suivre. Une fois que les étrangers sont arrivés et que par des rites appropriés la communion s'est établie entre eux et leurs hôtes, la cérémonie véritable commence : pendant la soirée et toute la nuit suivante, on chante des chants sacrés relatifs à l'ancêtre totémique du mort. Le lendemain, les individus appartenant au groupe

---

1 Ceci est expressément indiqué au sujet des Arunta : Native Tribes, p. 123 sq.; Northern Tribes, p. 150, et chap. XIII, passim; mais dans d'autres tribus, la mort d'un ou plusieurs ancêtres n'est pas donnée comme une condition nécessaire de la formation d'un centre totémique ; les âmes individuelles, de même que les animaux et les plantes, sont issues du corps de l'ancêtre tandis qu'il accomplissait des cérémonies : Northern T., pp. 157, 162, 301 la mort des ancêtres a d'ailleurs le même effet : ibid., pp. 204, 247, 250 notons que chez les Warramunga, les colonies d'âmes qui alimentent le groupe ayant pour totem le serpent mythique Wollunqua semblent s'être formées aux lieux où l'ancêtre unique essaya de pénétrer sous terre, avant de pouvoir enfin y parvenir : ibid., pp. 241-242.
2 Northern T., pp. 330-331, p. 157, n. 1, p. 313.
3 C'est ce qui arrive fréquemment chez les Arunta, ibid., p. 581 ; ce nom est sacré et n'est connu que des membres les plus âgés du groupe totémique.
4 Chaque individu sait exactement de quel lieu émane l'âme incarnée en lui, et il est uni par une relation étroite à ce lieu sacré pour lui ; son nom secret en est parfois dérivé (chez les Warramunga) ; cette « patrie » de son âme constitue son identité et détermine sa position et sa fonction dans la communauté religieuse. Native T., p. 132 ; Northern T., p. 448 sq., pp. 583-584, p. 254, p. 264.

Robert Hertz

dont il était membre se décorent avec le symbole de leur totem et exécutent les mouvements rythmiques accompagnés de chants qui constituent la plupart des cérémonies totémiques. Enfin les ossements, qui dès la veille ont été apportés par le père sur le terrain consacré, sont déposés à l'intérieur d'un tronc creux, sur l'extérieur duquel ont été peintes des représentations du totem du mort. Ce cercueil est porté dans les branches d'un arbre surplombant un étang et il ne sera plus touché ; l'endroit est sacré au moins pour un certain temps et les femmes ne peuvent en approcher [1].

La cérémonie finale des Warramunga [2] se distingue de la précédente par quelques traits notables. D'abord les rites essentiels des obsèques définitives sont accomplis, non sur l'ensemble des ossements [3], mais sur un des os du bras que l'on a mis à part et soigneusement enveloppé : il y a là un phénomène de substitution de la partie au tout qui se produit fréquemment et le choix du radius s'explique sans doute par la connexion étroite qui est censée exister entre l'âme de l'individu et lui [4]. De plus le dernier rite funéraire a toujours lieu immédiatement après la fin d'une série de cérémonies relatives à l'ancêtre du groupe totémique auquel le défunt appartenait, ou du moins d'un groupe de la même phratrie [5]. Dans l'un des cas observés par Spencer et Gillen, la

1 Norlhern T., pp. 550-554, pp. 173-174.
2 La description de nos auteurs se réfère à certains groupes de la section méridionale de cette tribu ; cf. ibid., p. 168.
3 Ceux-ci, aussitôt après avoir été retirés de la sépulture temporaire, sont déposés sans cérémonie dans une fourmilière, sans qu'aucun signe extérieur dénote leur présence ; cf. pp. 532-533. Peut-être faut-il rattacher cette pratique au fait que les fourmilières sont considérées quelquefois comme le siège d'âmes laissées par les ancêtres : le fait nous est justement attesté par le groupe totémique auquel appartenait l'individu dont les auteurs ont vu les obsèques; cf. p. 241.
4 De même, chez les Binbinga, le radius est mis à part ; après la cérémonie fluide, il sert encore dans l'expédition qui a pour objet de venger le mort ; il ne sera enterré que plus tard à côté du cercueil contenant les autres os ; pp. 554, 463. - Ce n'est pas seulement chez les Australiens que le radius est l'objet de représentations spéciales : ainsi chez les Papous de Roon (N.-O. de la Nouvelle-Guinée), tandis que les autres ossements sont rassemblés dans une caverne, les radius des différents morts sont déposés dans une petite maison. Notons qu'au cours de cette cérémonie, les hommes exécutent une danse imitant les mouvements d'un serpent : il s'agit, dit-on, de représenter la mort d'un serpent immense qui selon la légende désolait autrefois la contrée ; cf. v. BALEN, in Tijdschr. v. Ind.T.L. en Vk. Kunde, XXXI (1886), p. 567 sq., 571-572.
5 Northern T. p. 168. On sait que chez les Warramunga, les groupes totémiques

sépulture définitive devait être donnée à une femme qui avait pour totem le grand serpent mythique Wollunqua. Depuis dix-sept jours le radius de la morte avait été ramené solennellement dans le camp et confié à la garde des femmes chargées de veiller et de pleurer sur lui ; on attendait que fût terminé le long drame sacré, qui reproduit et répète les actions essentielles de l'ancêtre depuis sa sortie de terre jusqu'à sa disparition finale [1]. Sitôt ce dernier acte accompli, les femmes apportèrent sur le lieu de la cérémonie le radius toujours enveloppé ; soudain celui-ci leur fut arraché [2] ; d'un coup de hache un homme le mit en pièces [3] et il en déposa les fragments dans une petite fosse qu'il avait creusée lui-même auprès du dessin tracé sur le sol, qui évoque le serpent en train de s'enfoncer sous terre, laissant derrière lui les âmes de ses descendants [4]. La fosse fut ensuite recouverte d'une pierre plate. Ce rite indique que « le temps du deuil est passé et que le mort a été réuni à son totem ». Détail significatif, un même mot désigne dans le langage des Warramunga la sépulture définitive du radius, le dessin totémique, et l'acte par lequel les divers ancêtres sont descendus sous la terre [5]. Ainsi chaque individu rentre finalement dans le sein de son totem ; et sa mort se confond avec celle de l'ancêtre dont il est la réincarnation.

La mort, que consomme la cérémonie finale, n'est pas un anéantissement : si l'ancêtre en disparaissant a laissé derrière lui son âme, il en sera de même du descendant en qui cette âme a

---

sont répartis entre les deux phratries qui constituent la tribu : il semble qu'il existe une solidarité assez étroite entre les divers groupes composant une même phratrie ; cf. p. 248, p. 163.

1 Cf. p. 193 sq.; de même les autres obsèques auxquelles assistèrent Spencer et Gillen eurent lieu après la dernière cérémonie relative au serpent noir, six jours après que le radius eut été apporté dans le camp.

2 Pour simplifier l'exposé, nous omettons un rite singulier: les hommes, décorés du symbole du totem, se tiennent debout, les jambes écartées, non loin du dessin sacré; les femmes, à la file, rampent sous cette sorte d'arche ; la dernière d'entre elles porte derrière son dos le radius qui lui est arraché lorsqu'elle se relève, p. 540. Il semble que ce rite représente dramatiquement le même événement qu'évoque le dessin sacré : la disparition de l'ancêtre sous terre.

3 Cet acte a sans doute pour effet de libérer l'âme du mort contenue dans le radius, de même qu'ailleurs la fracture du crâne ; cf. DUBOIS, Hindu Manners (1899), p. 547.

4 Norlhern T. p. 740 sq.

5 Ibid., p. 542 et p. 162.

Robert Hertz

habité pour un temps. Cette croyance se rencontre non seulement chez les tribus mentionnées jusqu'ici, mais aussi chez les Arunta qui enterrent le cadavre définitivement aussitôt après la mort [1] ; à l'expiration de la période intermédiaire, pendant laquelle l'âme hantait le lieu de la sépulture ou le camp des vivants [2], elle va rejoindre les autres âmes de son totem, au lieu même où elle a habité au temps des ancêtres et où elle a toujours résidé dans l'intervalle de ses incarnations [3]. Sur la condition de l'âme désincarnée, sur son mode d'existence, nous n'avons naturellement que des indications assez vagues. Pourtant il nous est dit qu'aux yeux de l'Australien, un tel esprit est un personnage très réel ; son image se confond avec celle des ancêtres qui ont donné naissance aux groupes totémiques. Comme eux, il possède des pouvoirs bien plus grands que les membres actuels et vivants de la tribu [4] ; et s'il en use généralement pour faire le bien, il faut cependant se garder de l'offenser par une familiarité excessive. Comme les ancêtres, mais seulement la nuit, les esprits parcourent le pays, campant en de certains endroits, accomplissant leurs cérémonies, qu'ils révèlent parfois, selon les Arunta, à certains individus privilégiés [5].

Puisque les ancêtres, du moins certains d'entre eux, présentaient l'apparence de l'animal dont ils portent le nom [6], on pourrait s'attendre à voir l'âme, une fois la mort achevée, prendre sa place avec le corps convenable dans l'espèce sacrée. Chose remarquable, la croyance que la mort est une transformation de l'individu humain en animal, selon le totem auquel il appartient, ne nous est

1 Native Tribes, p. 497 ; mais nous trouvons dans cette tribu l'équivalent exact des secondes obsèques des tribus septentrionales : c'est la cérémonie célébrée 12 ou 18 mois après la mort, qui consiste à « fouler les branchages de la tombe »; elle a pour objet « d'enterrer le deuil » et de faire connaître à l'âme que le moment est venu pour elle de se séparer définitivement des survivants ; ibid., pp. 503-509.

2 Pendant cette phase l'âme porte, chez les Arunta, un nom spécial (Ulthana), distinct de celui qui désigne l'âme d'un homme vivant, ou l'esprit désincarné ; ibid., pp. 514, 655, 168.

3 La situation de ce lieu d'origine détermine souvent l'orientation de la tombe ou du cadavre : Native T., p. 497, Northern. T., pp. 508, 542, 554 ; cf. pour les Wotjobaluk, HOWITT, op. cit., p. 453 sq. et 450.

4 Northern T., p. 277.

5 Native Tribes, pp. 512, 516, 521 ; Northern T., p. 450.

6 Northern T., p. 150 sq., p. 162, p. 278, p. 327 ; certains ancêtres sont considérés comme ayant été des hommes, d'autres au contraire distinctement des animaux, en particulier les serpents totems des tribus du Nord.

pas signalée dans les tribus australiennes [1] ; mais elle se rencontre en d'autres sociétés, à tel point que certains auteurs y ont vu le fond même du totémisme [2], et elle se manifeste parfois clairement dans la nature des derniers rites funéraires. C'est ainsi que chez les Bororo, chaque individu est censé devenir après sa mort un animal déterminé, généralement un perroquet d'une certaine espèce ; et l'un des actes essentiels de la cérémonie finale consiste dans la décoration rituelle des os dénudés : au milieu de danses et de chants sacrés, on les revêt complètement des plumes de ce perroquet [3]. Le sens de la cérémonie liée aux obsèques définitives apparaît ici avec évidence : il s'agit de donner au mort un corps nouveau pour la nouvelle existence dans laquelle il entre.

Le retour de l'âme à sa condition primitive n'est pas définitif aux yeux des Australiens : un jour elle rentrera dans le corps d'une femme, pour recommencer bientôt une existence humaine [4]. Le délai qui s'écoule entre la mort et cette renaissance est indéterminé ; il semble dépendre exclusivement du bon plaisir de l'âme et des occasions qui lui sont offertes [5]. Pourtant on nous signale, chez deux tribus très distinctes, l'existence d'un intervalle minimum : suivant les Arunta, la réincarnation ne saurait avoir lieu avant

1 Cela paraît d'autant plus étonnant que nous rencontrons chez les Warramunga la croyance que l'âme peut, du vivant même de l'individu, quitter son corps et prendre l'apparence de son totem : lorsqu'un homme est mort, l'esprit de son meurtrier supposé est censé rôder auprès de sa victime ; pour savoir à quel groupe totémique il appartient, on va voir si l'on ne découvre pas auprès de la sépulture quelques traces d'animal; Northern T., pp. 526-527.

2 Voir TYLOR, Primitive culture (4e éd.), II, p. 236. Cf. sur les Zuñis, CUSHING, in Rep. Bur. Ethn., XIII, p. 404 sq. - Ce trait est particulièrement en évidence chez les Bantous du Sud ; cf. THEAL, Records, VII, p. 404 sq. : les âmes des membres du clan émigrent après la mort dans le corps d'un animal de l'espèce éponyme et sacrée. - Il en est de même dans les cas de « totémisme individuel » ; cf. sur les Tahitiens, MOERENHOUT, op. cit., I, pp. 455-457 : l'esprit d'un mort revenait souvent dans le corps même de l'animal qu'il avait révéré pendant sa vie.

3 Nous citons ce fait, bien qu'il ne s'agisse peut-être pas ici d'un totémisme caractérisé ; nous ne savons pas en effet si l'animal sacré est éponyme, ni s'il est particulier à un clan. Notons qu'au cours de la même cérémonie, un personnage décoré de plumes de perroquet représente l'âme du mort en son état actuel : v. d. STEIINEN, Unter den Nalurvölkern CentralBrasilians, p. 504 sq., 511.

4 Nous ne pouvons entrer ici dans l'examen des règles selon lesquelles est censée s'effectuer la réincarnation et qui déterminent au point de vue totémique l'identité d'un individu.

5 Northern T., p. 34.

Robert Hertz

que les ossements mêmes soient tombés en poussière ; suivant les Gnanji, elle se produira lorsque les pluies auront lavé et purifié les os [1]. Il ne faut pas sans doute attacher trop d'importance à ces représentations particulières, d'ailleurs peu cohérentes ; mais il semble qu'un lien existe entre l'état des ossements et celui de l'âme : celle-ci ne pourra reprendre place parmi les hommes que quand tout le corps présent aura disparu. En tout cas, quelle qu'en soit la date, la réincarnation est normale et escomptée ; et le rite par lequel la mort de l'individu est identifiée à la mort de l'ancêtre a pour résultat au moins indirect de conserver les âmes dont le groupe totémique dispose, et de rendre possibles par suite la perpétuité et l'intégrité de ce groupe.

Si l'on compare la cérémonie finale telle qu'elle se présente chez les Australiens centraux avec la fête funéraire indonésienne, on ne peut pas ne pas être frappé de la similitude qui existe entre ces deux formes d'une même institution. Non seulement il s'agit toujours de mettre fin au deuil des proches parents du mort [2], mais en ce qui concerne le défunt lui-même, l'objet poursuivi est au fond identique. Comme les Dayaks, les Warramunga veulent par le dernier rite funéraire consommer définitivement la séparation du mort d'avec les vivants et assurer son entrée dans la communion des ancêtres sacrés. Comme les Dayaks, les Warramunga ne considèrent pas cette nouvelle existence comme éternelle : la libération de l'âme rend possible et prépare un retour ultérieur de l'individu dans le groupe qu'il vient de quitter. À côté de cette concordance profonde il faut noter certaines différences : la pensée de la réincarnation semble plus accusée et plus prochaine chez les Australiens que chez les Indonésiens ; et en conséquence la société des morts se présente chez les premiers avec peut-être moins de consistance et d'autonomie ; les âmes au lieu de se réunir toutes dans un village commun, se trouvent disséminées à la surface du territoire tribal en un certain nombre de centres définis [3] ; enfin, corrélativement,

1 Native T., p. 515 ; Northern T., p. 546. - Peut-être faut-il rapprocher de ces faits ce qu'on nous rapporte au sujet de la tribu des Luritcha, qui pratique le cannibalisme : on a toujours soin de détruire les ossements de ceux qu'on a tués parce qu'autrement les os se rejoindraient et les victimes ressuscitées tireraient vengeance de leurs meurtriers.

2 Native T., p. 507 ; Northern T., p. 509, p. 525, p. 554.

3 Pourtant chez les Warramunga, les foyers totémiques présentent une certaine concentration : une région limitée, particulièrement accidentée, parait avoir été le

...la représentation collective de la mort

nous n'avons pas rencontré chez ces tribus la sépulture collective des os [1]. La réunion des morts avec leurs ancêtres ne s'opère ici que d'une façon mystique; ce qui s'explique peut-être par le caractère flou du groupe totémique australien [2].

Si la réunion des ossements du mort à ceux des ancêtres n'existe pas dans les tribus de l'Australie centrale, elle n'en constitue pas moins, en général, l'un des actes essentiels de la cérémonie finale. Les ossuaires, dont l'existence nous est attestée par de nombreux ethnographes, appartiennent le plus souvent à la famille ou au clan [3]. « Vivants, une seule maison ; morts, une seule tombe »,

---

home commun de divers ancêtres totémiques ; Northern T., p. 250. Il n'y a pas loin de cette représentation à celle d'un séjour souterrain et collectif des morts : les Arunta croient que les esprits n'aiment pas le froid des nuits d'hiver, qu'ils passent dans des cavernes souterraines ; Native I., p. 513.

1 Peut-être y a-t-il entre les deux faits plus qu'une vague corrélation, car on peut se demander si l'arbre qui sert de sépulture définitive aux os du mort, chez les Binbinga par exemple, n'est pas, ou n'a pas été, celui-là même qui sert de résidence à l'âme du mort ; pour un fait analogue relatif au dépôt du prépuce après la circoncision, cf. Northern T., p. 341 et FRAZER, in Independent Review (1904), p. 211. Notons que, chez les Arunta, la survie des âmes des ancêtres est liée à la conservation d'objets sacrés portant des marques totémiques, les churinga,qu'ils ont laissés derrière eux, au lieu où ils sont disparus, pour servir de demeure à leur esprit désincarné ; cf. Native T., p. 123 sq., p. 132 sq., Northern T., p. 258, pp. 265-267 ; or les os rituellement décorés semblent être, dans les tribus plus septentrionales, l'équivalent du churinga ; ils constituent le corps de l'âme désincarnée ils sont sacrés eux aussi et recèlent un pouvoir magique et fertilisateur ibid., p. 531, p. 546. - En tout cas, le rite final Warramunga a pour objet d'effectuer, au moins symboliquement, le dépôt du radius au centre totémique local.

2 Pour étudier la cérémonie finale à caractère totémique nous ne nous sommes occupé que des Australiens, mais une cérémonie analogue a dû exister chez les autres peuples totémisants ; cf. sur les Tlinkit, KRAUSE, Die Thlinkit, pp. 234-238 : dans une fête terminale en l'honneur du mort, l'hôte apparaît revêtu des insignes de son totem ; du dehors un membre de la famille fait alors entendre le cri de l'animal sacré ; tandis que des esclaves sont sacrifiés, on chante l'origine de la famille et les hauts faits des ancêtres.

3 Cf. RIEDEL. Sluik- en kroesharige rassen, p. 267 ; v. BALEN, op. cit., pp. 567-568 ; Sal. MÜLLER, op. cit., pp. 63, 72; ROSENBERG, op. cit., pp. 434, 511, 417-419 ; TURNER, Samoa, p. 147 ; VERGUET, Op. cit., p. 208-209; ELLIS, op. cit., IV, p. 360; MŒRENHOUT, I, pp. 101-102 ; CATLIN, Notes, p. 89 sq. ; SWAN, N.-W. Coast, pp. 191-192; GABB, Proc.. Am. Phil. Soc. (1876), p. 497 sq. ; PLÜMACHER, in Ausland (1888), p. 43 ; CREVAUX, Voyages, pp. 549, 561-562 ; BATCHELOR, in Antanan. Ann., III, p. 30; GRANDIDIER, op. cit., pp. 225, 227-229. Chez les Chewsures, tous ceux qui portent le même nom de famille sont réunis dans la même sépulture : RADDE, op. cit., p. 93.

Robert Hertz

dit un proverbe malgache qui exprime un sentiment répandu et profond [1]. Les Choctaws estimaient criminel et sacrilège le fait de mêler les ossements d'un parent avec ceux d'étrangers, car ceux qui ont mêmes os et même chair doivent être réunis [2]. C'est pourquoi tant de peuples considèrent que le plus grand malheur qui puisse arriver à un individu, c'est de mourir au loin et d'être à jamais séparé de ses proches ; et l'on fait les plus grands efforts pour ramener ses os dans la terre natale et les joindre à ceux de ses pères [3]. Il semble que le groupe se diminuerait lui-même s'il admettait que l'un des siens pût être retranché d'une manière définitive de sa communion.

Le rite de la réunion des os s'éclaire, comme l'a montré Brinton [4], si on le rapproche de la coutume, très répandue en Amérique, de rassembler les os des animaux tués à la chasse : le motif parfois explicite de cette pratique, c'est que « les os contiennent les âmes des bêtes et qu'un jour ils se revêtiront à nouveau de leurs chairs et repeupleront les prairies ». Les ossements humains sont l'objet de la même croyance : ils contiennent le germe d'une future existence [5] et doivent par suite être gardés précieusement en dépôt comme un gage de la persistance du groupe. L'ossuaire du clan, en même temps qu'il est la demeure commune où se rejoignent les ancêtres, est aussi le réservoir d'âmes d'où sortiront les descendants.

Mais les ossuaires collectifs ne sont pas tous familiaux, et les secondes obsèques ont parfois une portée qui dépasse de beaucoup les limites du groupe domestique. La caverne d'Ataruipe, dans la région des sources de l'Orénoque, dont Alexandre de Humboldt a donné une description célèbre, contenait environ six cents squelettes, enfermés dans des corbeilles ou dans des urnes de terre ; c'était « la tombe de tout un peuple disparu » [6]. De même, un

---

1 STANDING, in Antanan. Ann. (1883), VII, p. 73.

2 ADAIR, Hist. of the American Indians (1775), p. 129 sq., p. 183.

3 Cf. en Particulier STANDING, ibid. ; BOSMAN, op. cit., p. 232, p. 476 ; DOBROZHOFFER, Historia de Abiponibus, p. 1296-297, 310; CARVER, Travels (1871), pp. 400-402.

4 Myths of the New-World, p. 259 sq.

5 BRINTON, ibid., p. 254 sq. ; Marcoy (in PREUSS, op. cit., p. 105) sur les Mesaya : ils évitent l'endroit de la forêt où sont déposés les os de peur que l'âme libérée n'entre dans leur corps.

6 V. HUMBOLDT, Ansichten der Natur (1826), I, pp. 224-227: certaines urnes semblaient contenir les os de familles entières.

...la représentation collective de la mort

grand nombre des tumuli et des « fosses à os » que l'on rencontre en différentes régions des États-Unis semblent bien par leurs proportions avoir servi de sépulture définitive à des communautés étendues[1] ; et cette conjecture est confirmée par divers témoignages historiques.

C'est ainsi que chacune des quatre nations qui composaient la Confédération des Hurons avait pour coutume de rassembler périodiquement les restes de ses morts dans une fosse commune. Cette cérémonie, célébrée tous les dix ou douze ans et appelée le « Festin des âmes », était, nous dit-on, « de toutes les actions des sauvages la plus éclatante et la plus solennelle ». Chaque famille en temps utile exhumait les restes de ceux de ses membres qui étaient morts depuis la dernière fête ; les ossements étaient dépouillés des chairs qui pouvaient encore leur être attachées[2], revêtus de robes neuves et ornés de colliers de grains de porcelaine ou de guirlandes ; puis, après une cérémonie domestique[3], on se disposait à gagner le rendez-vous central, souvent très éloigné. Ce convoi funèbre n'était pas sans danger ; car les ossements desséchés, que l'on désignait sous le nom d'âmes, constituaient un fardeau redoutable qui pouvait causer aux porteurs un mal de côté pour toute leur vie, s'ils ne prenaient souvent la précaution d' « imiter le cri des âmes », ce qui les soulageait grandement. Le rite final était célébré au milieu d'une affluence énorme ; les chefs, au nom des défunts, procédaient à une distribution générale de présents dont les étrangers invités à la fête recueillaient une large part, car on tenait à leur faire admirer

---

1 SQUiER, Aboriginal monuments of the State of New-York, p. 67 sq., pp. 125-130 ; C. THOMAS, in Rep. Bur. Ethn., XII, p. 672 sq., p. 539 ; YARROW, op. cit., pp. 119, 129, 137, 171 ; SAVILLE, in Amer. Anthrop. (1899), N.S., 1, p. 350 sq. ; PREUSS, op. cit., pp. 10-11, p. 39 sq. ; dans certains de ces ossuaires on a trouvé plusieurs centaines de squelettes. Le fait que le dépôt des ossements dans ces sépultures communes n'a eu lieu qu'après la dessiccation achevée est susceptible d'être démontré, au moins dans un grand nombre de cas : position relative et décoration des os, petitesse extrême des cercueils (qui a suscité la légende d'une race pygmée éteinte), etc. ; tantôt les ossements étaient entassés pêle-mêle, tantôt ils étaient rassemblés, enveloppés et disposés symétriquement.

2 Toutefois pour les corps tout récemment enterrés et que la décomposition n'avait pas encore attaqués, on se bornait à les nettoyer et à les couvrir de robes neuves ; ils étaient enterrés tels quels au fond de la fosse commune.

3 Elle était suivie d'une fête commune à tout le village, offerte par le chef aux morts réunis dans la « grande cabane » : la fête centrale semble être venue se greffer sur ces fêtes à caractère domestique ou local.

Robert Hertz

la magnificence du pays [1]. Nous retrouvons ici, sous une forme saillante, un phénomène que nous avions déjà constaté chez les Indonésiens : la cérémonie finale présente toujours un caractère collectif prononcé et elle suppose une concentration du corps social sur lui-même ; mais en ce cas ce n'est pas la famille ni même le village, c'est la nation qui intervient directement pour réintégrer les morts dans la communion sociale [2]. Cet acte prend dès lors une signification politique [3] : en mettant en commun tous leurs morts, les divers groupes domestiques et locaux qui forment l'unité supérieure prennent conscience des liens qui les unissent et par suite ils les entretiennent ; en constituant la société des morts, la société des vivants se recrée régulièrement elle-même.

Pourtant des causes secondaires peuvent avoir pour effet de modifier la nature des secondes obsèques. Les os des morts sont en général revêtus d'un caractère sacré et magiquement efficace ; ils sont « chauds de puissance spirituelle » [4]. Aussi y a-t-il lieu de craindre que des ennemis ne violent la sépulture familiale pour faire servir à leurs desseins hostiles les énergies renfermées dans les ossements : une semblable profanation constitue pour la famille la pire des calamités [5]. D'autre part on peut espérer qu'en gardant

1 Les familles des morts surtout faisaient les frais de ces largesses. On distribuait aussi des lambeaux découpés dans les robes qui avaient recouvert les os ; ils possédaient des vertus magiques qui les rendaient précieux. - Cf. BRÉBEUF, Relation de la Nouvelle-France (1637), II, p. 142 sq. ; LAFITAU, Mœurs des sauvages Amériquains (1724), H, pp. 446-457 ; HUNTER, in Ann. Rep. Canadian Instit. Toronto (1889), p. 5 sq. : le récit de Brébeuf se rapporte aux Attignaouentans, ou Nation de l'Ours. Pour une semblable « fête des âmes » chez les Iroquois et les Choctaws, voir YARROW, op. cit., pp. 168-173. - Le rite de la distribution de cadeaux lors de la fête funéraire est particulièrement accentué chez les Indiens du Nord-Ouest et les Esquimaux occidentaux ; KRAUSSE , op. cit., p. 223 ; JACOBSEN, op. cit., p. 259 sq. ; NELSON, op. cit., p. 363 sq. ; YARROW, op. cit., p. 171 sq.

2 Notons que le caractère collectif des obsèques finales modifie le mode de cette réintégration : car les morts d'une période donnée sont réunis non aux autres morts, mais entre eux. Le sens du rite est évidemment le même.

3 Précisément lors de la fête dont la relation nous a été transmise, des dissensions s'étant produites entre deux parties de la nation, l'une d'entre elles, contrairement à l'usage, s'abstint de participer à la cérémonie.

4 CODRINGTON, Melanesians, p. 261 sq. ; cette expression provient de l'île de Saa.

5 On prévient quelquefois ce danger en tenant secrète la sépulture ; Cf. CODRINGTON, ibid., p. 219 ; ELLIS, Polynes. Res., I, p. 405 ; MŒRENHOUT, op. cit., I, pp. 554-555.

les restes des morts auprès de soi on s'assure une précieuse réserve de forces bienfaisantes. Cette peur et cette espérance font que les obsèques définitives consistent quelquefois à rapporter les os dans la maison familiale [1] ou à les distribuer aux parents du mort qui les porteront sur leurs personnes. C'est ainsi qu'aux îles Andaman il est rare de rencontrer un individu adulte qui n'ait point sur lui au moins un collier d'os humains ; ce n'est pas là un simple ornement, mais bien une défense contre les entreprises des esprits malins [2]. Le contact est même parfois plus intime, car diverses tribus de l'Amérique du Sud calcinent et pulvérisent les os lors de la cérémonie finale pour s'en frotter ensuite le corps ou pour les avaler avec leur boisson. L'explication donnée par certains Indiens est intéressante : comme ils croient que l'âme réside dans les os, ils espèrent, en les consommant, faire revivre le mort en eux [3].

Très fréquemment, de même qu'en Indonésie, les secondes obsèques sont l'occasion d'un service destiné à donner à l'âme la paix et la béatitude. Il y a un lien étroit entre l'âme et les ossements [4] ; et les rites qui ont pour objet de purifier ceux-ci, de les décorer, de les vivifier, de les conduire enfin dans un lieu consacré ont leur contrecoup sur la condition de l'âme. Mais, de plus, des incantations spéciales ou des rites d'un caractère dramatique tendent directement à faire sortir l'âme des prises de la mort.

La cérémonie observée à cet effet par les insulaires de Mabuiag est particulièrement instructive : l'âme, pendant les premiers

---

1 Cf. KOCH, op. cit., p. 34 ; GUMILLA, Histoire de l'Orénoque (1758), I, p. 316.

2 MAN, in Journ. Anthr. Inst., XI, p. 86, et XII, p. 146. Il y a un contraste caractéristique entre l'abandon sinistre où est laissé le cadavre pendant la période intermédiaire (cf. plus bas p . 69) et le contact familier et bienfaisant que l'on a avec les ossements après la fête. - Cf. sur les indigènes des îles Sandwich, CAMPBELL, op. cit., pp. 206-207 et MARINER, op. cit., Introd., p. L ; sur les Caraïbes de la Guyane anglaise, Rich. SCHOMBURGK, Reisen, II, p. 432.

3 Cf. sur les Aruaques du Sud de l'Orénoque, W. RALEIGH, in Relation des Voyages de Coréal (1722), II, p. 201 ; sur les Caraïbes de la Guyane française, BIET, Op. cit., p. 392 ; de NEUVILLE, in Mémoires de Trévoux (1723), XXIX, p. 448 ; sur les Jumanas et les Tucanos, v. MARTIUS, Beiträge zur Amerikas Ethnographie, p. 485, p. 599.

4 Ce lien est nettement marqué dans un conte hindou moderne (cf. Monier Williams, in OLDENBERG, op. cit., p. 476, n. 1) : le fantôme d'un mort laissé sans sépulture tourmente les vivants jusqu'au jour où une corneille traîne au Gange ses ossements ; alors il entre dans la béatitude Céleste. - Cf. CALAND, Alling. Totengebr., p. 107.

Robert Hertz

temps qui ont suivi son arrivée au pays des morts, est restée une sorte d'ombre inconsistante ; l'âme d'un ami, mort antérieurement, l'a accueillie et cachée. Puis, la première nuit d'une nouvelle lune, elle est introduite par le même ami dans la compagnie des autres âmes ; celles-ci lui assènent sur la tête des coups de leur masse de pierre. Le nouveau venu devient alors un véritable esprit et est ensuite instruit de tous les secrets de l'autre monde. En assistant à cette transformation, qui est naturellement jouée sur la terre par des personnages déguisés en esprits, les parents et les amis du mort se lamentent, car, disent-ils, « on est en train de l'instruire, il est maintenant un véritable esprit et il va nous oublier tous » [1]. Ainsi c'est à ce moment que la séparation entre le défunt et ce monde-ci se consomme définitivement ; et il est si vrai que la mort naturelle n'avait pas suffi à rompre les liens qui le retenaient ici-bas que, pour devenir un habitant légitime et authentique du pays des morts, il doit d'abord être tué. Bien que le mot ne soit pas prononcé, il s'agit ici d'une véritable initiation ; et, de même que les secrets du groupe ne sont révélés au jeune homme que s'il a surmonté les épreuves imposées, de même le mort ne peut passer de son état misérable à un état bienheureux, il ne peut être promu au rang des vrais esprits, que lorsqu'il a été tué selon le rite et qu'il est né de nouveau. On comprend dès lors pourquoi le grand voyage de l'âme est généralement conçu comme difficile et périlleux, pourquoi les prêtres ou hommes-médecine chargés de conduire l'âme sont obligés de tendre toutes leurs forces vers le but désiré, pourquoi enfin les assistants attendent le dénouement avec anxiété. Non que le groupe puisse douter vraiment de la délivrance finale ; le rite établi dispose à ses yeux, pourvu qu'il soit ponctuellement suivi, d'une efficacité irrésistible. Mais ces angoisses mêmes et ces efforts ardus sont nécessaires, de la même manière qu'il ne saurait y avoir d'initiation sans souffrances infligées et subies : les épreuves imaginaires que l'âme rencontre sur sa route vers le ciel constituent un véritable sacrement qui a pour effet de régénérer le mort et de lui ouvrir l'autre monde.

La cérémonie finale transforme donc profondément la condition du défunt : elle le réveille de son sommeil mauvais [2] et le rend apte

---

1 Report Cambr. Anthrop. Exp., V, p. 355 sq.
2 Voir plus bas, p. 71.

à vivre de nouveau d'une vie sociale et bien assise. D'une ombre errante elle fait un « Père » [1]. Cette transformation ne diffère pas essentiellement d'une résurrection véritable. Même, dans les mythes et les contes, où l'imagination collective se donne libre cours, les deux phénomènes se confondent souvent : une haleine ou une aspersion vivifiante suffit pour rendre aux os la chair et l'esprit [2] ; les morts se relèvent et reprennent le fil de leur existence interrompue. Mais dans la vie réelle, force est bien d'accepter le fait irrévocable. Quelque intense que soit leur désir, les hommes n'osent pas espérer pour eux-mêmes « une mort comme celle de la lune ou du soleil, qui se plongent dans les ténèbres de l'Hadès pour se relever au matin, doués d'une vigueur nouvelle » [3]. Les rites funéraires ne peuvent pas annuler complètement l'œuvre de la mort : ceux qu'elle a atteints reviendront à la vie, mais ce sera dans un autre monde ou sous d'autres espèces.

L'âme n'est pas toujours tenue d'accomplir un stage au pays des esprits ancestraux avant de pouvoir rentrer dans le corps d'un enfant. Parfois la réincarnation a lieu immédiatement au sortir de la période funèbre [4] ; et souvent l'une des âmes, celle qui est directement liée au corps, peut sans aucun délai déterminé, émigrer dans le sein d'une femme et revenir au monde ; la date de cette transmigration supposée semble dépendre seulement de la naissance d'un enfant dans la famille à laquelle appartenait le mort [5]. C'est ce qui ressort de la règle suivie pour la transmission du nom [6] chez divers peuples, en particulier chez les Esquimaux : lorsqu'un enfant vient à naître, on lui donne le nom de la dernière personne morte dans le village ou d'un parent mort au loin. Cette

---

1 Selon la croyance hindoue, le mort est d'abord un preta, un revenant ou fantôme ; il n'entrera qu'après un certain temps dans le monde de pitaras. Cf. CALAND, Ueber Totenverehrung bei einigen der Indogerman Völker, p. 22 sqq.; OLDENBERG, Religion du Véda, p. 473 sq.
2 Voir BRINTON, Myths of the New-World, p. 258; cf. PETITOT, Traditions indiennes, p. 37, p. 150, p. 461 ; de BOURBOURG, Popol-Vuh, pp. 173-177.
3 Cf. WHITE, Ancient history of the Maori, II, p. 90.
4 C'est le cas, par exemple, chez les Abchases : tandis que certains d'entre eux croient que l'âme délivrée par la fête du quarantième jour va rejoindre Dieu, d'autres pensent qu'elle passe dans le corps d'un enfant né ce jour-là, v. HAHN, Bilder aus dem Kaukasus, pp. 244-246.
5 PETITOT Traditions indiennes, p. 275 sq.
6 On sait que le nom n'est qu'une des espèces de l'âme.

Robert Hertz

cérémonie a pour effet de faire passer dans le corps du nouveau-né le nom qui jusqu'alors était resté dans le voisinage du cadavre ; elle s'appelle, dit un auteur, « la réanimation ou la résurrection du défunt », et elle assure la paix de son âme. En même temps, elle soulage de leur deuil les parents du mort qui voient revenir sous une forme nouvelle celui qu'ils ont perdu. L'enfant est en effet l'incarnation vivante de l'individu dont il porte le nom ; il est censé hériter de ses talents, il le représente aux fêtes des morts [1]. Aussi longtemps qu'il n'a pas commencé sa nouvelle existence, le nom du mort ne doit jamais être prononcé [2] : cette interdiction se rencontre aussi chez les Chinook, mais elle prend fin avec les obsèques définitives [3]. C'est qu'en effet l'imposition du nom du mort à un nouveau-né équivaut en un sens à la cérémonie finale : comme celle-ci, elle pacifie le mort et le rend à la vie, mettant un terme au péril et au tabou funèbres [4].

---

1 NELSON, op. cit., pp. 289, 379, 424 sq., 490 ; RINK, Danish Greenland, p. 206; CRANTZ, Hist. of Greenland (1820), 1, p. 149, 342; HOLM, in Meddelelser om Gronland, t. X (1888), pp. 111-113, 372-373 ; NANSEN, Eskimo life, p. 228 sq. ; cette imposition du nom est obligatoire ; si l'on y manque, de mauvaises conséquences en résulteront pour l'enfant. - Cf. sur les Chewsures, v. HAHN, Bilder aus d. Kaukasus, p. 212 sq. : lorsqu'un enfant d'un ou deux ans est malade, la famille consulte une nécromancienne pour savoir quelle est l'âme dont procède le mal; on donne alors au malade le nom du mort (sans doute dans l'intention de pacifier ce dernier en délivrant et faisant revivre son âme-nom). - Cf. PETITOT, Région du grand lac des Ours, p. 277; KRAUSE, op. cit., p. 282.

2 CRANT, loc. cit., pourtant ce témoignage est contredit, semble-t-il, par Holm . à la fin du deuil le nom n'est plus prononcé. Selon Rink, si l'individu est mort peu de temps avant la naissance, ou dans des conditions particulièrement pénibles, son nom ne pourra pas être prononcé sans nécessité : on donne à l'enfant un autre nom pour l'usage journalier. - Cf. JACOBSEN, op. cit., p. 57.

3 SWAN, N.-W. Coast, p. 189. - La durée du tabou, extrêmement général, qui concerne le nom du mort est le plus souvent indéfinie ; toutefois chez les Arunta, après la cérémonie qui met fin au deuil, le nom peut être prononcé librement (sauf par quelques groupes de parents) ; SPENCER et GILLEN, Native Tribes, p. 498.

4 La délivrance de l'âme-nom ne se fait pas toujours par l'incarnation dans un nouveau-né ; chez diverses tribus indiennes, particulièrement s'il s'agit d'un chef ou d'un personnage distingué, le nom, après être resté un certain temps « enseveli avec le cadavre », est relevé par le nouveau chef ou par quelque autre notable : cela s'appelle « ressusciter le défunt X ; le vivant est désormais considéré comme le mort lui-même, et il entre dans tous ses droits. Chez les Iroquois, cette transmigration du nom donne lieu à une grande fête que l'on célèbre « lorsque les regrets de la famille sont dissipés » ; LAFITAU, op. cit., II, p. 434 ; BRÉBEUF, op. cit., p. 92 ; Pour les Tlinkit, cf. KRAUSSE, op. cit., p. 234 sq. - Chez les Algonquins Musquakie, le

Nous avons vu qu'en Indonésie la fête qui termine les rites funéraires relève en même temps les survivants de l'obligation du deuil ; ce fait est régulier. Le contenu des rites peut varier, mais le sens général en est fixe : les parents du mort sont déchargés de la propriété dangereuse que le malheur leur a attachée et reçoivent un « corps nouveau » [1], tel que la vie normale l'exige ; ils se séparent définitivement de la mort et des puissances mauvaises [2] pour rentrer de plein droit dans le monde des vivants [3].

L'institution des secondes obsèques, dont nous avons cherché à montrer la signification et la généralité, subit fréquemment une régression marquée. Dans certaines sociétés, il subsiste des traces non équivoques de la coutume originale : les Déné, par exemple, un certain temps après la mort, ouvrent le sarcophage qui contient les restes du défunt ; ils se bornent à les contempler, sans oser encourir le risque et la souillure qu'implique le contact du cadavre ; après qu'un repas a été offert aux âmes, le tombeau est pour toujours refermé [4]. Chez d'autres peuples, le dernier rite consiste à fouler aux pieds la tombe [5] ou à la sceller par l'érection d'un monument funéraire [6] : alors seulement le mort entre en pleine possession de

---

personnage qui, lors de la cérémonie finale, est chargé d'emporter l'âme au pays des morts, ajoute le nom du mort au sien : il représente désormais le défunt et remplit ses devoirs de famille ; cf. OWEN, Folk-lore of the Musquakie Indians, pp. 83-86. En ce cas, la « résurrection du nom » et l'introduction de l'âme au pays des morts sont étroitement liées.

1 GODDARD, Hupas, p. 72. - On obtient ce résultat en administrant aux parents du mort quelque « médecine » magique ou en leur assurant les bons effets du sacrifice; cf. JUNOD, Ba-Ronga, p. 56 sq. ; ARBOUSSET, Relation d'un voyage au nord-est du Cap (1842), pp. 558-565.

2 Le rituel hindou prescrit d'élever une pierre qui protège les vivants et serve de barrière entre la mort et eux ; cf. CALAND, Altind. Totengebr., p. 122.

3 Les Chewsures fournissent un exemple typique de cette réintégration; cf. v. HAHN, op. cit., p. 207, p. 228 sq. ; elle s'opère au milieu d'une intense joie collective; on chante et danse, on s'embrasse, ce qui à un autre moment paraît scandaleux.

4 PETITOT, Région du grand lac des Ours, p. 119 sq. ; Traditions indiennes, pp. 271-272. - Cf. Alden, in YARROW, op. cit., p. 161, sur les Gros-ventres : le cadavre est laissé sur la plate-forme où il a été exposé; jamais plus on n'osera y toucher ; ce serait mauvais (bad médecine).

5 Par exemple les Caraïbes des îles, de ROCHEFORT, Histoire des Antilles, p. 568 sq. ; PREUSS, op. cit., pp. 19-20.

6 Cf. aux îles Pelau, KUBARY, in Orig. Mittl., Ethn. Abl. d. K. Mus., Berlin, 1, 1, p. 10 : la cérémonie a lieu au bout de 100 jours, à la fin du deuil; à Java, CHAWFURD, History (1820), I, p. 96 ; à Tonga, BAESSLER, Südsee Bilder, p. 335. Rappelons

la demeure qu'il ne faisait jusque-là qu'occuper. En d'autres cas, ces survivances mêmes ne se rencontrent pas : la fête n'a plus pour objet que de terminer la période funèbre [1], de mettre fin au deuil ou de pourvoir définitivement au bien-être de l'âme désincarnée. Mais ces fonctions, à leur tour, sont enlevées à la cérémonie finale ou perdent de leur importance. Il y a, nous l'avons vu, solidarité étroite entre le corps et l'âme du défunt : si les véritables obsèques ont lieu aussitôt après la mort, on tend naturellement à assurer dès ce moment le salut de l'âme. D'autre part, le deuil a changé de nature et de sens ; il ne s'agit plus pour les survivants de marquer leur participation à l'état présent du mort, mais d'exprimer un chagrin considéré comme obligatoire. Dès lors, la durée du deuil ne dépend plus des représentations relatives au défunt : elle est déterminée entièrement par des causes d'ordre domestique ou social. En outre, il n'est plus besoin de rites spéciaux pour libérer les parents du mort ; ils se rétablissent en quelque sorte d'eux-mêmes à l'expiration de la période prescrite. Ainsi appauvrie, la cérémonie finale n'est plus qu'un simple service anniversaire, qui n'a d'autre sujet que de rendre un suprême honneur au défunt et de commémorer sa mort.

III - Conclusion

Il est impossible d'interpréter l'ensemble de faits que nous avons exposés si l'on ne voit dans la mort qu'un événement d'ordre physique. L'horreur qu'inspire le cadavre ne provient pas de la simple constatation des changements survenus dans le corps. La preuve qu'une explication simpliste de ce genre est insuffisante, l'usage encore observé par les Juifs de n'élever la pierre tombale qu'au bout d'un an après la mort. - La fermeture rituelle de la maison du mort, chez les Bantous du Sud, a la même signification : JUNOD, op. cit., pp. 51, 56 ; DECLÉ, Three years p. 233 sq. ; cf. du CHAILLU, Voyages et aventures, p. 268 sq.

1 Un rite est assez souvent signalé comme l'acte essentiel de la cérémonie finale la destruction, ou l'enterrement, ou la distribution à des étrangers, des habits ou biens mobiliers du défunt qui ont été jusqu'alors gardés à part cf. sur les Sioux Wahpeton, NleChesney, in YARROW, op. cit., p. 195 ; sur les Tarahumares, LUMHOLTZ, Unknown Mexico, I, p. 384 ; sur les Arawaks de la Guyane anglaise, Rich. SCHOMBURGK, op. cit., p. 457-459 ; sur les Chewsures, v. HAHN, op. cit., p. 230. -Le même rite fait partie intégrante de la cérémonie des secondes obsèques chez divers peuples, en particulier chez les Bororo et les Bribris du Costa-Rica.

...la représentation collective de la mort

c'est qu'à l'intérieur d'une même société, l'émotion provoquée par la mort varie extrêmement en intensité selon le caractère social du défunt et peut même en certains cas faire entièrement défaut. A la mort d'un chef ou d'un homme investi d'une haute dignité, c'est une véritable panique qui s'empare de tout le groupe ; le cadavre possède une vertu contaminante telle que chez les Cafres tout le kraal doit être déserté immédiatement, et que même les ennemis ne voudront pas y habiter [1]. Par contre la mort d'un étranger, ou d'un esclave, ou d'un enfant [2] passera presque inaperçue, ne soulèvera aucun émoi, ne donnera lieu à aucun rite [3]. Ce n'est donc pas en tant qu'extinction d'une vie animale que la mort occasionne des croyances, des sentiments et des rites sociaux.

La mort ne se borne pas à mettre fin à l'existence corporelle, visible d'un vivant ; elle détruit du même coup l'être social greffé sur l'individualité physique, auquel la conscience collective attribuait une importance, une dignité plus ou moins grandes. Or cet être, la société ambiante l'a constitué par de véritables rites de consécration, en mettant en jeu des énergies proportionnées à la valeur sociale du défunt : sa destruction équivaut à un sacrilège [4]

---

1 LICHTENSTEIN, Reisen im südlichen Africa (1811), I, p. 423 : pour un enfant, on se borne à fermer la hutte mortuaire; la contagion ne se répand pas au dehors.

2 MAN, in Journ. Anthr. Inst., XII, p. 146.

3 Un passage du Vendidad a pour objet de définir l'aire de la contagion dont le cadavre est le foyer ; l'étendue de cette aire varie selon la position plus ou moins haute qui était assignée au défunt dans l'échelle des êtres. Si le mort est un prêtre, la souillure s'étend sur dix individus ; si c'est un guerrier, sur neuf ; si c'est un laboureur, sur huit ; si c'est un chien de troupeau, sur sept ; et ainsi de suite. Mais si le mort est un étranger idolâtre, ou un hérétique, ou un animal créature d'Ahriman comme la grenouille, le contact du cadavre n'implique pour les vivants aucune espèce de souillure ; c'est pendant sa vie qu'un tel être était un foyer d'infection ; mort, il ne l'est plus. Même les proches parents de l'infidèle ne porteront point le deuil à sa mort. Zend Avesta (tract. Darmesteter), t. H, p. XIII sq., p. 75-78, p. 105, pp. 190-191, p. 193, p. 235, p. 251.

4 C'est ce qu'exprime fortement un texte maori : le héros civilisateur Maui ne voulait pas que les hommes fussent destinés à mourir sans retour, car la mort lui semblait « une chose dégradante et une insulte à la dignité de l'homme » ; WHiTE, Ancient hislory of the Maori, II, p. 91. - Pour diminuer l'horreur de cette insulte, les survivants procèdent eux-mêmes parfois à une véritable dégradation du défunt. Ainsi à Tahiti, lorsque le mort était un membre de la société secrète des Areoi, par une cérémonie célébrée au temple de cette société, on « dépouillait le corps de toute l'influence sacrée et mystérieuse » que l'individu était censé avoir reçue du dieu lors de son initiation. Alors seulement le cadavre pouvait être enseveli comme celui d'un

qui implique l'intervention de puissances de même ordre mais d'un caractère en quelque sorte négatif. L'œuvre de Dieu ne peut être défaite que par lui-même ou par Satan [1]. C'est pour cela que les peuples primitifs ne voient pas dans la mort un phénomène naturel : elle est toujours due à l'action d'influences spirituelles, soit que par la violation de quelque tabou le défunt ait attiré sur lui le malheur, soit qu'un ennemi l'ait « tué » par des incantations ou des rites magiques [2]. Les ethnographes qui nous rapportent cette croyance générale y voient une erreur grossière et persistante ; mais nous devons plutôt la considérer comme l'expression naïve d'une nécessité sociale permanente. En effet la société communique aux individus qui la composent son propre caractère de pérennité : parce qu'elle se sent et se veut immortelle, elle ne peut croire normalement que ses membres, surtout ceux en qui elle s'incarne, avec qui elle s'identifie, soient destinés à mourir ; leur destruction ne peut être que l'effet d'une machination sinistre. Sans doute la réalité dément brutalement ce préjugé ; mais le démenti est accueilli toujours par le même mouvement de stupeur indignée et de désespoir. Un tel attentat doit avoir un auteur sur qui puisse se décharger la colère du groupe. Quelquefois c'est au mort lui-même qu'on s'en prend : « Quelle raison avais-tu ingrat, de nous abandonner ? » Et on le somme de revenir. Plus souvent on accuse les proches survivants de négligence coupable [3] ou de maléfices ; on veut à tout prix découvrir et exécuter des sorciers ; ou enfin l'on

homme ordinaire ; ELLIS, Polynesian Researches, I, p. 244.

1 Ou, en langage mazdéen, les êtres de la bonne création ne sont détruits que par l'action des démons dont Ahriman « plein de mort » est le chef ; cf. Zend Avesta, II, pp. 68-69.

2 Ces deux causes d'ailleurs ne s'excluent pas. Cf. SPENCER et GILLEN, Northern Tribes, p. 519 et Native Tribes, p. 48 ; VAN HASSELT, Die Nuforesen, pp. 197-198 ; FORBES, Wanderings, p. 438 ; COLENSO, On the Maori Races, p. 26, p. 63 ; TURNER, Samoa, II, p. 50 sq., p. 272 ; ELLIS, Polynesian Researches, I, p. 395 ; MARINER, Account, I, pp. 374-375 ; KUBARY, Die Religion der Pelauer, in Bastian's Allerlei aus Volks- und Menschenkunde (1888), p. 5, p. 47 ; DODGE, Our wild Indians, p. 100 ; YARROW, op. cit., p. 123 ; KOCH, Animismus der Südamer. Indianer, p. 38 sq. ; von den STEINEN, Unter den Nalurvölkern Central-Brasiliens, p. 348 ; BOSMAN, Voyage de Gainée, p. 224 ; KINGSLEY, Travels in West Africa, p. 459 ; du CHAILLU, Voyages et aventures, p. 382. Ces quelques références, qui pourraient être multipliées, suffisent à prouver la généralité de cette croyance.

3 Par exemple, en Chine, la mort d'un père est imputée à son fils qui a dû manquer de dévotion filiale à son égard : de GROOT, Religious System, I, p. 69.

...la représentation collective de la mort

s'épanche en imprécations contre les esprits meurtriers, comme les Nagas qui les menacent de leur lance et les défient de se montrer [1]. Ainsi, quand un homme meurt, la société ne perd pas seulement une unité ; elle est atteinte dans le principe même de sa vie, dans sa foi en elle-même. Il faut lire les descriptions que nous donnent les ethnographes des scènes de désolation furieuse qui ont lieu dès l'agonie ou aussitôt après l'expiration ; chez les Warramunga par exemple, hommes et femmes se précipitent pêle-mêle sur le mourant, formant une masse compacte, hurlant et se mutilant atrocement [2]. Il semble que la communauté entière se sente perdue, ou du moins directement menacée par la présence des forces antagonistes : la base même de son existence est ébranlée [3]. Quant au mort, à la fois victime et prisonnier des puissances mauvaises, il est rejeté violemment hors de la société, entraînant avec lui ses parents les plus proches.

Mais cette exclusion n'est pas définitive. De même que la mort, elle se refuse à la considérer comme irrévocable. Parce qu'elle a foi en elle-même, une société saine ne peut admettre qu'un individu qui a fait partie de sa propre substance [4], sur lequel elle a imprimé sa marque, soit perdu pour toujours ; le dernier mot doit rester à la vie : sous des formes diverses, le défunt sortira des affres de la mort pour rentrer dans la paix de la communion humaine. Cette délivrance, cette réintégration constituent, nous l'avons vu, l'un des actes les plus solennels de la vie collective dans les sociétés les moins avancées que nous puissions atteindre. Et quand, plus près de nous, l'Église chrétienne garantit à ceux qui seront pleinement entrés en elle « la résurrection et la vie » [5], elle ne fait

1 GODDEN, Nagà, in Journ. Anthrop. Inst., XXVI, pp. 195-196 : « Si nous pouvions te voir, nous te tuerions de nos lances ! Nous mangerions ta chair !... Où as-tu fui ? Nous n'avons pas d'ennemi plus cruel que toi, esprit qui détruis nos amis au milieu de nous. » - Cf. BATCHELOR, Ainu Folk-lore, p. 324, pp. 384-385.
2 SPENCER et GILLEN, Northern Tribes, p. 516 ; cf. KINGSLEY, Travels, p. 463.
3 Voir les faits rapportés plus haut, p. 69, au sujet de la mort des chefs.
4 Ceci est vrai d'une vérité littérale dans les sociétés où domine la croyance en la réincarnation ; car alors chaque clan dispose d'un certain nombre d'âmes qu'il ne peut laisser perdre sous peine d'être lui-même frappé d'extinction.
5 Rappelons le passage de l'Évangile selon saint Jean, lu au cours de l'office des Morts : « Je suis la résurrection et la vie : celui qui croit en moi, quand même il aura été mort, il vivra, et quiconque vit et croit en moi ne mourra pas pour l'éternité. » La foi, c'est-à-dire l'union intime de l'individu à l'Église visible, est pour lui un gage de sa réunion future à l'Église invisible. C'est ce qu'exprime nettement la prière finale

Robert Hertz

que formuler, en la rajeunissant, la promesse que toute Société religieuse fait implicitement à ses membres. Seulement ce qui était l'œuvre de la collectivité elle-même, agissant par des rites adaptés, devient l'attribut d'une personne divine, d'un Sauveur qui, par sa mort-sacrifice, a triomphé de la mort et en a libéré ses fidèles ; la résurrection, au lieu d'être l'effet d'une cérémonie déterminée, est un effet de la grâce de Dieu, ajourné à un terme indéfini [1]. Ainsi, à quelque moment que nous nous placions de l'évolution religieuse, à la notion de la mort se lie celle d'une résurrection à l'exclusion succède une intégration nouvelle.

L'individu, une fois la mort franchie, ne retournera pas simplement à la vie qu'il a quittée ; la séparation a été trop profonde pour pouvoir être aussitôt abolie. Il sera réuni à ceux qui comme lui et avant lui sont partis de ce monde, aux ancêtres ; il entrera dans cette société mythique des âmes que chaque société se construit à l'image d'elle-même. Or, la cité céleste ou souterraine n'est pas la simple reproduction de la cité terrestre. En se reformant par-delà la mort, la société s'affranchit des contraintes extérieures, de nécessités physiques, qui ici-bas s'opposent constamment à l'essor du désir collectif. Justement parce que l'autre monde n'existe qu'en idée, il est libre de toute limitation, il est - ou peut être [2] - le lieu de l'idéal : rien ne s'oppose plus à ce que dans les « chasses bienheureuses » de l'au-delà, le gibier soit perpétuellement abondant, à ce que pour l'Anglais avide de psaumes chaque jour de la vie éternelle soit un dimanche. De plus, dans certaines sociétés, la façon dont se termine l'existence terrestre constitue pour celle-ci une sorte de tare ; la mort répand son ombre sur ce monde et le triomphe même que l'âme a remporté sur elle lui ouvre une vie infiniment plus belle et plus pure [3]. Sans doute ces notions ne se

récitée sur la tombe : ut sicut hie eum vera fides junxit fidelium turmis, ila illic eurn tua miseralio sociel angelicis choris.

1 La notion de cette résurrection n'a d'ailleurs pas changé. Cf. abbé HAIGNERÉ, Des rites funèbres dans la liturgie romaine, p. 23 : « Le corps rejoindra l'âme qui l'a quitté ; l'âme retrouvera glorieux ce corps qu'elle laisse momentanément aux humiliations du tombeau » ; p. 31, p. 49 : « Dans la tombe vont dormir jusqu'à la résurrection glorieuse les restes mortels du pieux chrétien. » Cf. PAUL, Corinth., I, 15 Le corps est semé en pleine corruption, il est relevé incorruptible... »

2 Nous ne disons pas qu'il le soit toujours.

3 Cf. sur les Chewsures, v. HANN, Bilder ans dem Kaukasus, p. 223 la mort est « un passage de la société impure dans les pures et claires demeures », l'âme est pure ; le

...la représentation collective de la mort

présentent pas dès l'abord sous une forme précise et définie ; c'est surtout quand la société religieuse s'est différenciée de la société domestique ou politique que la mort paraît délivrer le croyant des fatalités charnelles et temporelles qui, ici-bas, le tenaient séparé de Dieu ; elle le fait entrer, régénéré, dans la communion des saints, dans l'Église invisible digne d'entourer immédiatement au ciel le Seigneur dont elle procède. Mais, d'une manière enveloppée et vague, la même conception est présente, dès le début de J'évolution religieuse : en rejoignant ses pères, le mort renaît transfiguré, élevé à une puissance et à une dignité supérieures ; en d'autres termes, la mort, aux yeux des primitifs, est une initiation [1].

Cette formule n'est pas une simple métaphore ; si la mort est bien pour la conscience collective le passage de la société visible à la société invisible, elle est une opération exactement analogue à celle par laquelle le jeune homme est extrait de la société des femmes et des enfants et introduit dans celle des hommes adultes ; cette intégration nouvelle qui donne à l'individu accès aux mystères sacrés de la tribu implique, elle aussi, un changement profond de sa personne, un renouvellement de son corps et de son âme qui lui fait acquérir la capacité religieuse et morale nécessaire. Et la similitude des deux phénomènes est si fondamentale que ce changement s'opère très souvent par la mort figurée de l'aspirant, suivie de sa renaissance à une vie supérieure [2].

Ce n'est pas seulement de l'initiation qu'il faut rapprocher la mort, telle que se la représente la conscience collective. On a souvent remarqué l'étroite parenté qui existe entre les rites funéraires et les

---

corps, le cadavre, fétide et impur.

1 Voir plus bas, p. 77. - Il est remarquable que cette représentation de la mort que nous a révélée l'étude des faits ethnographiques concorde exactement avec la croyance chrétienne telle que l'expose un apologiste catholique ; cf. Dufour in HAIGNERÉ, op. cit., p. 60 sq. : « Pour le chrétien civilisé, loin d'être l'exclusion perpétuelle... de chaque individu hors du champ de la civilisation universelle, la mort chrétienne est l'initiation à la civilisation infinie et le passage de la cité terrestre à la cité divine. » Les catholiques ont souvent ainsi l'intuition des réalités sociales parce qu'ils participent à une vie collective intense.

2 Voir FRAZER, Golden Bough, III, p. 429, sqq. De même la préparation au sacrifice, c'est-à-dire le « passage du monde des hommes au monde des dieux », implique une mort de l'être temporel suivie d'une renaissance sous des espèces nouvelles; cf. HUBERT et MAUSS, Le sacrifice, in Année sociologique, t. II, p. 48 sq.

rites de la naissance ou du mariage [1] : comme la mort, ces deux événements provoquent une cérémonie importante où à la joie se mêle une certaine angoisse ; dans les trois cas, il faut se garder de périls mystiques encourus et procéder à des rites de purification. La similitude des pratiques exprime une analogie profonde : le mariage opère un double changement d'état ; d'une part il fait sortir la fiancée de son clan ou de sa famille pour l'introduire dans le clan ou la famille de son mari ; et d'autre part il la fait passer de la classe des jeunes filles dans celle des femmes mariées. Quant à la naissance, elle accomplit, pour la conscience collective, la même transformation que la mort, mais en sens inverse : l'individu quitte le monde invisible et mystérieux que son âme habitait, il entre dans la société vivante. Cette transition d'un groupe à un autre, réel ou imaginaire, suppose toujours un renouvellement profond de l'individu, qui se marque par des rites tels que l'imposition d'un nom nouveau, le changement des vêtements ou du genre de vie. Toujours aussi cette opération est conçue comme pleine de risques, car elle implique la mise en jeu de forces nécessaires mais dangereuses. Le corps du nouveau-né n'est pas moins sacré que le cadavre [2]. Le voile de la mariée et celui de la veuve sont de couleurs différentes, mais ils n'en ont pas moins une même fonction, qui est d'isoler et de mettre à part un être redoutable [3].

1 Par exemple, DIELS, Sibillinische Blätter, p. 48 ; il explique le parallélisme de ces trois groupes de rites par le fait qu'ils ont tous pour objet d'opérer une lustration. Mais il s'agit justement d'expliquer pourquoi une purification est nécessaire à ces trois moments de la vie.

2 Aussi la naissance, comme la mort, doit-elle fréquemment avoir lieu en dehors de la maison ; cf. par exemple pour les Esquimaux, WELLS et KELLY, English-Eskimo vocabularies, in Bureau of Education, Circul. or inform.. no 2, Washington (1890), p. 18; pour les Chewsures, RADDE, Die Chewsuren, p. 79 et p. 91. - Comme dans le cas de la mort, l'impureté est ici contagieuse; elle s'étend à la mère, et souvent aussi au père, du nouveau-né et leur impose un genre de vie séparé, tout à fait analogue au deuil.

3 Le mariage, comme les funérailles, implique un déchirement; le passage d'un groupe à un autre ne peut se faire de plain-pied; il faut qu'une résistance soit vaincue. On sait qu'un rite d'enlèvement est souvent un moment essentiel de la cérémonie nuptiale. De même, lors des obsèques, une lutte rituelle s'engage entre parents ou amis du mort qui s'opposent à ce qu'on emporte le cadavre et le reste de la communauté qui veut que la séparation nécessaire s'accomplisse : il faut qu'on fasse violence aux survivants. Cf. sur les insulaires de Kar Nicolar, KLOSS, In the Andamans and Nicobars, p. 304; à Timor, GRAMBERG, Eene Maand in de binnenlanden van Timor, in Verhand., v. h. Batav. Genot. v. K. en W., XXXVI, p. 212 ; dans l'île

Ainsi la mort n'est pas primitivement conçue comme un fait unique, sans analogues. Dans notre civilisation, l'existence de l'individu semble se poursuivre à peu près d'une même teneur depuis la naissance jusqu'à la mort ; les étapes successives de notre vie sociale sont faiblement marquées et laissent constamment apercevoir la trame continue de la vie individuelle. Mais les sociétés moins avancées, dont la structure interne est massive et rigide, conçoivent la vie d'un homme comme une succession de phases hétérogènes, aux contours déterminés, à chacune desquelles correspond une classe sociale définie, plus ou moins organisée [1] ; par suite chaque promotion de l'individu implique le passage d'un groupe à un autre, une exclusion, c'est-à-dire une mort, et une intégration nouvelle, c'est-à-dire une renaissance. Sans doute ces deux éléments n'apparaissent pas toujours sur le même plan : selon la nature du changement qui s'accomplit, c'est tantôt l'un, tantôt l'autre qui fixe surtout l'attention collective et qui détermine le caractère dominant de l'événement ; mais ils sont au fond complémentaires. La mort n'est pour la conscience sociale qu'une espèce particulière d'un phénomène général.

Il nous sera aisé maintenant de comprendre pourquoi la mort a longtemps été conçue comme un état transitoire, ayant une certaine durée. Tout changement d'état de l'individu, passant d'un groupe à un autre, implique une modification profonde dans l'attitude mentale de la société à son égard, modification qui s'accomplit graduellement et demande du temps. Le fait brut de la mort physique ne suffit pas à consommer la mort dans les consciences : l'image de celui qui est mort récemment fait encore partie du système des choses de ce monde ; elle ne s'en détache que peu à peu, par une série de déchirements intérieurs. Nous ne parvenons pas à penser le mort comme mort du premier coup ; il fait trop partie de notre substance, nous avons mis trop de nous-mêmes en

---

de Roti, HEIJMERiNG, Zeden en gewoonten, p. 359 sq.; en NouvelleBretagne, DANKS, op. cit., p. 352 sq. ; dans les îles Pelau, KuBARY, Die Todtenbestattung auf den Pelauinseln, p. 11 ; sur les Orungu du cap Lopez, NASSAU, Fetichism in West Arrica, p. 236 sq. - De même la veuve est souvent l'objet d'une lutte entre les parents du mort qui veulent qu'elle rejoigne son mari (par exemple dans le bûcher funéraire) et ses propres parents qui la retiennent dans le monde, des vivants : cf. sur les Tolkotins, YARRow, op. cit., p. 145 sq.

1 Cf. SCHURTZ, Altersklassen und Männerbünde, et le compte rendu de cet ouvrage dans L'Année, t. VI, p. 317.

Robert Hertz

lui ; la participation à une même vie sociale crée des liens qui ne se rompent pas en un jour. L' « évidence du fait » est assaillie par un flot contraire de souvenirs et d'images, de désirs et d'espérances [1] ; elle ne s'imposera que petit à petit, et c'est seulement au terme de ce conflit prolongé que nous consentirons, que nous croirons à la séparation comme à quelque chose de réel. C'est ce processus psychologique douloureux qui s'exprime sous forme objective et mystique dans la croyance que l'âme ne rompt que progressivement les liens qui l'attachent à ce monde : elle ne pourra retrouver une existence stable que lorsque la représentation du mort aura pris dans la conscience des survivants un caractère définitif et pacifié. Entre l'image persistante d'un homme semblable à nous et familier et l'image d'un ancêtre parfois vénéré, toujours distant [2], l'opposition est trop profonde pour que la seconde puisse immédiatement se substituer à la première. C'est pour cela que s'impose la notion d'un « état intermédiaire entre la mort et la résurrection [3] », pendant lequel l'âme est censée se libérer de l'impureté mortuaire ou du péché qui lui restait attaché [4]. Si donc il faut un certain temps <u>pour bannir le m</u>ort du pays des vivants, c'est parce que la société,

1 Dans l'état de veille, ce flot est en général contenu, non sans souffrance, parce que nous avons alors normalement une perception nette - et un sentiment vif - du réel ; mais lorsque la pensée se détend, lorsque la représentation des choses extérieures s'efface, dans l'ombre du soir ou pendant le sommeil, le monde subjectif prend sa revanche : l'image, sans cesse refoulée, du mort vivant comme autrefois domine alors la conscience. Ainsi l'état de déchirement et de troubles intérieurs qui suit une mort détermine des hallucinations et des rêves fréquents qui à leur tour contribuent à prolonger cet état. Cf. KOCH, Animismus, p. 21.

2 Il importe peu de savoir si cette nouvelle image est destinée à persister dans la conscience des survivants ; souvent la cérémonie finale a pour effet d'abolir le souvenir du mort ; le défunt en rejoignant les pères va se perdre dans une collectivité anonyme et on ne pensera plus à lui en tant qu'individu. Mais même l'oubli n'est pas un processus simple et purement négatif ; il implique tout un travail de reconstruction.

3 Cf. Arch. CAMPBELL, The doctrines of a middle state between death and resurrection (1721).

4 La notion de Purgatoire n'est en effet qu'une transposition en langage moral de la notion d'un stage précédant la délivrance finale. Les souffrances de l'âme pendant la période intermédiaire apparaissent d'abord comme une conséquence de l'état transitoire où elle se trouve. A un moment ultérieur de l'évolution religieuse, les peines de l'âme sont conçues comme la suite de l'expiation nécessaire des péchés qu'elle a commis pendant son existence terrestre. Cette transformation, d'ailleurs tout à fait normale, s'est produite dans la croyance hindoue relative au preta ; cf. OLDENBERG, op. cit., p. 476 sq.

...la représentation collective de la mort

ébranlée par le choc, doit retrouver peu à peu son équilibre [1] et parce que le double travail mental de désagrégation et de synthèse que suppose l'intégration de l'individu dans un monde nouveau s'accomplit d'une manière en quelque sorte moléculaire et exige du temps [2].

Il semble que la société ne puisse pendant longtemps prendre conscience d'elle-même et des phénomènes qui constituent sa vie que d'une manière indirecte, après s'être en quelque sorte réfléchie dans le monde matériel. L'infection qui pour un temps s'empare du corps manifeste sous forme sensible la présence temporaire des puissances sinistres [3]. La destruction graduelle de l'ancien corps terrestre, qui prolonge et consomme l'attentat initial, exprime concrètement l'état de trouble et de déchirement où est la communauté tant que l'exclusion du mort n'est pas achevée. D'autre part la réduction du cadavre à des ossements à peu près immuables, sur lesquels la mort n'aura plus de prise,

---

1 Elle y parvient, non seulement par le travail intérieur que nous avons indiqué, mais souvent aussi par des actes. Quelles que soient les causes particulières qui déterminent l'institution de la vengeance du sang, il est certain qu'elle permet au groupe de se décharger de l'émotion que la mort a accumulée en lui ; ce qui s'exprime dans la croyance que l'exécution du meurtrier supposé pacifie l'âme du mort. Aussi l'accomplissement de la vendetta est-il souvent une condition nécessaire de la cérémonie finale et de la fin du deuil. Cf. STEINMETZ, Ethnologische Studien zur Entwickelung der Strafe, et MAUSS, La religion et les origines du droit pénal.

2 Il semble bien que la même proposition se vérifierait à propos des changements d'état analogues à celui dont la mort est l'occasion. Rappelons que les rites de l'initiation couvrent un temps souvent fort long, pendant lequel le jeune homme reste dans un état transitoire qui l'assujettit à de nombreux tabous. De même la période qui suit le mariage (et qui dans de nombreuses sociétés ne prend fin qu'avec la naissance du premier enfant) a un caractère trouble et spécial. Enfin la naissance physique ne suffit pas à faire entrer l'enfant dans la société des vivants : le nouveau-né est l'objet de représentations tout à fait analogues à celles qui ont cours au sujet du mort. Cf. CUSHING, Remarks on Shamanism, in Proceedings Amerie. Philos. Soc., XXXVI, p. 184; BATCHELOR, Ainu Folklore, p. 240.

3 Ceci est explicitement énoncé dans l'Avesta : aussitôt après la mort d'un fidèle, la Druj Nasu (démon-cadavre) fond des régions du nord qu'habitent les esprits mauvais, « sous la forme d'une mouche furieuse D et elle prend possession du corps : la décomposition marque sa présence; Zend Avesta, t. II, p. 38, n. 22, p. 96 sq. - Des représentations analogues fonctionnent dans l'Église catholique ; cf. HAIGNERÉ, op. cit., p. 40 sq. : en aspergeant le corps d'eau bénite, « l'Église semble avoir surtout en vue de mettre en fuite le démon dont l'œil fauve est là qui brille du désir de dévorer une proie ». L'encens a pour objet de « faire dominer la bonne odeur de Jésus-Christ sur l'infection des émanations cadavériques ».

Robert Hertz

apparaît comme la condition et le signe de la délivrance finale : maintenant que le corps du défunt est semblable à ceux des ancêtres, il semble qu'il n'y ait plus d'obstacle à l'entrée de l'âme dans leur communion. On a souvent noté [1], et avec raison, le lien étroit qui unit la représentation du corps et celle de l'âme. Cette connexion mentale est nécessaire non seulement parce que la pensée collective est à ses débuts concrète et incapable de concevoir une existence purement spirituelle, mais surtout parce qu'elle présente un caractère profondément moteur et dramatique. Il faut au groupe des actes qui fixent l'attention de ses membres, qui orientent leur imagination dans un sens défini, qui suggèrent à tous la croyance. Or la matière sur laquelle s'exercera après la mort l'activité collective, qui servira d'objet aux rites, c'est naturellement le corps même du défunt. L'intégration du mort dans la société invisible ne sera pleinement effectuée que si ses restes matériels sont réunis à ceux des pères. C'est l'action que la société exerce sur le corps qui confère une pleine réalité au drame qu'elle imagine au sujet de l'âme [2]. Ainsi les phénomènes physiques qui constituent ou qui suivent la mort, s'ils ne déterminent pas par eux-mêmes les représentations et les émotions collectives, contribuent à leur donner la forme définie qu'elles présentent ; ils leur apportent en quelque sorte un support matériel. La société projette dans le monde qui l'environne ses propres manières de penser et de sentir, et celui-ci en retour les fixe, les règle et les limite dans le temps.

L'hypothèse que nous venons d'exposer semble confirmée par le fait que dans les sociétés mêmes où domine la pratique des doubles obsèques, certaines catégories d'individus sont intentionnellement exclues du rituel funéraire normal.

C'est le cas d'abord pour les enfants. Les Olo Maanjan déposent ceux qui sont âgés de moins de sept ans dans un cercueil qui ne sera pas renouvelé et qu'ils vont porter, le jour même de la mort,

---

1 Entre autres, PREUSS, op. cit., p. 239 sq.

2 Voir plus bas, p. 83. - Dans l'intéressant opuscule que nous avons plusieurs fois cité, l'abbé Haigneré a marqué fortement le parallélisme constant qui existe entre les rites funéraires et les représentations relatives à l'âme : « L'Église fera avec le corps ce que Dieu fait avec l'âme ; elle le suivra depuis le lit mortuaire jusqu'au lieu de son repos... ; elle dépose le corps dans le sein de la terre (consacrée), au moment où dans sa pensée... la porte du ciel s'ouvre pour recevoir l'âme dans le sein de Dieu », HAIGNERÉ, op. cit., p. 21 sq., pp. 48-53.

...la représentation collective de la mort

auprès du tombeau familial ; un sacrifice suffit, le lendemain, pour que l'âme entre aussitôt, purifiée, dans la ville des morts ; et le deuil du père et de la mère eux-mêmes ne dure qu'une semaine [1]. Mais l'usage le plus commun chez les Dayaks et les Papous semble être d'enfermer le corps des petits enfants à l'intérieur d'un arbre, ou de le suspendre aux branches [2]. La notion qui détermine cette pratique nous est clairement révélée par les Dayaks de Koetei : ils croient que les hommes viennent des arbres et doivent y retourner ; aussi lorsqu'une femme Bahau accouche avant terme ou que pendant sa grossesse elle a été tourmentée de mauvais rêves, elle peut refuser l'enfant en le rendant vivant à l'arbre qu'il a quitté trop tôt ou d'une façon inquiétante [3]. Évidemment on a l'espoir explicitement attesté pour d'autres peuples [4], que l'âme se réincarnera bientôt à nouveau, peut-être dans le sein de la même femme, et fera sa rentrée

1 TROMP, Begräbniss bei den Sihongern, p. 42-44 ; GRABOWSKY, Duson-Tumor, p. 474. Rappelons que dans la même tribu le deuil obligatoire pour un adulte est de 49 jours et notons que le cercueil qui contient les restes de l'enfant est extérieur à la sépulture familiale. - Cf. pour les Olo Ngadju, GRABOWSKY, Tiwah, p. 180 : « On célèbre rarement le Tiwah pour les enfants. » Les Fjort enterrent sans délai les enfants de même que les pauvres et les esclaves; DENNETT, Notes on Folklore, p. 22. - De même les lois de Manou (Sacred Books of lac East, XXV, p. 180) prescrivent de ne pas brûler le corps d'un enfant n'ayant pas plus de deux ans, mais de l'enterrer immédiatement sans jamais recueillir ses ossements :« On le laisse dans la forêt comme un morceau de bois et l'impureté des parents ne dure que trois jours. » Toutefois la crémation est facultative si l'enfant a déjà ses dents. Ce dernier trait rappelle le texte de Pline (Hist. nat., VI 1, 72) : hominem prius quam genito dente cremarL mos gentium non est. - Chez les Todas, pour les enfants de moins de deux ans, on célèbre les deux cérémonies, initale et finale, le même jour : RIVERs, op. cit., p. 391.

2 Cf. SCHWANER, Borneo, II, p. 195 ; Perham, in ROTH, I, p. 205 ; GOUDSWAARD, Papœwas van de Geelvinksbai, p. 70 ; VAN BALEN, Doodenfest, pp. 560-561 ; v. HASSELT, Nuforesen, p. 198; RIEDEL, Sluik- en kroesharige rassen. p. 239.

3 TROMP, Kœtei, p. 92 ; cf. sur les Tagales des Philippines, Careri, in BLUMENTRITT, Ahnencultus, p. 165 : « Ils s'imaginent que les âmes de leurs ancêtres habitent dans les arbres. »

4 SPENCER et GILLEN, Northern Tribes, p. 609 : «Les indigènes croient que l'âme de l'enfant retourne immédiatement à son lieu d'origine et pourra renaître très prochainement, selon toutes probabilités, dans le sein de la même femme. » Aussi l'infanticide ne tire-t-il pas à conséquence. Noter le contraste avec la croyance relative à l'âme des adultes, cf. plus haut, p. 65. - Les Algonquins et les Mongols déposent les enfants de moins de 7 ans au bord d'un chemin fréquenté pour que leurs âmes puissent facilement se réincarner : PREUSS, Begräbnisarten, p. 216, p. 257 ; cf. OWEN, op. cit., p. 23.

Robert Hertz

dans ce monde sous des auspices plus favorables. Ainsi la mort des enfants provoque une réaction sociale très faible et presque immédiatement achevée. Tout se passe comme s'il n'y avait pas en ce cas, pour la conscience collective, de mort véritable [1].

Et en effet les enfants n'étant pas encore entrés dans la société visible, il n'y a pas lieu de les en exclure péniblement et lentement. Comme ils n'ont pas été vraiment séparés du monde des esprits, ils y retournent directement [2], presque sans qu'il soit besoin de mettre en action les énergies sacrées, sans qu'une période de transition pénible paraisse nécessaire. La mort d'un nouveau-né, à la limite, est un phénomène infrasocial ; la société, n'ayant encore rien mis d'elle-même dans l'enfant, ne se sent pas atteinte par sa disparition et reste indifférente.

Chez diverses tribus australiennes, les vieillards qui, par suite de leur grand âge, sont devenus incapables de figurer dans les cérémonies totémiques, qui ont perdu leur aptitude aux fonctions sacrées, sont enterrés aussitôt après la mort, au lieu d'être comme les autres membres de la tribu exposés sur une plate-forme

---

1 Les Costa-Ricains ne disent pas d'un petit enfant qu'il est mort, mais qu'il a rejoint les anges : ses funérailles sont une fête joyeuse, d'où les larmes sont exclues ; WAGNER et SCHERZER, Die Republik Costa-Rica, p. 196 ; cf. LUMHOLTZ, Unknown Mexico, I, pp. 448-449 ; de même chez les Roumains ; FLACHS, Humänische Todtengebräuche, p. 46 ; chez les Bulgares, STRAUSZ, Die Bulgaren, p. 452 ; pour la croyance catholique, abbé DÉSERT, Le livre mortuaire, p. 279, p. 286 : « Deus qui omnibus parvulis.... dum migrant a saeculo,... vitam illico largiris aeternam. » - L'absence, ou l'extrême réduction du deuil régulier pour les enfants morts au-dessous d'un certain âge est un phénomène très général ; en Chine on ne porte le deuil que pour les morts âgés de plus de huit ans ; de GROOT, Religions Sysleni of China, p. 522 (cf. p. 329, p. 1075) ; chez les Kayans, il n'y a aucun deuil extérieur pour un enfant qui n'a pas encore reçu de nom (la cérémonie de l'imposition a lieu un mois après la naissance) ; NIEUWENHUIS, op. cit., I, p. 44. Naturellement le chagrin individuel des parents peut être très vif mais la réaction sociale, l'obligation du deuil, fait défaut.

2 Une explication analogue rend compte des cas où les hommes-médecine ou les ascètes sont traités après leur mort de même que les enfants ainsi les Dayaks maritimes suspendent aux arbres le corps de leurs manangs Perham, in ROTH, I, p. 205 ; de même les ascètes hindous sont enterrés immédiatement, ils « n'ont pas besoin du sacrement de la crémation pour parvenir dans l'autre monde » ; CALAND, Altind. Totengebr., pp. 93-95. Par leurs pratiques spéciales ils se sont exclus de leur vivant de la société terrestre ; ils appartiennent déjà au monde des esprits. Ils sont pour ainsi dire dispensés de la mort.

jusqu'à la complète dessiccation de leurs os [1]. C'est que par suite de l'affaiblissement de leurs facultés ils avaient cessé de participer à la vie sociale ; leur mort ne fait que consacrer une exclusion déjà consommée en fait [2] et à laquelle on avait eu le temps de s'accoutumer [3].

Enfin le genre de mort détermine encore d'assez nombreuses exceptions au rituel normal. Tous ceux qui meurent de mort violente ou par accident, femmes mortes en couches, noyés ou foudroyés, suicidés sont souvent l'objet de rites spéciaux. Leur cadavre inspire l'horreur la plus intense, on s'en défait précipitamment ; et l'on ne réunira point leur os à ceux des autres membres du groupe morts convenablement [4]. Leurs âmes erreront

1 SPENCER et GILLEN, Northern Tribes, p. 402, n. 1, p. 506, p. 512, p. 545. - L'enterrement immédiat des vieillards, contrastant avec le rituel normal des doubles obsèques, nous est signalé aussi chez les Papous des îles Aru ; RIBBE, in Festschr. d. Ver. f. Erdk. Dresden (1888), p. 191 sq. - L'absence (ou la réduction) du deuil est fréquente dans le cas des gens âgés : chez les Sakalaves du Sud et chez les Béchouanas, on dit d'un vieillard qu'il est « endormi », et ses obsèques donnent lieu à des réjouis-sances ; KÜRZE, Das Volk der Süd. Sakalava, in Mitteil. d. Geogr. Gesellsch. Iena, VIII, p. 43 ; ARBOUSSET, et DAUMAS, Voyage d'exploration au Nord-Est de la colonie du Cap, p. 475 ; cf. GOMARA, Histoire générale des Indes occidentales (1568), p. 45 (sur les riverains du fleuve des Palmes en Florides) ; FLACHS, op. cit., p. 62 (sur les Roumains).

2 Aussi leur mort est-elle assez souvent considérée comme « naturelle », et n'impliquant pas d'intervention spirituelle maligne ; Cf. V. HASSELT, Die Nuforesen, pp. 197-198 ; KUBARY, Die Religion der Pelauer, pp. 3-5 ; MACDONALD in Journ. Anthr. Inst., XIX, p. 273 ; LE BRAZ, La légende de la mort (2e éd.), I, p. XXII.

3 De même, chez les Wollaroi, les femmes sont enterrées immédiatement et sans grande cérémonie, ce qui s'explique sans peine puisque dans ces tribus les femmes n'ont point de part à la vie religieuse; HOWITT, op. cit., p. 467. Au contraire, chez les Warramunga, les mêmes rites funéraires sont célébrés pour les femmes et pour les hommes ; les auteurs attribuent ce fait à la croyance, existant dans cette tribu, que l'âme change de sexe à chacune de ses réincarnations SPENCER et GILLEN, Northern Tribes, p. 546, p. 530.

4 GRABOWSKY, Tiwah, p. 181 Ling ROTH, Sarawah, I, p. 140 sq.NIEUWENHUIS, Quer durch Borneo, 1, p. 91 sq.; FORBES, Wanderings, p. 324; de CLERCQ, in Intern. Arch. Ethnog., II, p. 208 ; STANDING, Mal. Fady, in Antanan. Ann., VI I, p. 73; KUBARY, Die Verbrechen... auf den Pelau Inseln, in Orig. Mitteil. a. d. Ethnol. Abt.d. königl. Mus. Berlin, 1, 2, p. 78, et Ethnographische Reiträge, p. 126. - Chez les Bantous du Sud il est interdit de pleurer un parent foudroyé, car le deuil serait un acte de rébellion contre le Ciel qui a causé directement la mort; ARBOUSSET et DAUMAS, op. cit., p. 446 ; MACDONALD, in Journ. Anthr. Inst., IX, p. 295 ; THEAL, Records of S.-E. Africa, VII, p. 401. - Le cadavre d'un guerrier scalpé n'est plus qu'une « simple

à jamais sur la terre, inquiètes et méchantes [1] ; ou, si elles émigrent en un autre monde, ce sera pour habiter dans un village séparé, quelquefois même dans une région entièrement différente de celle où habitent les autres âmes [2]. Il semble, au moins dans les cas les plus typiques, que pour ces victimes d'une malédiction spéciale, la période transitoire se prolonge indéfiniment et que leur mort n'ait pas de fin [3].

Dans les cas de ce genre, ce n'est pas la faiblesse de l'émotion ressentie par la collectivité, mais au contraire son extrême intensité et sa brusquerie qui s'opposent à l'accomplissement des rites funéraires réguliers. Une analogie éclairera ce phénomène. La naissance, nous l'avons vu, dégage comme la mort des énergies dangereuses, qui font que l'enfant et sa mère sont pour quelque temps frappés d'interdit ; en général, ces énergies se dissipent progressivement, et la libération de l'accouchée est possible. Mais si l'événement s'accomplit d'une manière particulière, par exemple si

charogne » et n'est jamais enterré ; l'âme est censée être anéantie ; DODGE, Our Wild Indians, pp. 101-102, p. 159. - L'interdiction d'enterrer les suicidés en terre bénite dans le cimetière commun est très répandue, comme on le sait, chez les peuples chrétiens : cf. par exemple sur les Irlandais, MOONEY, in Amer. Phil. Soc. (1888), pp. 287-288, et sur les Bulgares, STEAUSZ, op. cit., p. 454 sq. - Signalons le fait caractéristique que chez les Unmatjera et les Kaitish, un jeune homme qui a violé la loi tribale en épousant une femme qui était tabou pour lui n'es t jamais exposé sur une, plate-forme, il est immédiatement enterré ; SPENCER et GILLEN, Northern Tribes, p. 512.

1 WILKEN, Animisme, p. 197 sq. ; Chalmers, in ROTH, I, p. 167 ; DODGE, Op. cit., p. 102 : les âmes de ceux qui sont morts étranglés restent toujours près du cadavre.

2 Ling ROTH, I, p. 219 ; KRUIJT, Een en anders, p. 29 (les suicidés ont un village à part). - Chez les Esquimaux occidentaux, les gens qui meurent de mort violente vont au ciel où ils vivent dans la lumière et l'abondance ; les autres vont dans le monde souterrain ; NELSON, Eskimo about Bering Strait, p. 423. - Chez les anciens Aztèques, tous les hommes qui mouraient en guerre et toutes les femmes qui mouraient en couches (elles se confondaient avec les précédents) étaient considérés comme emportés par le soleil et allaient habiter dans le ciel : une telle mort était glorieuse et ne causait aux parents que de la joie ; les noyés et les foudroyés étaient l'objet de représentations analogues ; SAHAGUN, Histoire... de la Nouvelle Espagne, trad, JOURDANET, p. 346, p. 400 sq., p. 433 sq. - On voit qu'il faut bien se garder d'identifier les gens morts d'une manière anormale avec les damnés ; ils peuvent tout aussi bien être considérés comme des élus ; les deux notions coïncident au fond en ce qu'elles impliquent l'une et l'autre une mise à part, une séparation.

3 Rappelons que les âmes de ceux pour qui le Tiwah n'est pas célébré resteront a mortes » à perpétuité.

ce sont des jumeaux qui viennent au monde, alors « cette naissance est une mort », suivant l'expression instructive des Ba-Ronga [1] car elle exclut de la vie régulière ceux qui semblaient destinés elle les affecte d'un caractère sacré si fort qu'aucun rite ne pourra jamais l'effacer et elle plonge toute la communauté dans la terreur et la consternation [2]. De même la façon sinistre dont certains individus sont arrachés à ce monde les sépare à jamais de leurs proches : leur exclusion est définitive, irrémédiable. Car c'est l'image dernière de l'individu, tel que la mort l'a frappé, qui s'imprime avec le plus de force dans la mémoire des survivants ; et cette image, étant singulière et chargée d'une émotion spéciale, ne pourra jamais être entièrement abolie. Aussi est-il inutile d'attendre un certain temps pour réunir ensuite le mort à ses ancêtres ; la réunion étant impossible, l'attente n'a point de sens : la mort durera toujours parce que la société gardera indéfiniment à l'égard de ces maudits l'attitude d'exclusion qu'elle a prise dès l'abord.

L'interprétation que nous proposons permet donc de comprendre à la fois pourquoi, dans une société donnée, les doubles obsèques sont pratiquées et pourquoi en certains cas elles ne le sont pas.

Résumons en quelques mots les résultats de notre investigation. Pour la conscience collective, la mort dans les conditions normales est une exclusion temporaire de l'individu hors de la communion humaine, qui a pour effet de le faire passer de la société visible des vivants à la société invisible des ancêtres. Le deuil est à l'origine la participation nécessaire des survivants à l'état mortuaire de leur parent ; il dure aussi longtemps que cet état lui-même. En dernière analyse, la mort comme phénomène social consiste dans un double et pénible travail de désagrégation et de synthèse mentales ; c'est seulement quand ce travail est achevé que la société, rentrée dans sa paix, peut triompher de la mort.

---

1 JUNOD, op. cit., 412 sq., « le ciel qui produit l'éclair et la mort préside aussi d'une manière toute spéciale à la naissance des jumeaux ».
2 Cf. par exemple KINGSLEY, Travels in West Africa, p. 472 sq. ; le traitement infligé à la mère des jumeaux est identique à celui que la veuve a à subir : on déchire ses habits, brise ses affaires, la chasse comme une chose impure ; elle vit en paria. Un jumeau ayant échappé à la mort est un objet horrible que même sa mère ne voudrait point toucher. Il est remarquable que les jumeaux sont dans des tribus peu distantes tantôt traités comme des être abominables et abandonnés à la mort, tantôt considérés comme presque divins ; mais toujours ils sont mis à part.

Robert Hertz

La prééminence de la main droite. Étude sur la polarité religieuse
(1909)

in *Revue philosophique*, XXXIV, 1909.

Quelle ressemblance plus parfaite que celle de nos deux mains ! Et pourtant, quelle inégalité plus criante !

À la main droite vont les honneurs, les désignations flatteuses, les prérogatives : elle agit, elle ordonne, elle prend. Au contraire, la main gauche est méprisée et réduite au rôle d'humble auxiliaire : elle ne peut rien par elle-même ; elle assiste, elle seconde, elle tient.

La main droite est le symbole et le modèle de toutes les aristocraties, la main gauche de toutes les plèbes.

Quels sont les titres de noblesse de la main droite ? Et d'où vient le servage de la gauche ?

I – L'asymétrie organique

Toute hiérarchie sociale se prétend fondée sur la nature des choses, (en grec dans le texte); par là, elle s'octroie l'éternité, elle échappe au devenir, aux prises des novateurs. Aristote justifiait l'esclavage par la supériorité ethnique des Grecs sur les Barbares ; et l'homme, que troublent aujourd'hui les revendications féministes, allègue l'infériorité naturelle de la femme. De même, selon l'opinion courante, la prééminence de la main droite résulterait directement de la structure de l'organisme et ne devrait rien à la convention, à la croyance changeantes des hommes. Mais, malgré les apparences, le témoignage de la nature n'est ni plus clair, ni plus décisif, quand il s'agit de régler les attributions des deux mains, que dans les conflits des races ou des sexes.

Ce n'est pas que les tentatives aient manqué pour assigner à la droiterie une cause anatomique. De toutes les hypothèses émises [1],

---

1 On en trouvera l'exposé et la discussion chez sir Daniel WILSON, Lefthandedness, Londres, 1891, p. 149 sqq. Dr J. JACOBS, Onze Rechlshandigheid, Amsterdam, 1892, p. 22 sqq. J. JACKSON, Ambidexterily, Londres, 1905, 41 sqq.

une seule paraît avoir résisté à l'épreuve des faits : c'est celle qui rattache la prépondérance de la main droite au développement plus considérable, chez l'homme, de l'hémisphère cérébral gauche, qui, on le sait, innerve les muscles du côté opposé. De même que le centre du langage articulé se trouve ans cette partie du cerveau, les centres qui président aux mouvements volontaires y résideraient principalement. Comme le disait Broca, « nous sommes droitiers de la main, parce que nous sommes gauchers du cerveau ». Le privilège de la main droite se trouverait fondé sur la structure asymétrique des centres nerveux, dont la cause, quelle qu'elle soit, est évidemment organique [1].

Il n'est pas douteux qu'une corrélation régulière existe entre la prédominance de la main droite et le développement supérieur du cerveau gauche. Mais, de ces deux phénomènes, lequel est la cause, lequel est l'effet ? Qu'est-ce qui nous interdit de retourner la proposition de Broca et de dire : « Nous sommes gauchers du cerveau parce que nous sommes droitiers de la main » [2] ? C'est un fait connu que l'exercice d'un organe détermine une nutrition plus abondante et, par suite, un accroissement de cet organe. L'activité plus grande de la main droite, qui implique un travail plus intense des centres nerveux gauches, a nécessairement pour effet d'en favoriser le développement [3]. Si l'on fait abstraction des effets produits par l'exercice et les habitudes acquises, la supériorité physiologique de l'hémisphère gauche se réduit à si peu de chose qu'elle peut tout au plus déterminer une légère préférence en faveur du côté droit.

La difficulté qu'on éprouve à assigner à l'asymétrie des membres supérieurs une cause organique certaine et adéquate, jointe au fait que les animaux les plus voisins de l'homme sont ambidextres [4], a conduit quelques auteurs à ôter tout fondement anatomique au privilège de la main droite. Ce privilège ne serait pas inhérent à la structure du genus homo, mais devrait son origine exclusivement

---

1 Voir WILSON, p. 183 sqq. ; BALDWIN, Développement mental dans l'enfant et dans la race, p. 67 sqq.; VAN BIERVLIET, L'homme droit et l'homme gauche, in Revue philosophique, 1899, t. XLVII, p. 276 sqq.
2 JACOBS, p. 25 sqq.
3 Bastian et Brown-Sequard, in WILSON, pp. 193-194.
4 ROLLET, La taille des grands singes, in Revue scientifique, 1889, p. 198 ; JACKSON, p. 27 sqq., 71.

Robert Hertz

à des conditions extérieures à l'organisme [1].

Cette négation radicale est pour le moins téméraire. Sans doute la cause organique de la droiterie est douteuse, insuffisante, difficile à discerner des influences qui du dehors s'exercent sur l'individu et le façonnent ; mais ce n'est pas une raison pour nier dogmatiquement l'action du facteur physique. D'ailleurs, en quelques cas, où l'influence externe et la tendance organique sont en conflit, il est possible d'affirmer que l'inégale dextérité des mains tient à une cause anatomique. Malgré la pression énergique, parfois même cruelle, que la société exerce, dès l'enfance, sur les gauchers, ceux-ci gardent toute leur vie une préférence instinctive pour l'usage de la main gauche [2]. Si l'on est obligé de reconnaître ici la présence d'une disposition congénitale à l'asymétrie, force est d'admettre que inversement, chez un certain nombre d'hommes, l'usage prépondérant de la main droite résulte de la conformation de leur corps. L'opinion la plus probable peut être exprimée sous une forme mathématique, d'ailleurs peu rigoureuse : sur cent hommes, il y en a environ deux qui sont, par nature, des gauchers, rebelles à toute influence contraire ; une proportion, notablement plus forte, se compose de droitiers héréditaires ; entre ces deux extrêmes oseille la masse des hommes, qui, laissés à eux-mêmes, pourraient se servir à peu près également de l'une et de l'autre main, avec (en général) une légère préférence en faveur de la droite [3]. Ainsi il ne faut pas nier l'existence de tendances organiques vers l'asymétrie ; mais, sauf quelques cas exceptionnels, la vague disposition à la droiterie, qui semble répandue dans l'espèce humaine, ne suffirait pas à déterminer la prépondérance absolue de la main droite, si des influences étrangères de l'organisme ne venaient la fixer et la renforcer.

Mais, quand même il serait établi que, par un don de la nature, la main droite l'emporte toujours sur la gauche en sensibilité tactile,

1 JACOBs, pp. 30, 33.
2 WILSON, pp. 140, 142.
3 WILSON, pp. 127-128 ; JACKSON, pp. 52, 97. Cet auteur estime à 17% le nombre des droitiers de nature ; il n'explique pas comment ce chiffre a été obtenu. VAN BIERVLIET (p. 142, 373) n'admet pas « l'existence de véritables ambidextres » ; 98 % des hommes sont, selon lui, droitiers. Mais ses mesures n'ont porté que sur des adultes ; et il donne au mot « ambidextrie » un sens beaucoup trop étroit. Ce qui importe ici, ce ne sont pas tant les dimensions des os ou de la force des muscles, que l'utilisation possible de l'un et de l'autre membre.

La prééminence de la main droite...

en force et en habileté, il resterait encore à expliquer pourquoi un privilège d'institution humaine vient s'ajouter à ce privilège naturel, pourquoi la main mieux douée est seule exercée et cultivée. La raison ne conseillerait-elle pas de chercher à corriger par l'éducation l'infirmité du membre le moins favorisé ? Tout au contraire, la main gauche est comprimée, tenue dans l'inaction, méthodiquement entravée dans son développement. Le Dr Jacobs nous raconte qu'au cours de ses tournées d'inspection médicale dans les Indes néerlandaises, il observa souvent que les enfants des indigènes avaient le bras gauche entièrement ligoté ; c'était pour leur apprendre à ne pas s'en servir [1]. Nous avons supprimé les liens matériels; mais c'est tout. L'un des signes qui distinguent un enfant « bien élevé », c'est sa main gauche devenue incapable d'aucune action indépendante.

Dira-t-on que tout effort pour développer les aptitudes de la main gauche est condamné d'avance à l'insuccès ? L'expérience démontre le contraire. Dans les rares cas où, par suite de nécessités techniques, la main gauche est convenablement exercée et entraînée, elle rend des services à peu près équivalents à ceux de la droite ; par exemple, au piano, au violon, en chirurgie. Qu'un accident vienne à priver un homme de sa main droite, la gauche, au bout de quelque temps, acquiert la force et l'adresse qui lui manquaient. L'exemple des gauchers est encore plus concluant ; car, cette fois, l'éducation combat, au lieu de la suivre et de l'exagérer, la tendance instinctive à l' « unidextrie » ; la conséquence est que les gauchers sont généralement ambidextres et se font fréquemment remarquer par leur habileté [2]. À plus forte raison ce résultat serait-il atteint pour la plupart des hommes, qui n'ont pas de préférence irrésistible dans l'un ou dans l'autre sens et dont la main gauche ne demande qu'à s'exercer. Les méthodes de culture bimanuelle, qui ont été appliquées depuis quelques années, en particulier dans les écoles anglaises et américaines, ont donné déjà des résultats concluants [3] : rien ne s'oppose à ce que la main gauche reçoive une

---

1 JACOBS, p.. 33.
2 WILSON, p. 139 sqq., 148-149, 203 : le gaucher bénéficie de la dextérité congénitale de sa main gauche et de l'habileté acquise de sa droite.
3 Voir JACKSON, p. 195 sqq. ; LYDON, Ambidextrous drawing, Londres, 1900 ; Omer BUYSE, Méthodes américaines d'éducation, p. 145 sqq. - Il existe en Angleterre, depuis quelques années, une Ambidextral Culture Society.

Robert Hertz

éducation artistique et technique, semblable à celle dont la main droite a eu jusqu'ici le monopole.

Ce n'est donc pas parce qu'elle est infirme et impuissante que la main gauche est négligée ; c'est le contraire qui est vrai. Cette main est soumise à une véritable mutilation, qui n'est pas moins caractérisée parce qu'elle porte sur la fonction et non sur la forme extérieure de l'organe, parce qu'elle est physiologique et non anatomique. Les sentiments qu'inspire un gaucher dans une société fruste [1] sont analogues à ceux qu'inspire un non-circoncis dans les pays où la circoncision fait loi. C'est que la droiterie n'est pas simplement acceptée, subie, à la façon d'une nécessité naturelle ; elle est un idéal auquel chacun doit se conformer et dont la société nous impose le respect par des sanctions positives. L'enfant qui se sert activement de sa main gauche est réprimandé, quand il ne reçoit pas une tape sur la main téméraire ; de même, le fait d'être gaucher est un délit, qui attire sur le coupable le ridicule et une réprobation sociale plus ou moins explicite.

Ainsi l'asymétrie organique est à la fois, chez l'homme, un fait et un idéal. L'anatomie rend compte du fait, dans la mesure où il résulte de la structure de l'organisme ; mais si avancée qu'on la suppose, elle est incapable d'expliquer l'origine et la raison d'être de l'idéal.

II – La polarité religieuse

La prépondérance de la main droite est obligatoire, imposée par la contrainte, garantie par des sanctions ; par contre, un véritable interdit pèse sur la main gauche et la paralyse. La différence de valeur et de fonction qui existe entre les deux côtés de notre corps présente donc au plus haut point les caractères d'une institution sociale ; et l'étude qui veut en rendre compte relève de la sociologie. Plus précisément, il s'agit de retracer la genèse d'un impératif mi-esthétique, mi-moral. Or, c'est sous une forme mystique, sous l'empire de croyances et d'émotions religieuses que sont nés et ont grandi les idéaux qui, laïcisés, dominent encore aujourd'hui notre

1 Cf. (sur les paysans lombards et toscans) LOMBROSO Lefthandedness, in North American Review, 1903, p. 444. Lombroso croit avoir justifié scientifIquement le vieux préjugé contre les gauchers.

conduite. Nous devons donc chercher dans l'étude comparée des représentations collectives l'explication du privilège dont jouit la main droite [1].

Une opposition fondamentale domine le monde spirituel des primitifs, c'est celle du sacré et du profane [2]. Certains êtres ou objets, en vertu de leur nature ou des rites accomplis, sont comme imprégnés d'une essence particulière, qui les consacre, qui les met à part, qui leur communique des pouvoirs extraordinaires et d'autre part les assujettit à un ensemble de règles et de restrictions étroites. Les choses ou les personnes, qui sont privées de cette qualité mystique, ne disposent d'aucun pouvoir, d'aucune dignité ; elles sont communes, libres, sauf toutefois l'interdiction absolue d'entrer en contact avec ce qui est sacré. Tout rapprochement, toute confusion des êtres et des choses appartenant aux classes opposées serait néfaste pour toutes deux : d'où la multitude de ces interdictions, de ces tabous, qui, en les séparant, protègent à la fois les deux mondes.

L'antithèse du profane et du sacré reçoit une signification différente selon la position qu'occupe dans le monde religieux la conscience qui classe et évalue les êtres. Les puissances surnaturelles ne sont pas toutes du même ordre : les unes s'exercent en harmonie avec la nature des choses, elles ont un caractère régulier et auguste qui inspire la vénération et la confiance ; les autres, au contraire, violent et troublent l'ordre universel et le respect qu'elles imposent est fait surtout d'aversion et de crainte. Toutes ces énergies présentent ce trait commun de s'opposer au profane ; pour celui-ci, elles sont toutes également dangereuses et interdites. Le contact d'un cadavre produit sur l'être profane les mêmes effets que le sacrilège. En ce sens, Robertson Smith a eu raison de dire que la notion de tabou enveloppe à la fois le sacré et l'impur, le divin et le démoniaque.

1 La plupart des faits ethnographiques sur lesquels s'appuie cette étude proviennent des Maoris, ou plus exactement de la tribu très primitive de Tuhoe, dont les représentations ont été notées avec une admirable fidélité par Elsdon BEST dans ses articles des Transactions of the New-Zealand Institute [désormais Tr. N.-Z. I.] et du Journal of the Polynesian Society [désormais J. P. S.].

2 Notre exposé de la polarité religieuse ne prétend être qu'une esquisse rapide. La plupart des idées émises ici paraîtront familières au lecteur, s'il connaît les travaux qu'ont publiés dans L'Année sociologique MM. DUKHEIM, HUBERT et MAUSS. Quant aux quelques vues nouvelles que contient peut-être cet exposé, elles seront reprises, ailleurs, avec les développements et les preuves nécessaires.

Robert Hertz

Mais la perspective du monde religieux change, si on l'envisage non plus du point de vue du profane, mais du point de vue du sacré. Dès lors, la confusion que signalait Smith n'existe plus : le chef polynésien, par exemple, sait bien que la religiosité dont est imbu le cadavre est radicalement contraire à celle qu'il porte en lui. L'impur se sépare du sacré pour venir se placer au pôle opposé du monde religieux. D'autre part, le profane ne se définit plus, de ce point de vue, par des caractères purement négatifs : il apparaît comme l'élément antagoniste, qui, par son seul contact, dégrade, diminue et altère l'essence des choses sacrées. C'est un néant, si l'on veut, mais un néant actif et contagieux ; l'influence mauvaise qu'il exerce sur les êtres doués de sainteté ne diffère que par l'intensité de celle qui provient des puissances néfastes. Entre la privation des pouvoirs sacrés et la possession de pouvoirs sinistres la transition est insensible [1]. Ainsi, dans la classification qui, dès l'origine et de plus en plus, a dominé la conscience religieuse, il y a affinité de nature et presque équivalence entre le profane et l'impur ; les deux notions se combinent et forment, par opposition au sacré, le pôle négatif du monde spirituel.

Le dualisme, essentiel à la pensée des primitifs, domine leur organisation sociale [2]. Les deux moitiés ou phratries qui constituent la tribu s'opposent réciproquement comme le sacré et le profane. Tout ce qui se trouve à l'intérieur de ma phratrie est sacré et m'est interdit ; c'est pourquoi je ne puis ni manger mon totem, ni verser le sang de l'un des miens, ni même toucher son cadavre, ni me marier dans mon clan. Au contraire, la moitié opposée est, pour moi, profane ; c'est aux clans qui la composent de me fournir de vivres, de femmes et de victimes humaines, d'enterrer mes morts et de préparer mes cérémonies sacrées [3]. Étant donné le caractère religieux dont la communauté primitive se sent investie, la vie sociale a pour condition nécessaire l'existence, dans la même tribu, d'une fraction opposée et complémentaire, qui puisse librement

---

1 On trouvera plus bas plusieurs exemples de cette confusion nécessaire : voir ce qui est dit ci-dessous de la classe intérieure, de la terre, de la femme, du côté gauche.
2 Sur la dichotomie sociale, voir MCGEE, Primitive numbers, 19th Ann. Rep. Bur. of Amer. Ethn., p. 836 sq., 845, et DURKHEIM et MAUSS, De quelques formes primitives de classification, in Année sociologique, t. VI, p. 7 sqq.
3 Pour ce dernier point, voir surtout SPENCER et GILLEN, Northern Tribes of Central Australia, p. 298.

La prééminence de la main droite...

assumer les fonctions, interdites aux membres du premier groupe [1]. L'évolution sociale remplace ce dualisme réversible par une structure hiérarchique et rigide [2] : au lieu de clans, séparés mais équivalents, apparaissent des classes ou des castes, dont l'une, au sommet, est essentiellement sacrée, noble, vouée aux oeuvres supérieures, tandis que l'autre, tout en bas, est profane ou immonde et vaque aux viles besognes. Le principe qui assigne aux hommes leur rang et leur fonction est resté le même : la polarité sociale est toujours un reflet et une conséquence de la polarité religieuse.

L'univers entier se partage en deux mondes contraires : les choses, les êtres, les pouvoirs s'attirent ou se repoussent, s'impliquent ou s'excluent, suivant qu'ils gravitent vers l'un ou l'autre des deux pôles.

Dans le principe sacré résident les pouvoirs qui conservent et accroissent la vie, qui donnent la santé, la prééminence sociale, le courage à la guerre et l'excellence au travail. Au contraire, le profane (en tant qu'il fait incursion dans le monde sacré), l'impur sont essentiellement débilitants et léthifères ; c'est de ce côté que viennent les influences funestes qui oppriment, amoindrissent, gâtent les êtres. Ainsi, d'une part, le pôle de la force, du bien, de la vie ; d'autre part, le pôle de la faiblesse, du mal, de la mort. Ou si l'on préfère une terminologie plus récente, d'un côté les dieux, de l'autre les démons.

Toutes les oppositions que présente la nature manifestent ce dualisme fondamental. La lumière et les ténèbres, le jour et la nuit, l'orient et le midi d'une part, le couchant et le nord de l'autre, traduisent en images et localisent dans l'espace les deux classes contraires de pouvoirs surnaturels : d'un côté, la vie rayonne et monte, de l'autre, elle descend et s'éteint. Même contraste entre le haut et le bas, entre le ciel et la terre : là-haut, la demeure sacrée des dieux, des astres qui ne connaissent pas la mort ; ici-bas, la région profane des mortels que la terre engloutit et, plus bas encore, les régions ténébreuses où se cachent les serpents et la foule des

1 Notons que les deux moitiés de la tribu sont souvent localisées dans l'espace tribal et occupent l'une la droite, l'autre la gauche (dans le camp, au cours des cérémonies, etc.). Cf. DURKHEIM et MAUSS, p. 52 sqq.;SPENCE.R et GILLEN, pp. 28, 577.

2 L'ébauche en existe dès le stade primitif : les femmes et les enfants forment, par rapport aux hommes adultes, une classe essentiellement profane.

Robert Hertz

démons [1].

La pensée primitive attribue un sexe à tous les êtres de l'univers et même aux objets inanimés ; tous sont répartis en deux immenses classes selon qu'ils sont considérés comme mâles ou comme femelles. Chez les Maoris, l'expression lama tane « côté mâle » désigne les choses les plus diverses : la virilité de l'homme, la descente en ligne paternelle, l'est, la force qui crée, la magie offensive, etc., tandis que l'expression opposée lama wahine « côté femelle » vaut pour tous les contraires [2]. Or cette distinction d'une portée cosmique recouvre au fond l'antithèse religieuse primordiale. En effet, d'une manière générale, l'homme est sacré, la femme est profane ; exclue des cérémonies du culte, elle n'y est admise que pour une fonction caractéristique, quand il faut lever un tabou, c'est-à-dire accomplir dans les conditions voulues une véritable profanation [3]. Mais, si la femme est dans l'ordre religieux un être impuissant et passif, elle prend sa revanche dans le domaine de la magie : elle est particulièrement apte aux oeuvres de sorcellerie. « C'est de l'élément femelle, dit un proverbe maori, que viennent tous les maux, la misère et la mort. » Ainsi les deux sexes correspondent au sacré et au profane (ou à l'impur), à la vie et à la mort. De là vient qu'un abîme les sépare et qu'une division du travail rigoureuse répartit entre les hommes et les femmes toutes les occupations, de manière qu'il n'y ait point de mélange ni de confusion [4].

Si le dualisme imprime sa marque sur toute la pensée des primitifs, il ne laisse pas d'influer aussi sur leur activité religieuse, sur le culte. Nulle part cette influence n'est plus manifeste que dans la cérémonie de lira qui se rencontre très fréquemment dans le rituel des Maoris et sert aux fins les plus diverses. Le prêtre forme sur un terrain sacré deux petits monticules dont l'un, le mâle, est dédié au

1 Sur l'identité du ciel avec l'élément sacré et de la terre avec l'élément profane ou sinistre, cf. (pour les Maoris) TREGEAR, The Maori race, p. 408, 466, 486 ; BEST, in Tr. N.-Z. I., t. XXXVIII, p. 150 sqq., 188, et in J. P. S., t. XV, p. 155. - Comparer l'opposition grecque des divinités célestes et chthoniennes.
2 Voir surtout BEST, in J. P. S., t. XIV, p. 206 sqq. et in Tr. N.-Z. I., t. XXXIV, p. 73 sq.
3 BEST, in J. P. S., t. XV, p. 26.
4 Voir, pour les Maoris, COLENSO, in Tr. N.-Z. L, t. I, p. 348 sq. et cf. DURKHEIM, La prohibition de l'inceste, in Année sociologique, 1, p. 40 sqq. et CRAWLEY, The Mystic Rose, Londres, 1902.

Ciel et l'autre, la femelle, à la Terre ; sur chacun d'eux il érige une baguette ; la première, qui porte le nom de « baguette de la vie » et qui se trouve à l'est, est l'emblème et le foyer de la santé, de la force et de la vie ; la seconde, la « baguette de la mort », située à l'ouest, est l'emblème et le foyer de tous les maux. Le détail des rites varie suivant l'objet spécial qu'on a en vue ; mais le thème fondamental est toujours le même : il s'agit, d'une part, de repousser vers le pôle de la mort toutes les impuretés, tous les maux qui ont pénétré dans la communauté et qui la menacent, -et, d'autre part, de fixer, de renforcer et d'attirer vers la tribu les influences bienfaisantes qui résident au pôle de la vie. Au terme de la cérémonie, le prêtre abat la baguette de la Terre, ne laissant debout que celle du Ciel : c'est le triomphe désiré de la vie sur la mort, l'expulsion et l'abolition des maux, le salut de la communauté et la ruine des ennemis [1]. Ainsi l'activité rituelle s'oriente selon deux pôles opposés, qui ont, chacun, leur fonction essentielle dans le culte et qui correspondent aux deux attitudes contraires et complémentaires de la vie religieuse.

Comment le corps de l'homme, le microcosme, échapperait-il à la loi de polarité qui régit toutes choses ? La société, l'univers entier ont un côté sacré, noble, précieux et un autre, profane et commun, un côté mâle, fort, actif et un autre, femelle, faible, passif, ou, en deux mots, un côté droit et un côté gauche : et l'organisme humain seul serait symétrique ? Il y a là, si l'on y réfléchit, une impossibilité : une telle exception ne serait pas seulement une inexplicable anomalie, elle ruinerait toute l'économie du monde spirituel. Car l'homme est au centre de la création ; c'est à lui de manipuler, pour les diriger au mieux, les forces redoutables qui font vivre et qui font mourir. Est-il concevable que toutes ces choses et ces pouvoirs, séparés et contraires, qui s'excluent les uns les autres, viennent se confondre abominablement dans la main du prêtre ou de l'artisan ? C'est une nécessité vitale que chacune des deux mains « ignore ce que l'autre fait » [2] : le précepte évangélique ne fait qu'appliquer à une circonstance spéciale cette loi d'incompatibilité des contraires, qui vaut pour tout le monde religieux [3].

---

1 BEST, in Tr. N.-Z. L, t. XXXIV, p. 87, et in J. P. S., t. XV, pp. 161-162; TREGEAR, p. 330 sqq., 392, 515. Cf. BEST, in J. P. S., t. VII, p. 241.
2 Matth. 6, 3 ; pour l'interdiction réciproque, cf. BURCKHARDT, Arabic Proverbs, 2, p. 282.
3 M. McGEE a exposé d'un point de vue et dans des termes assez différents des

Robert Hertz

Si l'asymétrie organique n'avait pas existé, il aurait fallu l'inventer.

III – Les caractères de la droite
et de la gauche

La façon différente dont la conscience collective envisage et estime la droite et la gauche apparaît clairement dans le langage. Il y a entre les mots qui, dans les langues indo-européennes, désignent les deux côtés un contraste frappant.

Tandis que pour « droite » il existe un terme unique, qui s'impose sur une aire extrêmement étendue et présente une grande stabilité [1], l'idée de « gauche » est exprimée par plusieurs dénominations distinctes, d'extension médiocre, qui semblent destinées à disparaître sans cesse devant des vocables nouveaux [2] ; certains de ces mots sont des euphémismes manifestes [3], les autres sont d'origine très obscure. « Il semble, dit M. Meillet [4], qu'en parlant du côté gauche, on évitait de prononcer le mot propre et qu'on tendait à le remplacer par des mots divers, constamment

---

nôtres, la structure dualiste de la pensée primitive. Il considère la distinction de la droite et de la gauche comme surajoutée au système primitif qui aurait comporté seulement l'opposition de l'avant et de l'arrière. Cette affirmation nous parait arbitraire. Cf. op. cit., p. 843 sqq.

1 C'est le radical deks- qui se rencontre sous des formes diverses depuis l'indo-iranien dàksina jusqu'au celtique *dess* en passant par le lithuanien, le slave, l'albanais, le germanique et le grec. Cf. WALDE, Laieinisches Etymologisches Wörterbuch, s. v. dexter.

2 Sur ces dénominations (skr. savyàh, gr. (en grec dans le texte) gr. (en grec dans le texte) etc.), Cf. SCHRADER, Reallexikon, s. v. Rechts und Links ; BRUGMANN, Lateinische Etymologien, in Rheinisches Museum, t. XLIII, 1888, p. 399 sqq.

3 Gr. (en grec dans le texte) et (en grec dans le texte) zend vairyàslara- (= meilleur), v. h. a. winistar (de wini, ami), arabe aisar (= heureux, cf. Wellhausen, Reste Arabischen Heidentums, 2, p. 199), auxquels il faudrait joindre, selon BRUGMANN, le latin sinister. D'après GRIMM (Geschichte der deutschen Sprache, 3t p. 681 sqq., 689) et plus récemment Brugmann (loc. cit.), la gauche aurait été primitivement, pour les Indo-Européens, le côté favorable ; ces philologues ont été dupes des artifices de langage destinés à masquer la vraie nature de la gauche. Il s'agit ici certainement d'antiphrases.

4 Dans une lettre qu'il a bien voulu m'adresser et dont je lui exprime ici toute ma reconnaissance, M. MEILLET avait indiqué déjà cette explication dans Quelques hypothèses sur les interdictions de vocabulaire dans les langues indo-européennes, p. 18 sq.

renouvelés. » La multiplicité et l'instabilité des termes qui désignent la gauche, leur caractère contourné ou arbitraire, s'expliqueraient par les sentiments d'inquiétude et d'aversion que la communauté éprouve à l'égard du côté gauche [1]. Ne pouvant changer la chose, on en change le nom, dans l'espoir d'abolir ou d'atténuer le mal. Mais c'est en vain : même les mots de signification heureuse, que par antiphrase on applique à la gauche, sont vite contaminés par l'objet qu'ils expriment et contractent une qualité « sinistre » qui, bientôt, les frappe d'interdit. Ainsi l'opposition qui existe entre la droite et la gauche se manifeste jusque dans la nature et la destinée diverses de leurs noms.

Le même contraste apparaît si l'on considère la signification des mots « droit » et « gauche ». Le premier sert à exprimer des idées de force physique et de « dextérité », - de « rectitude » intellectuelle et de bon sens, - de « droiture » et d'intégrité morale, - de bonheur et de beauté, - de norme juridique; tandis que le mot « gauche » évoque la plupart des idées contraires. Pour ramener à l'unité ces sens multiples, on suppose ordinairement que le mot « droit» a d'abord désigné notre meilleure main, puis « les qualités de force et d'adresse qui en sont l'apanage naturel ». Rien n'autorise à affirmer que l'ancien nom indo-européen de la droite ait eu d'abord un sens exclusivement physique ; et pour les noms de formation plus récente, comme notre mot droit [2] ou l'arménien *adj* [3], avant d'être appliqués à l'un des côtés du corps, ils ont exprimé l'idée d'une force qui va droit à son but, par des voies normales et sûres, par opposition à ce qui est tortueux, oblique et manqué. A vrai dire, dans nos langues, produits d'une civilisation avancée, les divers sens du mot se présentent distincts et juxtaposés ; remontons, par l'observation comparée, vers la source d'où ces significations fragmentaires sont dérivées : nous les verrons se fondre, à l'origine, les unes dans les autres au sein d'une notion qui les enveloppe toutes confusément. Cette notion, nous l'avons déjà rencontrée ;

---

1 De même, et pour la même raison, « les noms de maladies et d'infirmités comme la boiterie, la cécité, la surdité diffèrent d'une langue à l'autre â; MEILLET, loc. cit.
2 Du bas-latin directum ; cf. DIEL, Etymologisches Wörterbuch der rornanischen Sprachen, 5, p. 272, s. v. ritto.
3 À rattacher au skr. sâdhyà, selon LIDEN, Armenische Studien, in Göteborgs Högsk. Arskr., XII, p. 75 sq. - M. Meillet, qui nous signale cette note, considère l'étymologie comme irréprochable et très probable.

Robert Hertz

c'est, pour la droite, l'idée de pouvoir sacré, régulier et bienfaisant, principe de toute activité efficace, source de tout ce qui est bon, prospère et légitime ; et c'est, pour la gauche, cette représentation ambiguë du profane et de l'impur, d'un être faible et incapable, mais aussi malfaisant et redouté. La force (ou la faiblesse) physique n'est ici qu'un aspect particulier et dérivé d'une qualité beaucoup plus vague et plus profonde.

Chez les Maoris, la droite est le côté sacré, siège des pouvoirs bons et créateurs ; la gauche est le côté profane, qui ne possède aucune vertu, si ce n'est toutefois, comme nous le verrons, certains pouvoirs troubles et suspects [1]. Le même contraste reparaît, au cours de l'évolution religieuse, sous des formes plus précises et moins impersonnelles : la droite est le côté des dieux, sur lequel plane la blanche figure d'un bon ange tutélaire ; le côté gauche est voué sous sa domination [2]. Aujourd'hui même, si la main droite est encore désignée comme la bonne et la belle main, la gauche comme la mauvaise et la vilaine [3], nous pouvons discerner dans ces locutions puériles l'écho affaibli des qualifications et des émotions religieuses qui pendant de longs siècles se sont attachées aux deux côtés de notre corps.

C'est une notion courante chez les Maoris que la droite est « le côté de la vie » (et de la force); tandis que le côté gauche est « le côté de la mort » (et de la faiblesse) [4]. C'est de la droite et par notre côté droit qu'entrent en nous les influences favorables et vivifiantes ; inversement, c'est par la gauche que pénètrent au cœur de notre être la mort et la misère [5]. Aussi faut-il renforcer par des amulettes protectrices le pouvoir de résistance d'un côté particulièrement exposé et sans défense ; l'anneau que nous portons au quatrième doigt de la main gauche a pour premier objet d'éloigner de nous

1 BEST, in J. P. S., t. XI, p. 25 et t. XIII, p. 236.
2 Von MEYER, Ueber den Ursprung von Rechts und Links, in Verhandlungen der Berlin. Gesellsch. f. Anthrop., t. V, 1873, p. 26; cf. GERHARD, Ueber die Gottheiten der Etrusker, p. 54 sq.; POTT, Die quinare und vigesimale Zählinethode, p. 260. -Chez les Grecs et les Romains, la droite est invoquée fréquemment dans les formules d'obsécration; cf. HORAT.,Ep. I, 7, 94 =sq. quod te per genium dextramque deosque penates obsecro et obtestor; voir SITTL, Die Gebärden der Griechen und Römer, p. 29, n. 5.
3 Cf. GRIMM, op. cit., p. 685.
4 BEST, in J. P. S., t. VII, pp. 123, 133.
5 DARMESTETER, Zend-Avesta, II, p. 129, n. 64.

les tentations et autres choses mauvaises [1]. De là vient l'importance capitale de la distinction des côtés du corps et de l'espace dans la divination. J'ai ressenti pendant mon sommeil un tremblement convulsif ; c'est signe qu'un esprit s'est emparé de moi ; selon que sa présence s'est manifestée à droite ou à gauche, je puis m'attendre au bonheur et à la vie ou à l'infortune et à la mort [2]. La même règle vaut en général pour les présages qui consistent dans l'apparition des animaux porteurs du destin ; toutefois ces messages sont susceptibles de deux interprétations contradictoires, suivant qu'on prend pour point de départ l'homme qui regarde ou l'animal qui vient à sa rencontre [3] : celui-ci apparaît-il à gauche, il présente sa droite, il peut donc être considéré comme favorable. Mais ces divergences, soigneusement entretenues par les augures pour la confusion du vulgaire et l'accroissement de leur prestige, ne font que mettre davantage en lumière l'affinité qui existe entre la droite et la vie, entre la gauche et la mort.

Une concordance non moins significative relie les côtés du corps aux régions de l'espace. La droite représente le haut, le monde supérieur, le ciel ; tandis que la gauche ressortit au monde inférieur et à la terre [4]. Ce n'est pas un hasard si, dans les représentations du Jugement dernier, c'est la droite levée du Seigneur qui indique aux élus leur séjour sublime, tandis que la gauche abaissée montre aux

1 L'usage remonte à la plus haute antiquité (égyptienne, grecque et romaine). Le métal (fer d'abord, puis or) est doué d'une vertu salutaire qui préserve de la fascination; les caractères gravés sur l'anneau ajoutent à son pouvoir. Les noms donnés au quatrième doigt gauche prouvent son caractère et sa fonction magiques : c'est le doigt « sans nom », « le médecin », et, en gallois, « le doigt du charme ». Voir dans le Dictionnaire de DAREMBERG et SAGLIO les articles Anulus et Amuletum; POTT, p. 284 sqq., 295 ; HOFMANN, Ueber den Verlobungs-und den Trauring, in Silzgsb. d. Akad. d. Wissensch. Wien, Ph.-Hist. Cl., t. LXV, p. 850. Cf. sur le mot scaevola (de scaevus, gauche), qui signifie charme protecteur, VALETON, De modis auspicandi Romanorum, in Mnernosyne, t. XVII, p. 319.
2 BEST, in J. P. S., t. VII, p. 130 sqq. ;TREGEAR, p. 211 sqq.
3 Ou, ce qui revient au même, le dieu qui envoie le message. Cette explication, déjà indiquée par les anciens (PLUT., Qu. Rom., 78 ; FESTUS, 17 S. v. sinistrée aves) a été définitivement prouvée par VALETON, op. cit., p. 287 sqq. Les mêmes flottements se présentent chez les Arabes ; cf. WELLHAUSEN, p. 202, et DOUTTÉ, Magie et religion dans l'Afrique du Nord, p. 359.
4 Les derviches tourneurs tiennent la main droite levée, paume en dessus, pour recueillir les bénédictions célestes, que la gauche, abaissée vers la terre, transmet au monde inférieur; SIMPSON, The Buddhisl praying-wheel, p. 138. - Cf. plus bas, p. 99.

Robert Hertz

damnés la gueule béante de l'Enfer prête à les avaler. Plus étroit encore et plus constant est le rapport qui unit la droite à l'est ou au midi et la gauche à l'ouest ou au nord, au point que dans beaucoup de langues les mêmes mots désignent les côtés du corps et les points cardinaux [1]. L'axe qui divise le monde en deux moitiés, l'une radieuse et l'autre sombre, traverse aussi l'organisme humain et le partage entre l'empire de la lumière et celui des ténèbres [2]. La droite et la gauche dépassent les limites de notre corps pour embrasser l'univers.

Suivant une représentation fort répandue, au moins dans le domaine indo-européen, la communauté forme un cercle clos, au centre duquel se trouve l'autel, l'arche sainte, où descendent les dieux et d'où rayonnent les grâces. A l'intérieur de l'enceinte règnent l'ordre et l'harmonie, tandis qu'au-delà s'étend la vaste nuit, sans limite, sans loi, chargée de germes impurs et traversée de forces chaotiques. A la périphérie de l'espace sacré, les fidèles, l'épaule droite tournée vers l'intérieur, accomplissent autour du foyer divin le circuit rituel [3]. D'un côté, ils ont tout à espérer, de l'autre, tout à craindre. La droite est le dedans, le fini, le bien-être et la paix assurés ; la gauche est le dehors, l'infini, l'hostile, la perpétuelle menace du mal.

Les équivalences qui précèdent permettraient, à elles seules, de présumer que le côté droit et l'élément mâle, le côté gauche et l'élément femelle participent d'une même nature ; mais nous ne sommes pas réduits sur ce point à de simples conjectures. Les Maoris appliquent aux deux côtés du corps ces expressions de tama tane et de tama whahine dont nous avons déjà constaté l'extension presque universelle : l'homme est un composé des deux natures, virile et féminine ; la première est attribuée au côté droit, la seconde

---

1 Voir GILL, Myths ands songs from the South Pacific, p. 128 sqq., 297 sq. - L'hébreu jamin, le sanscrit dàkshina, l'irlandais dess désignent à la fois la droite et le sud; voir SCHRADER, S. V. I-Iimmelsgegenden. Pour les Grecs, l'est est la droite du monde, l'ouest la gauche ; cf. STOBÉE, Ecl. 1, 15, 6.
2 C'est pourquoi le soleil est l'œil droit d'Horus, la lune son oeil gauche. De même en Polynésie; cf. GILL, p. 153. - Dans les représentations chrétiennes de la crucifixion, le soleil luit sur la région située à droite de la croix, où triomphe l'Église nouvelle, tandis que la lune éclaire le côté du mauvais larron et de la synagogue déchue. Voir MÂLE, L'art religieux du XIIIe siècle en France, p. 224 sqq., 229.
3 Voir SIMPSON, op. cit., et cf. plus bas, p. 99.

au côté gauche [1]. Dans la tribu australienne des Wulwanga, on se sert, pour marquer la cadence au cours des cérémonies, d'un couple de bâtons dont l'un s'appelle l'homme et est tenu dans la main droite, tandis que l'autre, la femme, est tenu avec la gauche : bien entendu, c'est toujours « l'homme » qui frappe et « la femme » qui reçoit les coups, la droite qui agit, la gauche qui subit [2]. Nous trouvons ici, intimement combinés, le privilège du sexe fort et celui du côté fort. Certainement Dieu a pris pour former Eve une des côtes gauches d'Adam, car une même essence caractérise la femme et la moitié gauche du corps. Il s'agit des deux parts d'un être faible et sans défense, un peu trouble aussi et inquiétant, destiné par sa nature à un rôle passif et réceptif, à une condition subordonnée [3].

Ainsi l'opposition de la droite et de la gauche a même sens et même portée que cette série de contrastes, divers mais réductibles, que présente l'univers. Puissance sacrée, source de vie, vérité, beauté, vertu, soleil montant, sexe mâle, et je puis ajouter, côté droit : tous ces termes, comme leurs contraires, sont interchangeables, ils désignent sous des aspects multiples une même catégorie de choses, une commune nature, une même orientation vers l'un des deux pôles du monde mystique [4]. Croit-on qu'une légère différence de degré dans la force physique des deux mains puisse suffire à rendre compte d'une hétérogénéité aussi tranchée et aussi profonde ?

IV – Les fonctions des deux mains

Les caractères divers de la droite et de la gauche déterminent la

---

1 BEST, in J. P. S., t. VII, p. 123 et t. XI, p. 25 : TREGEAR, p. 506, cf. p. 40.
2 EYLMANN, Die Eingeborenen der Kolonie Süd-Australiens, Berlin, 1909, p. 376. [Je dois la connaissance de ce fait à l'obligeance de M. Mauss.]
3 Un hygiéniste contemporain formule naïvement la même représentation; voir LIERSCH, Die linke Hand, Berlin, 1893, p. 46.
4 La table des contraires, qui, selon les Pythagoriciens, s'équivalent et constituent l'univers, comprend : le foi et l'infini, l'impair et le pair, le droit et le gauche, le mâle et la femelle, le stable et le mobile, le droit (en grec dans le texte) et le courbe, la lumière et les ténèbres, le bien et le mal, le haut et le bas ; voir ARISTOTE, Métaph., 1, 5, et cf. ZELLER, Die Philosophie der Griechen 4, 1, p. 321 sqq. La concordance avec la table que nous avons dressée est parfaite : les Pythagoriciens ont simplement défini et mis en forme des représentations populaires extrêmement anciennes.

Robert Hertz

différence de rang et de fonctions qui existe entre les deux mains.

On sait que beaucoup de peuples primitifs, en particulier les Indiens de l'Amérique du Nord, sont capables de converser entre eux sans émettre une parole, à l'aide de mouvements de la tête et des bras. Dans ce langage, les deux mains sont actives, chacune selon sa nature. La main droite désigne le moi, la gauche le non-moi, les autres [1]. Pour évoquer l'idée de haut, la main droite est élevée au-dessus de la gauche, qui est tenue horizontale et immobile, tandis que l'idée de bas s'exprime en abaissant au-dessous de la droite la « main inférieure » [2]. La main droite levée signifie bravoure, puissance, virilité ; par contre, la même main, portée vers la gauche et au-dessous de la main gauche, évoque, selon les cas, les idées de mort, de destruction, d'enterrement [3]. Ces exemples caractéristiques suffisent à montrer que le contraste de la droite et de la gauche, la position relative des deux mains ont une importance fondamentale dans la constitution du « langage par gestes ».

Les mains ne servent qu'accessoirement à l'expression des idées ; elles sont surtout des instruments par lesquels l'homme agit sur les êtres et les choses qui l'environnent. C'est dans les domaines divers où s'exerce l'activité humaine qu'il faut voir les deux mains à l'œuvre.

Par le culte, l'homme cherche avant tout à communier avec les énergies sacrées, afin de les nourrir et de les accroître et de dériver vers lui les bienfaits de leur action, Pour ces rapports salutaires le côté droit seul est vraiment qualifié ; car il participe de la nature des choses et des êtres sur lesquels les rites doivent agir. Les dieux sont à notre droite : c'est donc vers la droite qu'on se tourne pour prier [4]. C'est du pied droit qu'il faut entrer dans le lieu saint [5]. C'est la main

---

1 WILSON, pp. 18-19.

2 MALLERY, Sign-language among the North-American Indians, in Ann. Reports of the Bureau of Ethnology, I, p. 364.

3 MALLERY, p. 414, 416 sqq., 420 sqq. - Cf. QUINTILIEN, XI, 3, 113 sqq., in SITTL, p. 358 (sur le geste exprimant l'abomination).

4 Voir SCHRADER, s. v. Gruss. Cf. El BOKHARI, Les traditions islamiques, tr. HOUDAS et MARCAIS, I, p. 153.

5 El BOKHARI, I, p. 157. Inversement, on entre du pied gauche dans les lieux hantés par les djinns (LANE, Modern Egyptians, p. 308).

La prééminence de la main droite...

droite qui présente aux dieux l'oblation sacrée [1] ; c'est elle qui reçoit les grâces du ciel et qui les transmet dans la bénédiction [2]. Pour aider au bon effet d'une cérémonie, pour bénir ou pour consacrer, les Hindous et les Celtes font trois fois le tour d'une personne ou d'un objet, de la gauche à la droite, comme fait le soleil, et en présentant la droite : ils épanchent ainsi vers l'être enfermé dans le cercle sacré la vertu sainte et bienfaisante qui émane du côté droit. Le mouvement et l'attitude contraires seraient, en pareille circonstance, sacrilèges et funestes [3].

Mais le culte ne consiste pas tout entier dans l'adoration confiante des dieux amis. L'homme a beau vouloir oublier les puissances sinistres qui pullulent à sa gauche ; il ne le peut, car elles savent s'imposer à son attention par leurs coups meurtriers, par leurs menaces qu'il faut éluder, par leurs exigences qu'il faut satisfaire. Toute une partie du culte, et non la moins importante, tend à contenir et à apaiser les êtres surnaturels méchants ou irrités, à bannir et à détruire les influences mauvaises. Dans ce domaine, c'est le côté gauche qui prévaut : tout ce qui est démoniaque le touche directement [4]. C'est la main gauche qui dans la cérémonie maorique que nous avons décrite, érige, puis abat, la baguette de la mort [5]. Faut-il calmer les âmes des morts ou les démons avides par l'offrande d'un présent : la main gauche est toute désignée pour ce contact sinistre [6]. C'est par la porte gauche que les pêcheurs sont expulsés de l'Église [7]. Dans les rites funéraires et dans les exorcismes, c'est « à contresens » et en présentant la gauche qu'on accomplit le tour cérémoniel [8] : n'est-il pas juste de retourner

1 Lorsque la main gauche intervient, elle ne fait que suivre et doubler la main droite ; voir WHITE, Ancient history of the Maoris, 1, p. 197. - Encore est-elle vue souvent d'un mauvais œil ; cf. SITTL, p. 51, n. 2 et p. 88 sq. et SIMPSON, p. 291.
2 Voir Genèse, 48, 13 sqq.
3 Sur le pradakshina et le deasil, voir SIMPSON, p. 75 sqq., 90 sqq., 183 sqq. et surtout la monographie de CALAND, Een Indogermaansch Lustratië-Gebruik, in Versl. en Mededeel. d. Kon. Akad. v. Wetensch., Afd. Letterk., IV, 2. On trouve des traces de cette observance dans tout le domaine indo-européen.
4 Voir PLATON, Lois, (en grec dans le texte; cf. SITTL, p.188 sq.
5 GUDGEON, in J. P. S., t. XIV, p. 125.
6 KRUIJT, Hel animisme in den Indischen Archipel, pp. 259 et 380, n. 1.
7 MARTENE, De antiquis Ecclesiœ- ritibus, II, p. 82 ; cf. Middoth, in SIMPTON, P. 142 sqq.
8 Voir SIMPSON et CALAND, loc. cit., et JAMIESON, Etymological Dictionary of the Scottish language, 2, s. v. widdersinnis. Les sorcières présentent la gauche au

Robert Hertz

parfois contre les esprits malins les pouvoirs destructeurs du côté gauche, qui leur servent en général d'instrument ?

En marge de la liturgie régulière foisonnent les pratiques magiques. La main gauche y est à son affaire : elle excelle à neutraliser et à annuler les sorts mauvais [1], mais surtout à propager la mort [2]. « Lorsqu'on boit avec un naturel (sur la côte de Guinée), on doit toujours surveiller sa main gauche, car le simple contact de son pouce avec la boisson suffirait pour la rendre mortelle. » Chaque indigène, dit-on, tient cachée sous l'ongle de ce pouce une substance toxique qui aurait presque « la subtilité foudroyante de l'acide prussique » [3]. Ce poison, évidemment imaginaire, symbolise à merveille les pouvoirs meurtriers qui résident dans le côté gauche.

On le voit : il ne s'agit pas ici de force ou de faiblesse, d'adresse ou de gaucherie, mais de fonctions diverses et incompatibles, assorties à des natures contraires. Si, dans le monde des dieux et des vivants, la main gauche est honnie et humiliée, elle a son domaine où elle est maîtresse et d'où la droite est exclue ; mais c'est un domaine ténébreux et mal famé. Sa puissance a toujours quelque chose d'occulte et d'illégitime ; elle inspire la terreur et la répulsion. Ses mouvements sont suspects . on veut qu'elle reste tranquille et discrète, cachée, s'il se peut, sous les plis du vêtement : de la sorte, son influence corruptrice ne se répandra pas au-dehors. Comme les gens en deuil, qu'enveloppe la mort, doivent se couvrir d'un voile, négliger leur corps, laisser pousser leurs cheveux et leurs ongles, de même il serait déplacé de prendre trop soin de la mauvaise main : on ne coupe pas ses ongles, on la lave moins que l'autre [4]. Ainsi la croyance en la disparité profonde des deux mains va parfois jusqu'à produire une asymétrie corporelle, apparente et

diable pour lui rendre hommage.

1 BEST, in J. P. S., t. XIII, p. 76 sq., 236, t. XIV, p. 3 ; ID., in Tr. N.-Z. I., t. XXXIV, p. 98 ; GOLDIE, in Tr. N.-Z. I, t. XXXVII, p. 75 sq.

2 Voir Kauàika sùtra 47, 4, in CALAND, Altindisches Zauberritual, in Verh. d. Kon. Ak. v. Wetens., afd. Leilerk., N. R., III, 2; cf. ibid., p. 184. - Le sang, extrait du côté gauche du corps, fait mourir ; cf. BEST, in Tr. N.-Z. I., t. XXX, p. 41. Au contraire, le sang du côté droit fait vivre, régénère (les plaies du Christ crucifié sont toujours sur son flanc droit.

3 LARTIGUE, Rapport sur les comptoirs de Grand-Bassam et d'Assinie, in Revue coloniale, t. VII, 1851, p. 365.

4 LARTIGUE, loc. cit. ; BURCKHARDT, p.. 186 ; von MEYER, p. 26, 28.

visible. Même si son aspect ne la trahit pas, la main du maléfice est toujours la main maudite. Une main gauche trop bien douée et trop agile est le signe d'une nature contraire à l'ordre, d'une disposition perverse et démoniaque : tout gaucher est un sorcier possible, dont on se méfie à juste titre [5]. Au contraire, la prépondérance exclusive de la droite, la répugnance à rien demander à la gauche sont la marque d'une âme extraordinairement portée vers le divin, fermée à tout ce qui est profane ou impur : tels ces saints chrétiens qui dès le berceau poussaient la piété jusqu'à refuser le sein gauche de leur mère [6]. Voilà pourquoi la sélection sociale favorise les droitiers et pourquoi l'éducation s'applique à paralyser la main gauche, tandis qu'elle développe la droite.

La vie en société implique une multitude de pratiques qui sans faire partie intégrante de la religion s'y rattachent étroitement. Si l'union des mains droites fait le mariage, si la main droite prête serment, contracte, prend possession, porte assistance, c'est que dans le côté droit de l'homme résident ses pouvoirs, l'autorité qui donne poids et valeur à ses gestes, la force par laquelle s'exerce son emprise sur les choses [7]. Comment la main gauche pourrait-elle accomplir des actes valides et sûrs, puisqu'elle est dénuée de prestige, de pouvoir spirituel, puisqu'elle n'a de force que pour la destruction et le mal ? Le mariage conclu de la main gauche est une union clandestine et irrégulière, d'où ne sortiront que des bâtards. La main gauche est la main du parjure, de la trahison et de la fraude [8]. De même que le formalisme juridique, les règles de l'étiquette procèdent directement du culte : les gestes par lesquels nous adorons les dieux servent à exprimer les sentiments de respect et d'affectueuse estime que nous avons les uns pour les

---

5 C'est pourquoi l'on se représente comme gauchers les êtres, réels ou imaginaires, que l'on croit doués de pouvoirs magiques redoutables : tel est le cas de l'ours chez les Kamtchadales et les Eskimos ; voir ERMAN, in Verhandl. d. Berlin. Gesells. f. Anthr., 1873, p. 36, et J.RAE, in Wilson, p. 60.

6 USENER, Götternamen, pp. 190-191. - Les Pythagoriciens, quand ils croisaient les jambes, avaient soin de ne jamais mettre la gauche au-dessus de la droite; PLUTARQUE, De vit. pud., 8.- Cf. El BOKHÂRI, I, p. 75 sq.

7 Sur la manus romaine, cf. DAREMBERG et SAGLIO, S. V. manus, et SITTL, p. 129 sqq., 135 sqq. Les Romains dédiaient la droite à la Bonne Foi ; en arabe, le serment porte le nom de jamin la droite (WELLHAUSEN, p. 186).

8 En persan, « donner la gauche » veut dire : trahir (PICTET, III, p. 227). Cf. PLAUTE Persa, II, 2, 44 : furtifica laeva.

Robert Hertz

autres [1]. Nous offrons dans le salut et dans l'amitié ce que nous avons de meilleur, notre droite [2]. Le roi porte sur son côté droit les emblèmes de sa souveraineté ; il place à sa droite ceux qu'il juge le plus dignes de recueillir, sans les polluer, les précieux effluves de son flanc droit. C'est parce que la droite et la gauche ont réellement une valeur et une dignité différentes qu'il importe tant d'attribuer l'une ou l'autre à nos hôtes, selon le degré qu'ils occupent dans la hiérarchie sociale [3]. Tous ces usages, qui paraissent aujourd'hui de pures conventions, s'éclairent et prennent un sens si on les rapporte aux croyances qui leur ont donné naissance.

Descendons plus bas dans le profane. Chez beaucoup de peuples primitifs, les gens, tant qu'ils sont en état d'impureté, pendant le deuil par exemple, ne peuvent se servir de leurs mains, en particulier pour manger : il faut qu'on les nourrisse à la becquée ou qu'ils prennent leurs aliments avec la bouche comme les chiens, car, s'ils les touchaient de leurs mains souillées, ils avaleraient leur propre mort [4]. En ce cas, une sorte d'infirmité mystique atteint à la fois les deux mains et les paralyse pour un temps. C'est un interdit du même ordre qui pèse sur la main gauche ; mais, comme il tient à l'essence même de cette main, la paralysie est permanente. C'est pourquoi, très généralement, la main droite seule intervient activement pendant le repas. Dans les tribus du bas Niger, il est même interdit aux femmes de se servir de la main gauche quand elles font la cuisine, sous peine évidemment d'être accusées de tentative d'empoisonnement et de maléfice [5]. Par contre, semblable à ces parias sur qui l'on se décharge de toutes les tâches impures, la main gauche doit seule vaquer aux besognes immondes [6].

---

1 Voir SCHRADER, s. v. Gruss, et CALAND, Een... Lustraliëgebruik, pp. 314-315.

2 Cf. SITTL, p. 27 sqq., 31, 310 sqq. (en grec dans le texte) , dextrae).

3 Sur l'importance de la droite et de la gauche en iconographie chrétienne, voir DIDRON, Histoire de Dieu, p. 186, et MALE, p.19 Sq.

4 Cf. (pour les Maoris) BEST, in Tr. N.-Z. J., t. XXXVIII, p. 199, p. 221.

5 LEONARD, The lower Niger and its Tribes, p. 310. Une femme ne doit pas non plus toucher la figure de son mari avec la main gauche.

6 Sur l'emploi exclusif de la main gauche pour la purification des ouvertures du corps situées « au-dessous du nombril », voir LARTIGUE, loc. cit. ; ROTH, Notes on the Jekris, in Journ. of the Anthrop. Inst., t. XXVIII, p. 122; SPIETH, Die Ewhe-Stämme, I, p. 235 ; JACOBS, p. 21 (Sur les Malais) ; Lois de Manou, V, 132, 136 ; El BOKHÂRI, I, p. 69, p. 71 ; LANE, p. 187.

La prééminence de la main droite...

Nous voici loin du sanctuaire ; mais si puissant est l'empire des représentations religieuses qu'il se fait sentir jusque dans la salle à manger, dans la cuisine et même dans ces lieux que hantent les démons et qu'on n'ose pas nommer.

Il semble pourtant qu'un ordre d'activité, du moins, échappe aux influences mystiques, je veux parler des arts et de l'industrie : les rôles différents de la droite et de la gauche tiendraient ici entièrement à des causes physiques et utilitaires. Mais une telle conception méconnaît le caractère des anciennes techniques, toutes imprégnées de religiosité et dominées par le mystère. Quelle œuvre plus sacrée par exemple, pour les primitifs, que la guerre ou la chasse ! Elle implique la possession de pouvoirs spéciaux et un état de sainteté, difficile à acquérir, encore plus pénible à préserver. L'arme elle-même est une chose sacrée, douée d'une puissance qui, seule, rend efficaces les coups portés à l'ennemi. Malheur au guerrier qui profane sa lance ou son épée et dissipe leur vertu ! Est-il possible de confier à la main gauche un dépôt aussi précieux ? Ce serait un sacrilège monstrueux ; autant vaudrait laisser pénétrer une femme dans le camp des guerriers, c'est-à-dire les vouer à la défaite et à la mort. C'est le côté droit de l'homme qui est consacré au dieu de la guerre ; c'est le mana de l'épaule droite qui conduit la lance au but fixé ; c'est donc la main droite seule qui portera et qui maniera l'arme [1]. Cependant la main gauche ne chômera pas ; elle pourvoira aux besoins de la vie profane, que même une consécration intense n'a pu interrompre et que la main droite, strictement vouée à l'œuvre guerrière, doit ignorer [2]. Durant le combat, sans se mêler de l'action, elle pourra parer les coups de l'adversaire ; aussi bien la défensive convient-elle à sa nature : ce sera la main du bouclier.

On a souvent cherché dans le rôle différent des deux mains au combat, qui résulterait de la structure de l'organisme ou d'une sorte d'instinct, l'origine des représentations sur la droite et la gauche [3]. Cette hypothèse, que réfutent des arguments péremptoires [4], prend

---

1 BEST, in J. P. S., t. XI, p. 25, et TREGEAR, p. 332 sq.

2 TREGEAR, loc. cit.

3 Par exemple, Carlyle, cité par WILSON, p. 15 ; de même F. H. CUSHING, Manual concepts, in American Anthropologist, t. V, 1892, p. 290.

4 On en trouvera l'exposé dans JACKSON, pp. 51 et 54. Mais l'argument le plus grave lui a échappé. Il est extrêmement probable, comme l'ont démontré

pour la cause ce qui est un effet. Il n'en est pas moins vrai que les fonctions guerrières des deux mains ont pu contribuer parfois par un choc en retour à déterminer leur caractère et leurs rapports. Qu'on imagine un peuple agriculteur, qui préfère au pillage et à la conquête les travaux pacifiques et qui ne recourt aux armes que pour se défendre : la « main du bouclier » montera d'autant dans l'estime collective, tandis que la « main de la lance » perdra quelque peu de son prestige. Tel est, notamment, le cas des Zuñis qui personnifient les côtés gauche et droit du corps sous les espèces de deux dieux frères ; le premier, l'aîné, est réfléchi, sage et de bon conseil ; le second est impétueux, impulsif fait pour l'action [1]. Si intéressant que soit ce développement secondaire, qui modifie sensiblement la physionomie des deux côtés, il ne doit pas nous faire oublier la signification d'abord religieuse du contraste entre la droite et la gauche.

Ce qui est vrai de l'art militaire vaut aussi pour les autres techniques ; mais un document précieux nous fait apercevoir directement, chez les Maoris, à quoi tient la prépondérance de la droite dans l'industrie humaine. Il s'agit de l'initiation d'une jeune fille au métier du tissage : grave affaire, enveloppée de mystère et pleine de périls. L'apprentie est assise, en présence du maître, artisan et prêtre, devant deux poteaux sculptés, plantés en terre, qui forment un métier rudimentaire. Dans le poteau de droite résident les vertus sacrées qui constituent l'art du tisserand et qui donnent une aide efficace à son travail ; le poteau de gauche est profane et vide de tout pouvoir. Tandis que le prêtre récite ses incantations, l'apprentie mord le poteau droit pour en absorber l'essence et pour se consacrer à sa vocation. Bien entendu, la main droite entre seule en contact avec le poteau sacré dont la profanation serait funeste à l'initiée, et la même main conduit transversalement de la gauche

DENIKER, Races et peuples de la terre, p. 316 sqq., et SCHURTZ, Urgeschichle der Kaltur, p. 352 sq., que le bouclier dérive du bâton à parer, dont le maniement suppose une grande dextérité. Bien plus, il ne manque pas de peuples qui ignorent l'usage du bouclier; tels sont justement les Maoris (Perey SMITH, in J. P. S., t. I, p. 43, et TREGEAR, p. 316) ; or la distinction de la droite et de la gauche est, chez eux, particulièrement prononcée.

1 Voir CUSHING, op. cit., pp. 290-291, et Zuñi fetiches, in Ann. Rep. of the Bur. of Ethn., II, p. 13 sq. - Cf. un passage curieux de l'Hermès Trismégiste dans STOBÉE, gel., I, p. 59, et BRINTON, Lefthandedness in North American aboriginal Art, in American Anthropologist, 1896, pp. 176-177 (sur les Chinois).

La prééminence de la main droite...

à la droite le fil, qui lui aussi est sacré. Quant à la main profane, elle ne peut coopérer qu'humblement et de loin à l'œuvre auguste qui s'accomplit [1]. Sans doute cette division du travail se relâche, quand il s'agit d'industries plus grossières et profanes. Mais il n'en reste pas moins, en règle générale, que les techniques consistent à mettre en mouvement, par une manipulation délicate, des forces mystiques et dangereuses : la main sacrée et efficiente peut seule assumer une initiative risquée ; la main néfaste, si elle intervenait activement, ne ferait que tarir la source du succès et vicier l'œuvre entreprise [2].

Ainsi, d'un bout à l'autre du monde humain, dans les lieux sacrés où le fidèle rencontre son dieu, comme dans les lieux maudits où se nouent les pactes diaboliques, sur le trône comme à la barre du témoin, sur le champ de bataille et dans l'atelier paisible du tisserand, partout une loi immuable règle les attributions des deux mains. Pas plus que le profane ne peut se mêler au sacré, la gauche ne doit empiéter sur la droite. L'activité prépondérante de la mauvaise main ne saurait être qu'illégitime ou exceptionnelle, car c'en serait fait de l'homme et de tout, si le profane pouvait jamais prévaloir sur le sacré et la mort sur la vie. La suprématie de la main droite est à la fois un effet et une condition nécessaires de l'ordre qui régit et conserve la bonne création.

Conclusion

L'analyse des caractères et des fonctions attribués à la droite et à la gauche a confirmé la thèse que la déduction nous avait fait entrevoir. La différenciation obligatoire des côtés du corps est un cas particulier et une conséquence du dualisme qui est inhérent à la pensée primitive. Mais les nécessités religieuses, qui rendent inévitable la prépondérance d'une des deux mains, ne déterminent pas quelle sera la main privilégiée. D'où vient que le côté sacré soit

---

1 De même qu'il ne peut être touché par la main gauche, le poteau sacré ne doit être surpris, tant qu'il est debout, ni par la nuit ni par un étranger (profane). - Voir BEST, in Tr. N.-Z.I., t. XXXI, p. 627 sqq., 656 sqq., et TREGEAR (qui le suit), p. 225 sqq.
2 La corde que porte le brahmane doit être tressée à l'endroit, c'est-à-dire de la gauche à la droite (cf. plus haut, p. 575) ; tressée à l'envers, elle serait vouée aux Pères et ne pourrait servir à un vivant ; voir SIMPSON, p. 93.

Robert Hertz

invariablement à droite, et le côté profane à gauche ?

Selon quelques auteurs, la différenciation de la droite et de la gauche s'expliquerait entièrement par les lois de l'orientation religieuse et du culte solaire. La position de l'homme dans l'espace n'est ni indifférente ni arbitraire. Le fidèle, dans ses prières et ses cérémonies, regarde naturellement vers la région du levant, source de toute vie. La plupart des édifices sacrés, dans les diverses religions, sont tournés vers l'est. Cette direction fixe étant donnée, les parties du corps se répartissent d'elles-mêmes entre les points cardinaux : l'ouest se trouve derrière, le sud à droite et le nord à gauche. Dès lors les caractères des régions célestes rejaillissent sur le corps humain. Le plein soleil du midi illumine notre côté droit, tandis que l'ombre sinistre du nord se projette sur notre gauche. Le spectacle de la nature, le contraste du jour et des ténèbres, de la chaleur et du froid auraient appris à l'homme à reconnaître et à opposer sa droite et sa gauche [1].

On aperçoit dans cette explication, l'influence de conceptions naturistes, aujourd'hui dépassées. Le monde extérieur, avec ses lumières et ses ombres, enrichit et précise les notions religieuses, issues du fond de la conscience collective ; mais il ne les crée point. Toutefois il serait aisé de formuler la même hypothèse en un langage plus juste et d'en restreindre la portée au point qui nous occupe ; mais elle se heurterait encore à des faits contraires d'une portée décisive [2]. En réalité, rien ne permet d'affirmer que les déterminations dont l'espace est l'objet sont antérieures à celles qui ont pour matière le corps de l'homme. Les unes et les autres procèdent d'une même origine, qui est l'opposition du sacré et du profane ; par suite, elles concordent le plus souvent et se fortifient mutuellement ; mais elles n'en sont pas moins indépendantes. Force nous est donc de chercher dans la structure de l'organisme la ligne de partage qui dirige vers le côté droit le cours bienfaisant

1 Voir VON MEYER, p. 27 sqq., et JACOBS, p. 33 sqq.

2 1° Le système d'orientation que postule la théorie, s'il jouit d'une grande généralité et est probablement primitif, est loin d'être universel ; cf. NISSEN, Orientation (Berlin, 1907) ; 2° Les régions célestes ne sont pas uniformément qualifiées : par exemple, le nord est pour les Hindous et les Romains la regio fausta qu'habitent les dieux, tandis que le sud appartient aux morts ; 3° Si les représentations solaires jouaient le rôle qu'on leur attribue, la droite et la gauche devraient être interverties chez les peuples qui occupent l'hémisphère austral; or, la droite des Australiens et des Maoris coïncide avec notre droite.

La prééminence de la main droite...

des grâces surnaturelles.

Qu'on ne voie pas une contradiction ou une concession dans ce recours final à l'anatomie. Autre chose est d'expliquer la nature et l'origine d'une force, autre chose de déterminer le point où elle s'applique. Les légers avantages physiologiques que possède la main droite ne sont que l'occasion d'une différenciation qualitative dont la cause gît, par-delà l'individu, dans la constitution de la conscience collective. Une asymétrie corporelle presque insignifiante suffit à diriger dans un sens et dans l'autre des représentations contraires, déjà toutes formées. Puis, grâce à la plasticité de l'organisme, la contrainte sociale [1] ajoute et incorpore aux deux membres opposés ces qualités de force et de faiblesse, de dextérité et de gaucherie, qui semblent, chez l'adulte, découler spontanément de la nature [2].

On a vu quelquefois dans le développement exclusif de la main droite un attribut caractéristique de l'homme et un signe de sa prééminence morale. En un sens, cela est vrai. Pendant de longs siècles, la paralysie systématique du bras gauche a exprimé, comme d'autres mutilations, la volonté qui animait l'homme de faire prédominer le sacré sur le profane, de sacrifier aux exigences senties par la conscience collective les désirs et l'intérêt de l'individu et de spiritualiser le corps lui-même en y inscrivant les oppositions de valeurs et les contrastes violents du monde moral. C'est parce que l'homme est un être double - homo duplex - qu'il possède une droite et une gauche profondément différenciées.

Ce n'est pas le lieu de rechercher la cause et la signification de cette polarité qui domine la vie religieuse et s'impose à l'organisme même. C'est là une des questions les plus graves qu'aient à résoudre la science des religions et la sociologie en général ; nous ne saurions l'aborder de biais. Peut-être avons-nous apporté à cette recherche quelques éléments nouveaux ; en tout cas, il n'est pas sans intérêt

1 Cette contrainte s'exerce, non seulement dans l'éducation proprement dite, mais au cours des jeux, des danses, des travaux, qui ont, chez les primitifs un caractère intensément collectif et rythmique ; cf. BÜHER, Arbeit und Rythmus.

2 Il se pourrait même que la contrainte et la sélection sociales eussent à la longue modifié le type humain, s'il était prouvé que la proportion des gauches est plus forte chez les primitifs que chez les civilisés. Mais les témoignages sur ce point sont vagues et de faible portée ; Cf. COLENSO, in Tr. N.-Z. I., I, p. 343 ; WILSON, p. 66 sq., et, sur les hommes de l'âge de pierre, WILSON, p. 31 sqq., et BRINTON, p. 175 sqq.

Robert Hertz

de voir un problème particulier réduit à un autre beaucoup plus général.

Comme l'ont remarqué les philosophes [1], la distinction du droit et du gauche est une des pièces essentielles de notre armature intellectuelle. Il semble, dès lors, impossible d'expliquer le sens et la genèse de cette distinction sans prendre parti, au moins implicitement, pour l'une ou l'autre des doctrines traditionnelles sur l'origine de la connaissance.

Que de disputes, jadis, entre les partisans de l'innéité et ceux de l'expérience ! Et quel beau cliquetis d'arguments dialectiques ! L'application aux problèmes humains d'une méthode expérimentale et sociologique met un terme à ce conflit d'assertions dogmatiques et contradictoires. Les nativistes ont gain de cause : les représentations, intellectuelles et morales, du droit et du gauche sont de véritables catégories, antérieures à toute expérience individuelle, puisqu'elles sont liées à la structure même de la pensée sociale. Mais les empiristes avaient raison eux aussi : car il ne s'agit ici ni d'instincts immuables, ni de données métaphysiques et absolues. Ces catégories ne sont transcendantes que par rapport à l'individu ; replacées dans leur milieu d'origine, qui est la conscience collective, elles apparaissent comme des faits naturels, soumis au devenir et dépendant de conditions complexes.

Si, comme il semble, les attributions diverses des deux mains, la dextérité de l'une et la gaucherie de l'autre, sont en grande partie l'œuvre de la volonté des hommes, le rêve d'une humanité douée de deux « mains droites » n'a rien de chimérique. Mais, de ce que l'ambidextrie est possible, il ne s'ensuit pas qu'elle soit désirable ; les causes sociales qui ont amené la différenciation des deux mains pourraient être permanentes. Toutefois l'évolution qui se produit sous nos yeux ne justifie guère une telle conception. La tendance au nivellement des valeurs des deux mains n'est pas, dans notre civilisation, un fait isolé ou anormal. Les anciennes représentations religieuses, qui mettaient entre les choses et les êtres des distances infranchissables et qui, en particulier, fondaient la prépondérance exclusive de la main droite, sont aujourd'hui en pleine régression. À supposer qu'il y ait pour l'homme de sérieux

---

1 En particulier, HAMELIN, Essai sur les éléments principaux de la représentation, p. 76.

La prééminence de la main droite...

avantages, physiques et techniques, à permettre au moins à la main gauche d'atteindre son plein développement, l'esthétique et la morale ne souffriront pas de cette révolution. La distinction du bien et du mal, qui fut longtemps solidaire de l'antithèse du droit et du gauche, ne s'évanouira pas dans nos consciences du jour où la seconde main apportera un concours plus efficace à l'œuvre humaine et pourra suppléer, à l'occasion, la main droite. Si pendant des siècles la contrainte d'un idéal mystique a pu faire de l'homme un être unilatéral et physiologiquement mutilé, une collectivité libérée et prévoyante s'efforcera de mettre mieux en valeur les énergies qui dorment dans notre côté gauche et notre hémisphère droit et d'assurer, par une culture convenable, un développement plus harmonieux de l'organisme.

Saint Besse. Étude d'un culte alpestre (1913)

in *Revue de l'histoire des religions*, LXVII, 1913.

Tous les ans, le 10 août, au fond d'une vallée reculée des Alpes Grées italiennes, une foule dévote et joyeuse s'assemble en pleine montagne, à plus de 2000 mètres d'altitude : c'est la fête de saint Besse, le protecteur de Cogne et du val Soana. Cette fête offre aux étrangers assez rares qui en sont les témoins un spectacle pittoresque et poétique. À l'intérieur et aux abords de la petite chapelle, blottie contre une roche abrupte, se presse le peuple bariolé des pèlerins. Les vives couleurs des costumes du Canavais tranchent sur la grisaille des rochers et sur la verdure monotone des prés. Aussitôt la procession et le service terminés, des groupes animés se répandent aux alentours et, tout en mangeant, buvant et chantant, se reposent de la rude grimpée du matin. Pourtant, c'est à peine si leurs ébats bruyants parviennent, pour quelques heures et dans un rayon de quelques mètres, à troubler le silence et la paix de l'alpe immense.

Mais ni la grandeur du décor, ni le charme singulier de cette solennité ne peuvent faire oublier à l'historien des religions les problèmes que pose la fête de saint Besse. Quelle signification les fidèles donnent-ils à leur présence annuelle dans ce lieu, ainsi qu'aux rites qu'ils y accomplissent ? Et, par-delà les raisons peut-être illusoires des croyants eux-mêmes, quelle est la force qui, chaque année, rassemble dans cette solitude, au prix d'une pénible montée et souvent d'un long voyage, tout un peuple d'hommes, de femmes et d'enfants, venus des vallées avoisinantes et même de la plaine piémontaise ?

La simple observation de la fête n'apportait pas de réponse suffisante à ces questions ; aussi n'a-t-elle été que le point de départ d'une enquête assez longue et multiple. Il a fallu d'abord interroger, ou plutôt laisser parler à leur aise, un grand nombre de simples dévots de Saint-Besse [1]. Quelques personnes instruites, qui connaissent bien cette région pour y être nées, ou pour y avoir résidé longtemps, ont bien voulu répondre aux questions que je leur avais adressées [2]. Enfin, si saint Besse n'a fait jusqu'ici l'objet d'aucune monographie, on peut glaner à son sujet des renseignements au moins indirects dans la littérature historique et hagiographique [3]. C'est à cette triple source qu'ont été puisées les informations qui sont mises en œuvre dans le présent travail.

---

1 J'ai fait à Cogne un séjour d'environ six semaines (du 20 juillet au 1er septembre 1912) ; j'ai donc pu interroger à loisir les gens de la vallée, bergers, garde-chasse, guides, etc., en donnant la préférence aux vieillards et aux femmes, qui ont le mieux préservé les traditions locales. On verra plus loin pourquoi Cogne s'est trouvé être le champ d'observation le plus favorable. Je n'ai passé que deux jours dans le val Soana, au moment de la fête ; mais M. Guazzotti, pharmacien à Ronco, a bien voulu interroger pour moi les recteurs des paroisses de Ronco et de Campiglia ; en outre, j'ai pu recueillir un certain nombre d'informations auprès des Valsoaniens résidant à Paris.
2 Ce sont MM. le Dr Pierre Giacosa, professeur à l'Université de Turin, qui fréquente la région depuis de longues années; le chanoine Fruttaz, d'Aoste; les chanoines Gérard, Ruffier et Vescoz, originaires de Cogne, qui ont bien voulu me communiquer, par l'intermédiaire de mon ami P. A. Farinte, d'instructives notices ; le Pr Francesco Farina, de Turin, qui connaît à fond le val Soana et lui a consacré un excellent opuscule que nous aurons plus d'une fois l'occasion de citer. Que tous ces Messieurs veuillent bien trouver ici l'expression de ma reconnaissance. Qu'ils m'excusent, si j'ai cru devoir tirer des faits qu'ils m'ont appris et de mes observations personnelles des conclusions auxquelles ils ne souscrivent pas et dont je suis, bien entendu, seul responsable.
3 M. Jean Marx, archiviste-paléographe, et surtout M. Paul Alphandéry, directeur adjoint d'études à l'École des Hautes Études et directeur de la Revue de l'histoire des religions m'ont fourni de précieuses indications bibliographiques dont je les remercie bien vivement.

I - Le milieu de Saint-Besse

Avant de pénétrer dans le sanctuaire de notre saint, jetons un coup d'œil rapide sur le pays qui l'environne et sur les gens qui le fréquentent depuis bien des générations.

L'alpe du mont Fautenio, où s'assemblent tous les ans les fidèles de saint Besse, est située dans les montagnes qui dominent le haut val Saona, c'est-à-dire à l'extrémité orientale et sur le versant méridional de la chaîne de Grand-Paradis. À cet endroit, la formidable muraille qui sépare le bassin de la Doire Baltée de celui de l'Orco s'abaisse à un niveau d'environ 3 000 mètres et plusieurs cols assez aisément franchissables, du moins pendant la belle saison, permettent de passer de la vallée de Cogne, tributaire de la vallée d'Aoste, dans le val Soana, qui descend vers la plaine du Piémont. Mais ces passages ne sont guère utilisés aujourd'hui, si ce n'est par quelques alpinistes et par les gens de Cogne qui se rendent à la Saint-Besse [1].

Nous savons peu de chose sur les anciens habitants de cette partie des Alpes : c'est seulement au IIe siècle avant notre ère qu'ils sortent de la nuit de la préhistoire. Sous le nom de Salasses, les auteurs classiques nous décrivent un amas de tribus pastorales, pillardes et guerrières, qui occupaient la région montagneuse comprise entre la Doire et l'Orco et qui opposèrent une résistance opiniâtre à l'envahissement de leurs « civilisateurs ». Leurs incursions dévastatrices dans la riche campagne cisalpine fournirent aux Romains l'occasion d'intervenir dans une région importante par sa situation géographique et par ses richesses minérales. Mais ce n'est qu'au temps d'Auguste, au bout de près de cent cinquante ans de luttes, après la fondation des deux colonies d'Ivrée et d'Aoste et après la campagne exterminatrice de Terentius Varro que les Salasses furent obligés d'accepter la loi du vainqueur. Alors, sous la paix romaine, les gens de la plaine, attirés par les gisements de fer et de cuivre de ces vallées, s'installent dans la montagne comme en pays conquis et enseignent aux anciens occupants du sol le

---

1 On trouvera la description de ces cols dans MARTELLI et VACCARONE, Guida delle Alpi occidentali (Turin, 1889), t. II, p. 224 sqq. Le plus fréquenté est le col de la Nouva (2 933 in).

Robert Hertz

parler latin, dont les dialectes actuels sont dérivés [1]. Mais, quand la puissance romaine s'effondre, l'emprise des maîtres d'en bas se relâche et la tribu montagnarde retombe dans l'isolement et dans l'oubli. Elle n'en sort guère avant le XIVe siècle. Nous savons que le val Soana fut un des foyers principaux de cette sauvage Jacquerie que fut le Tuchinaggio. Comme au temps des Salasses, les oiseaux de proie de la montagne s'abattent sur la campagne opulente ; ils saccagent les récoltes, ils incendient les châteaux, pour mettre fin, dit-on, aux exactions et aux velléités usurpatrices des seigneurs [2]. Mais c'est en vain qu'à l'aube des temps nouveaux, les hommes de la montagne manifestent tragiquement leur volonté de rester leurs propres maîtres. À mesure que dans la plaine un État fort se constitue, par une pénétration pacifique et lente, mais sûre, il étend peu à peu sa domination jusque sur les hautes vallées des Alpes.

Il est remarquable que les manifestations historiques les plus saillantes de ce peuple soient des actes d'agression ou de défense contre les gens du pays plat. On dirait que les montagnards éprouvent, à certains moments, le besoin de se venger sur les privilégiés de la plaine de la méchanceté de la nature alpestre. Il n'y a pas bien longtemps, les formalités du tirage au sort donnaient lieu, chaque année, sur les places de Pont, à de véritables batailles rangées entre les gars d'en haut, coiffés du chapeau de feutre, et ceux d'en bas, qui portaient le béret. Pour prendre, aujourd'hui, des formes plus anodines, le conflit n'en continue pas moins. Aux yeux des Valsoaniens, l'homme de la plaine est toujours un étranger qu'ils appellent d'un nom spécial, maret, et à l'égard duquel ils nourrissent, sinon de l'hostilité, du moins de la méfiance. Ils éprouvent un besoin d'occlusion morale si intense qu'ils se sont constitué un jargon spécial, auquel même leurs voisins les plus proches n'entendent rien [3]. Certes, la petite société montagnarde

1 Voir Ed. AUBERT, La vallée d'Aoste (Paris, 1860), p. 9 sqq. ; Carlo PROMIS, Le antichità di Aosta (Turin, 1862), p. II sqq., p. 192 sqq. ; Florian VALLENTIN, Les Alpes cottiennes et graées, géographie galloromaine (Paris, 1883), p. 58 sqq. ; MOMMSEN, in C. I. L. V p. 736, p. 750 sqq., notamment p. 769.
2 Sur le tuchinaggio, qui, avec des intermittences, dura de 1383 à 1423, voir T. TIBALDI, La regione d'Aosta attraverso i secoli (Turin, 1900), II, p. 359 sqq., III, p. 10 et F. FARINA, Valle Soana (Ivrée, 1909), p. 17 sq.
3 Voir, sur ce jargon, C. NIGRA, il gergo dei Valsoanini, in Archivio glottologico italiano, t. III (1878), p. 53 sqq. ; cf. FARINA, p. 73 sqq.

Saint Besse. Étude d'un culte alpestre

ne peut pas, comme elle le voudrait, vivre entièrement repliée sur elle-même, sans relations avec le dehors ; elle est obligée de demander à la plaine, par le pillage ou le commerce ou l'émigration, le complément des maigres ressources que lui procure la montagne. Mais, même quand ils offrent leurs produits ou leurs bras aux maîtres de la plaine, les montagnards s'efforcent de ne rien abandonner d'eux-mêmes. Les nombreux Valsoaniens qui travaillent à Paris pendant l'hiver, y exercent tous la même profession de vitriers et, autant que possible, ils habitent ensemble, formant à l'intérieur de la grande ville des petits villages clos et homogènes. D'ailleurs, si les hommes sont tentés de se laisser entamer par les influences citadines, les femmes, qui, elles, ne quittent jamais la vallée, sont là pour réagir et pour maintenir les droits de la coutume.

Ainsi, d'un bout à l'autre de l'histoire, la même lutte se poursuit, tantôt sourde, tantôt violente, entre la petite tribu alpestre, qui, à force de cohésion et de ténacité, défend son autonomie menacée, et la grande société de la plaine, qui veut lui imposer ses idées et sa loi. Le particularisme obstiné, l'instinct grégaire, l'attachement passionné à la tradition locale, qui caractérisent avant tout les adorateurs de saint Besse, expliquent qu'en dépit des influences contraires, ils aient conservé jusqu'à nos jours des habitudes de pensée et de vie vieilles de plusieurs siècles [4].

Dès qu'on pénètre dans le bassin de Cogne, on se croit transporté en plein Moyen Âge. Les femmes, presque sans exception, portent encore le costume de leurs aïeules : avec leurs cheveux serrés par derrière dans un bonnet pointu et coupés en frange sur le front, avec leur collier de verroterie et leur grande collerette, avec leur corsage raide et leur courte jupe invraisemblablement ballonnée, avec leur allure hiératique et leur démarche lente, elles paraissent, les jours de fêtes, autant d'images saintes descendues de leurs niches. - La plupart des maisons sont encore en bois ; les gens couchent le plus

---

4 Cela est surtout vrai de Cogne : malgré son admirable situation, qui attire chaque année de nombreux touristes, malgré l'importance de ses mines de fer, Cogne n'est pas encore relié à la vallée d'Aoste par une route carrossable 1 Il en existe une dans le val Soana depuis une vingtaine d'années : aussi les Valsoaniens ne méritent-ils plus l'épithète de « sauvages » que leur appliquait, vers 1840, G. CASALIS, dans son Dizionario geograficostorico... degli Stati di S. M. il Re di Sardegna (Turin, 1836 et s .), t. VIII, p. 489 et t. XVI, p. 590. - Le paragraphe qui suit ne vaut que pour Cogne.

Robert Hertz

souvent dans l'étable, « parce qu'il y fait plus chaud en hiver et de peur qu'il n'arrive quelque chose aux bêtes ». L'économie est presque entièrement pastorale. Toute la richesse consiste dans le gros et dans le petit bétail, ainsi que dans les pâturages qui permettent de le nourrir. La nature du pays et l'état rudimentaire de la technique imposent un labeur harassant aux hommes et surtout aux femmes. Celles-ci font tout le travail des champs : on les voit rentrer de loin aux granges du village d'écrasantes charges de foin qu'elles portent directement sur leur tête. Le pain se cuit à la maison avec le blé de la famille, en une seule fois pour toute l'année. - Malgré la pureté de l'air, l'état sanitaire est mauvais à cause des conditions d'hygiène détestables ; mais les gens de Cogne ont leur théorie au sujet des « fièvres » qui tuent beaucoup de jeunes gens : elles ont été apportées, cette année, par « les gros nuages noirs qui montent de la vallée ».

Ces quelques traits épars suffiront peut-être à donner une idée de l'état social et mental auquel se rattache le culte dont nous allons aborder l'étude [1]. Notre description ira des éléments les plus fixes et les plus constants aux éléments les plus flottants et les plus variables. Nous examinerons successivement le rôle que joue saint Besse dans la vie présente et dans la pratique rituelle de ses adorateurs - l'organisation du culte qui lui est voué -, et enfin la légende, qui explique et justifie par des événements passés la dévotion actuelle.

II – La dévotion à Saint-Besse

Si vous demandez aux gens du pays ce qu'a été saint Besse, quand il a vécu et ce qu'il a fait, vous n'obtiendrez d'eux, bien souvent, que des réponses vagues et incohérentes. Mais sur l'action présente du saint, ils vous répondront tous avec unanimité et avec précision : saint Besse est un saint qui a « de grands pouvoirs » et qui fait « beaucoup de miracles ». Son nom excite surtout en eux, non la curiosité intellectuelle, mais des sentiments de tendre vénération, de reconnaissance et d'espoir. Pour célébrer leur grand

1 Comparer la monographie que M. Jean BRUNHES a consacrée aux habitants du val d'Anniviers (Valais) dans son livre La géographie humaine (Paris, 1910), en particulier, p. 601.

patron, ils vous raconteront à l'envi des histoires où sa puissance se manifeste avec éclat. Les unes sont tirées de la vie de tous les jours et concernent leurs proches parents : la sœur de celui-ci est sûre d'avoir été guérie par saint Besse « seul » d'une maladie ancienne et incurable ; l'enfant de celle-là, qui était allé à la Saint-Besse en se traînant sur des béquilles, les a laissées au sanctuaire. Les autres confinent au pays merveilleux de la fable : un homme, dans la montagne, ne pouvait se délivrer d'un serpent qui le tenait prisonnier ; il fait vœu d'accomplir une neuvaine en l'honneur de saint Besse ; aussitôt le serpent de s'enfuir. Ce que le saint a fait pour tant d'autres, il le fera bien aussi pour nous, si nous l'adorons comme il faut. Celui qui a une grâce à demander doit se rendre à la fête du 10 août. Celui que le malheur tient ou menace « se vote » à saint Besse : il fait vœu d'aller à sa fête, l'année suivante ou même pendant neuf ans de suite. Malheur à lui, s'il manque à son vœu : il lui arrivera quelque accident! Mais s'il est ferme dans sa dévotion, son attente ne sera pas déçue.

Le pouvoir de saint Besse n'est pas limité à telle ou telle grâce particulière : c'est un saint « puissant pour toute protection ». On l'invoque contre les maladies des gens [1] et du bétail et aussi contre les maléfices des sorciers ; car il y en a encore de très méchants dans la vallée. Pourtant, selon certains, il y a un ordre de choses qui est plus particulièrement dans les attributions de saint Besse. Comme les images le représentent sous les traits d'un guerrier, il est, tout spécialement, le patron des militaires. Aucun d'entre eux, s'il doit partir pour la guerre, ou simplement pour la caserne, ne manque de se rendre à la fête et d'en rapporter une « pierre de Saint-Besse » qu'il portera constamment sur lui. Voilà pourquoi les gens de Cogne, qui ont pris part à bien des guerres depuis celles de l'Empire jusqu'à la campagne d'Afrique, ne sont jamais morts, autant qu'on s'en souvienne, sur un champ de bataille. Toutefois, depuis l'institution du service militaire obligatoire, la principale besogne du saint guerrier n'est pas de protéger ses fidèles contre les balles et l'acier, mais bien de les dispenser d'être soldats. Les jeunes gens, qui vont tirer au sort, n'ont qu'à se rendre à la Saint-Besse : ils n'iront pas au régiment [2] ! Mais cette tendance qu'a saint Besse

1 Selon M. le chanoine Ruffier, on invoque saint Besse surtout pour la guérison des maux de reins, lumbagos, etc.

2 Un petit nombre de Cogniens ont contesté l'exactitude de ce fait, le trouvant

Robert Hertz

à se spécialiser dans les affaires militaires est, nous le verrons, un phénomène secondaire, qui est peut-être particulier à Cogne.

Le fleuve des grâces, que le patron des deux vallées répand sur ses adorateurs, a sa source en un point déterminé du pays, qui est le théâtre de la fête annuelle. La chapelle de Saint-Besse est comme soudée au flanc d'un gros bloc schisteux, énorme menhir naturel, qui se dresse, isolé, au milieu des pâturages et dont la face forme une paroi verticale ou même surplombante d'une trentaine de mètres de hauteur [1]. Cette roche, qu'on appelle « le Mont de Saint-Besse », est surmontée d'une croix, ainsi que d'un petit oratoire. C'est en ce lieu que les fidèles viennent chaque été puiser la précieuse vertu qui les aide à vaincre les maux de la vie.

Quoique le saint exerce sur les siens, pendant tout le cours de l'année, sa protection efficace, c'est seulement le jour de sa fête qu'il communique aux fidèles assemblés autour de lui le bienfait de sa puissance. Sans doute, on peut, par le vœu, anticiper cette effusion salutaire de la grâce ; mais le vœu, bien loin de dispenser de la visite au sanctuaire, la réalise par avance et la rend impérieusement obligatoire. C'est le 10 août que se paient les dettes contractées envers le saint pendant l'année écoulée [2] ; c'est le 10 août que l'on vient faire une provision toute fraîche de grâce pour l'année nouvelle.

Dans toute fête, il faut que chacun ait sa part. Le saint a la sienne, les fidèles la leur.

Et d'abord, saint Besse reçoit de ses visiteurs l'hommage de leur présence. Plus le concours des pèlerins est grand, plus la fête est « belle » et plus elle honore le saint. En outre, le pèlerinage en lui-même équivaut à un véritable sacrifice. Ce n'est pas une mince affaire que de prélever sur la belle saison, si courte dans les montagnes, un ou deux jours qui seront consacrés, non aux travaux des champs, mais au culte du saint. Pour parvenir à Saint-Besse, il faut, si l'on vient de Cogne, faire huit ou neuf heures d'un chemin parfois mal

sans doute peu honorable pour leur saint ; mais il m'a été affirmé par plusieurs informateurs dignes de foi, dont quelques-uns avaient euxmêmes bénéficié de cette puissance exemptrice de saint Besse.

1 L'autre pente du mont, beaucoup moins raide, est gazonnée ; un petit sentier permet de parvenir au sommet.

2 Pourtant, il arrive quelquefois qu'à la suite d'un vœu, on paye le curé de C lia pour qu'il monte dire une messe à la chapelle pendant le cours de l'année.

Saint Besse. Étude d'un culte alpestre

commode et franchir un col de plus 2 900 mètres d'altitude [1]. De Campiglia, le village le plus proche, il y a 700 mètres à gravir, soit deux heures de montée par un rude sentier, dont les étapes sont marquées par de petites chapelles ; quelques-uns même ajoutent au mérite de l'ascension en la faisant pieds nus. Les pèlerins, qui se sont assemblés pour la fête, affrontant le mauvais temps et la fatigue, ont donc apporté au saint, par le seul fait de leur venue, la précieuse offrande de leur temps et de leur peine.

La célébration de la messe, dans la petite chapelle somptueusement décorée et toute brillante de lumières, renouvelle et augmente la sainteté du lieu. Le sermon du prêtre exalte la grandeur de saint Besse, sa gloire et sa puissance, en même temps qu'il rappelle ses adorateurs au sentiment de leurs devoirs. Mais l'action centrale de la fête est la procession. En bon ordre, la communauté tout entière des fidèles sort de la chapelle, groupée suivant le sexe, l'âge et la dignité religieuse ; elle n'y rentrera qu'après avoir « donné un tour au Mont », c'est-à-dire fait le tour complet de la roche, en allant, bien entendu, de la gauche à la droite et en récitant toutes les prières du chapelet [2]. Pour ajouter au lustre de la cérémonie, la paroisse de Campiglia, sur le territoire de laquelle est situé le sanctuaire, prête à saint Besse toutes sortes de bannières et de saintes images ; mais ce ne sont là que des accessoires. Par contre, la procession comporte deux éléments essentiels. Ce sont, d'une part, les deux « fouïaces », ornements composés de rubans et d'étoffes de couleurs éclatantes, montés sur une armature en bois et recouvrant presque complètement le visage des jeunes filles qui les portent sur leur tête : ces fouïaces, qu'on considère, aujourd'hui, comme des « trophées » de saint Besse, contenaient autrefois le pain bénit, qu'on distribuait

---

1 Pour arriver à temps à la fête qui commence dès 9 heures du matin, les pèlerins de Cogne viennent, la veille, coucher soit aux chalets de Chavanis, soit au sanctuaire même, dans le petit bâtiment attenant à la chapelle et destiné à cet usage. Ils rentrent chez eux le soir même du 10 août.
2 Les plus dévots, paraît-il, ou ceux qui ont fait un vœu doivent, après la procession, monter au sommet de la roche pour y achever leur chapelet. D'après M. le chanoine Gérard, les pèlerins de Cogne, aussitôt arrivés, dès la veille de la fête, « se disposent en procession et font neuf fois le tour de l'énorme rocher ; à la fin de chaque rosaire, ils grimpent sur le roc pour baiser la croix en fer placée au sommet, tout au bord du précipice ». - Sur le rite du « tour de la pierre », cf. Paul SÉBILLOT, Le culte des pierres en France, in Revue de l'École d'Anthropologie de Paris, t. XII (1902), p. 205 sq.

Robert Hertz

après la procession [1]. C'est, d'autre part et surtout, la statue massive de saint Besse, habillé en soldat romain et tenant dans sa main la palme du martyre. Quatre ou huit jeunes hommes la portent sur leurs épaules avec componction et recueillement, comme il sied à des gens investis d'une mission lourde, mais honorifique et méritoire. N'est-il pas juste que le bénéfice de cette promenade rituelle aille surtout au héros du jour, au maître du « Mont », au glorieux saint Besse lui-même ? Rentré dans la chapelle, il reçoit seul l'adoration des fidèles, qui se prosternent devant sa statue et lui baisent les pieds dévotement.

En dehors de ces prestations personnelles ou liturgiques, les fidèles envoient ou apportent au sanctuaire une offrande prélevée sur leurs biens. Le dimanche qui précède le 10 août, dans toutes les paroisses participant à la fête, on a fait, après la messe, une « cueillette », comme on dit à Cogne, c'est-à-dire une quête, dont le produit est versé au trésor de la chapelle. Mais beaucoup de fidèles préfèrent apporter eux-mêmes et en nature le « cadeau » dont ils ont fait vœu au saint. Chacun offre au sanctuaire ce qu'il a de plus précieux, celui-ci une vache ou une brebis, celle-là son plus beau fichu ou même sa robe de mariée [2]. Il est vrai que ce sacrifice n'a rien de définitif. A l'issue du service, le prieur qui préside à la fête

---

1 L'usage de porter à chaque procession du pain bénit, offert par les fidèles, préparé d'une façon spéciale (avec du safran) et distribué après la fête aux prêtres officiants et à tous les participants est répandu dans tout le Canavais ; on désigne du nom de carità le pain bénit ainsi que l'espèce de pyramide de rubans multicolores qui le recouvre ; c'est pour une jeune fille -garantie de prompt mariage que de porter la carità un grand honneur et une (cf. CASALIS, Dizionario, t. VIII, p. 596 et F. VALLA, in Archivio per lo studio delle tradizioni popolari, XIII (1894), p. 122). Le mot fouïace n'a plus aucun sens dans le dialecte de Cogne; il ne figure ni dans le Dictionnaire valdôtain de l'abbé CERLOGNE, ni dans le Dictionnaire savoyard de CONSTANTIN et DÉSORMAUX. Mais il est aisé d'y reconnaître le vieux mot français fouace, dérivé du latin focacia, qui se trouve dans Rabelais et dans La Fontaine et qui est encore usité sous diverses formes dans plusieurs régions de la France avec le sens de galette : cuite au four ou sous la cendre ; il désignait donc certainement le pain bénit porté à la procession de Saint-Besse. Le nom du contenu, qui a disparu, est resté au contenant ; mais, comme on ne lui connaît plus de signification, on s'ingénie à en trouver une nouvelle, en rapport avec l'image du saint ; d'où l'idée du trophée guerrier. (M. le chanoine Gérard In assure même que la fouïace, ou gâteau de fête, est encore portée en procession ; mais cette affirmation est contredite par tous les autres témoignages que j'ai pu recueillir.)
2 D'après M. le chanoine Gérard, les rubans, foulards, mouchoirs, broderies, etc., offerts à la chapelle, sont suspendus aux fouïaces pendant la procession.

Saint Besse. Étude d'un culte alpestre

met aux enchères tous les objets qui ont été offerts au saint. Si le pèlerin tient vraiment au « cadeau » qu'il a fait, rien ne l'empêche, pourvu qu'il y mette le prix, d'en recouvrer la pleine possession [1]. Procédure ingénieuse, qui attribue au saint l'essence, c'est-à-dire la valeur monnayée, de l'offrande et qui permet au fidèle de racheter l'objet aimé dont sa dévotion l'avait temporairement dépouillé. Donner l'esprit pour garder la substance, n'est-ce pas, en dernière analyse, la formule même du sacrifice religieux ?

Le concours du peuple assemblé, les rites et la procession, les pieuses offrandes ont porté à son comble et mis en pleine activité l'énergie sainte qui émane du sanctuaire. Avant de se livrer sans réserve à la joie d'être ensemble et de festoyer gaiement, les fidèles ont à cœur de recueillir, eux aussi, leur part de la fête, en puisant à cette source de grâces abondante et toute vive qui s'offre à eux. La consommation du pain bénit, qui jadis était porté dans la fouïace et distribué après la procession, incorporait à leur chair le bon effet de la cérémonie. Quelques-uns, hommes et femmes, se frottent, paraît-il, le dos contre la roche pour se guérir, soit de leurs douleurs, soit de leur stérilité [2]. Mais il faut, en outre, rapporter au foyer des gages visibles de la protection du saint, qui étendront au loin et qui prolongeront pendant toute l'année l'efficacité de la fête. À la porte de la chapelle se sont établis quelques marchands, qui étalent pêle-mêle des sucreries, des mirlitons et des articles de dévotion ; on leur achète de petites images du saint, grossiers tableautins ou médailles, qui sont comme la menue monnaie de la grande statue du sanctuaire. Autrefois, quand la croix qui surmonte la roche était en bois, on allait la gratter pour recueillir un peu de poussière, dont on se servait plus tard en cas de maladie.

---

1 L'offrande en nature et la vente aux enchères des objets voués au sanctuaire s'observent en plusieurs lieux de pèlerinage du val d'Aoste, en particulier à Notre-Dame du Plou et à Notre-Dame de Guérison (près Courmayeur). - L'objet racheté n'est, paraît-il, soumis à aucune restriction, il ne possède aucune vertu spéciale.

2 Je n'ai pas observé ce fait de mes yeux et je n'ai pu en obtenir la confirmation des « indigènes » que j'ai questionnés : ils ne l'ont pas nié, mais ils ont toujours déclaré l'ignorer, peut-être pour ne pas avoir l'air trop « superstitieux ». L'authenticité du fait m'a été garantie par le médecin de Ronco et surtout par M. F. Farina, qui connaît très bien le val Soana dont sa femme est originaire. La coutume, si répandue, qui consiste à « toucher » une robe sacrée pour avoir des enfants, est encore couramment observée au sanctuaire piémontais d'Oropa. - Cf. Paul SÉBILLOT, Le folk-lore de France (Paris, 1904), t. I, p. 338 sqq.

Robert Hertz

Les fidèles d'aujourd'hui n'ont pas cette ressource ; car l'ancienne croix, abattue par la tempête, a été remplacée par une croix de fer. Mais il leur reste un moyen encore plus direct et plus sûr de rester en communion avec le saint.

Nous avons vu que la chapelle de Saint-Besse fait corps, pour ainsi dire, avec le grand rocher qui la domine. Derrière l'autel, une échelle dressée permet d'atteindre au cœur même du mont. Les fidèles y montent et avec leur couteau « piquent » la roche, afin d'en détacher de petites parcelles qu'ils rapporteront pieusement chez eux. Ce sont les « pierres de Saint-Besse ». On les considère comme les reliques du saint. En temps ordinaire, on les garde simplement dans sa maison à la façon d'un talisman ; mais en cas de péril spécial, à la guerre par exemple, on les porte sur soi. Si un membre de la famille est malade, on met la pierre dans de l'eau qu'on lui fait boire ou encore on lui en fait avaler quelques grains [1]. C'est un remède souverain ; mais, suivant les expressions qui reviennent souvent sur la bouche des fidèles, « il ne faut pas se moquer, il faut avoir la foi et la confiance ». Quand, la fête finie, l'assemblée se dissout, quand les pèlerins, par petits groupes, regagnent leurs hameaux épars, emportant avec eux quelques fragments de la grande roche, tout imbus de sa vertu, on dirait que saint Besse lui-même descend avec eux vers les lieux habités et que, se dispersant sans se perdre, il va prendre place pour l'année qui vient dans chacune des maisons où il est adoré. -

La fête profite donc à la fois au patron et à ses fidèles. Elle exalte le prestige du saint, elle maintient et accroît l'honneur de son nom et l'éclat de son sanctuaire. Sans la fête, saint Besse serait comme s'il n'existait pas et il perdrait bien vite sa place sur la terre. Quant aux fidèles, ils rapportent de leur visite au Mont un peu de cette sainteté fortifiante et tutélaire qui leur est nécessaire pour vivre leur dure vie. De même que les vallées profondes exhalent vers le ciel une chaude et douce vapeur, qui, après s'être condensée au flanc de la montagne, retombe sur les vallées en gouttes fécondantes, de même les humbles paroisses des hommes envoient vers le sanctuaire vénéré l'haleine vivifiante de leur dévotion, qui, transfigurée au

---

1 On trouvera des faits analogues dans SÉBILLOT, ibid., p. 342 sqq. Il rattache à cette pratique « l'usage de détacher des fragments de tombeaux ou de statues de saints » pour les utiliser comme remèdes.

saint lieu, leur revient dans la pluie des bénédictions.

III - La communauté de Saint-Besse

La perpétuité du sanctuaire et de la fête de Saint-Besse est assurée par une petite société, qui comprend cinq paroisses distinctes, Campiglia, Ronco, Valprato, Ingria et Cogne. De ces cinq communes, on dit qu'elles ont « droit à Saint-Besse ». Elles ont toutes contribué jadis à l'érection, puis à l'agrandissement de la chapelle ; elles contribuent encore à son entretien et à son embellissement. Chacune d'entre elles à tour de rôle [1] a la charge, ou plutôt l'honneur, de donner la fête, d'en assurer l'organisation matérielle et le succès, d'en nommer les principaux acteurs, qui sont, d'une part, les porteurs des fouïaces et du saint et, d'autre part, le prieur [2]. Ce dernier personnage est un laïque, qualifié par sa dévotion et par sa fortune ; il a pour mission d'assurer le bon ordre et l'éclat de la solennité, de recueillir les offrandes et de les remettre au trésor, de procéder à la vente aux enchères des « cadeaux » faits au saint, de payer les chantres et les musiciens, enfin de régaler les prieurs des autres paroisses et tous les prêtres présents.

Il semble à première vue qu'il ne puisse rien y avoir de plus tranquille et de plus harmonieux que la vie de cette petite fédération religieuse, dont tous les membres paraissent strictement égaux. Mais c'est une illusion. Une observation plus attentive révèle, parmi les dévots de Saint-Besse, des tiraillements, des conflits d'ambition, des luttes ou sournoises ou violentes, parfois même sanglantes.

La simple différence de situation géographique a pour effet de déterminer des différences de rang entre les cinq communes associées. Il est clair que Cogne, qui est situé sur l'autre versant des Alpes Grées, est dans une position beaucoup moins avantageuse par rapport à Saint-Besse que les quatre autres paroisses, situées dans

---

1 Beaucoup de Cogniens m'ont affirmé que « le tour de Cogne » revenait tous les sept ans. Cette erreur certaine, commise au sujet d'un événement périodique qui leur tient très à cœur, s'explique sans doute par l'imprécision chronologique des représentations populaires et par le prestige du nombre 7.

2 En principe, ce sont les prêtres et les chantres de la paroisse présidant à la fête qui officient à la chapelle. Mais le curé actuel de Cogne ne paraît guère se soucier de cette prérogative.

le val Soana où se trouve le sanctuaire. Mais ce n'est pas seulement à un autre bassin fluvial qu'appartient Cogne, c'est aussi à une autre région politique et religieuse. Tandis que le val Soana, comme tout le Canavais, ressortit au Piémont, fait partie du diocèse d'Ivrée et participe à la langue et à la civilisation italiennes, Cogne dépend du duché et du diocèse d'Aoste, que des liens historiques plusieurs fois séculaires tiennent encore attaché à la langue et à la culture françaises [1]. Entre les gens de Cogne et les autres adorateurs de saint Besse, il y a donc une profonde séparation morale : ce sont presque des étrangers les uns pour les autres. Cette séparation n'est pas atténuée, comme il arrive souvent sur les frontières, par de fréquents échanges commerciaux. Si les relations économiques ont pu être actives dans le passé entre la vallée de Cogne et le val Soana, elles sont nulles aujourd'hui : les gens de Cogne ne franchissent la muraille qui borne leur bassin que pour venir à Saint-Besse ; ils ne se soucient même pas de descendre jusqu'à Campiglia [2]. Aussi se sentent-ils, à la fête, un peu dépaysés et isolés : par peur d'être tournées en dérision, les femmes de Cogne ne revêtent pas ce jour-là leur singulier accoutrement des dimanches ; elles font tout leur possible pour passer inaperçues [3]. On conçoit dès lors que les gens du val Soana considèrent un peu comme des intrus leurs associés de l'autre côté des montagnes. Qu'ils viennent, si bon leur semble, faire dévotion à Saint-Besse, mais comme tant d'autres pèlerins, à titre individuel ; qu'ils ne prétendent pas diriger notre fête, administrer notre sanctuaire et porter notre saint! Nous mêlonsnous, nous autres, de faire la loi dans les nombreux lieux saints dont se glorifie le diocèse d'Aoste ?

---

1 Pendant tout le Moyen Âge, la vallée d'Aoste (jusqu'à la Lys) a formé une sorte de marche française, dépendant successivement des royaumes de Bourgogne et de Provence et du comté de Savoie et opposée à la marche italienne d'Ivrée. C'est seulement à partir du XIVe siècle qu'Aoste et Ivrée se sont trouvées réunies sous la domination de la maison de Savoie ; mais, même alors, la vallée d'Aoste ne devint pas terre piémontaise : elle continuait à dépendre de la cour de Chambéry. Voir TIBALDi, op. cit., passim, notamment II, p. 317 sq. (en 1229, guerre entre Aoste et Ivrée) ; III, p. 14 sq.

2 Le Cognien, qui exerce depuis fort longtemps les fonctions de prieur de Saint-Besse et qui est obligé de se rendre chaque année à la fête, m'a affirmé n'être jamais descendu plus bas que le sanctuaire.

3 Il paraît qu'autrefois les gamins de Campiglia leur mettaient des cailloux sur la bosse que forme leur vaste tournure.

Saint Besse. Étude d'un culte alpestre

Ce sont surtout les gens de Campiglia qui nourrissent de semblables pensées. Et, s'ils rêvent de rejeter Cogne en dehors de la communauté de Saint-Besse, c'est peut-être parce qu'ils espèrent ainsi se défaire du principal obstacle à leur prééminence, ou même à leur domination exclusive sur le sanctuaire. C'est un fait que Campiglia, malgré sa faible population [1], jouit, dans le val Soana, d'un prestige particulier ; on dit que c'est la plus ancienne commune de la vallée, et la première paroisse chrétienne par qui toutes les autres ont été évangélisées. En outre, comme les Campigliais vivent à l'ombre du sanctuaire, ils se sentent unis au saint par des liens particulièrement intimes et ils tendent à le considérer comme leur patron propre. Beaucoup d'hommes de Campiglia portent le nom de Besse. Il est vrai que quand ils émigrent, ce qui est très souvent le cas, ils paraissent assez gênés de leur patron, que le calendrier ignore et qui sent un peu trop le terroir : ils prennent un autre nom [2], comme pour manifester le changement de leur être déraciné. Mais, rentrés au pays, ils sont bien aise de se remettre sous la garde du saint, qui est à la fois leur patron personnel et le protecteur de leur petite patrie. Enfin, par la force des choses, les autres communes ont été amenées à confier à l'église la plus voisine la garde et l'entretien du sanctuaire et à avoir recours à elle pour les ornements et les accessoires de la fête. Et c'est ainsi que les Campigliais en sont venus à considérer la chapelle du « Mont » comme une simple dépendance de leur paroisse et à concevoir le désir de convertir l'hypothèque qu'ils ont sur Saint-Besse en une mainmise effective et totale.

Mais réussiront-ils ? Ils ont essayé dans le passé à plus d'une reprise et ils ont trouvé à qui parler. Les gens de Cogne, les premiers visés, ont paru peu disposés à abandonner le droit qui leur vient de leurs ancêtres. Laissons ici la parole à l'un des héros de ces luttes homériques, un vieux de 77 ans, qui, après avoir exercé longtemps le métier de maçon, occupe sa retraite à soigner

---

1 En 1901, Campiglia comptait 209 habitants, Valprato 1 355, Ronco 3 105, Ingria 1 280. Ronco est aujourd'hui le centre économique et la capitale administrative de la vallée. Voir FARINA, Valle Soana, p. 24, p. 36 sqq., p. 49, p. 59.

2 Généralement, celui de Laurent, parce que c'est le saint officiel du 10 août. Comme me l'expliquait un Valsoanien travaillant à Paris, Laurent, ça veut dire Besso en français. On sent qu'il s'en est fallu de peu que saint Besse ne se fondît dans la personnalité plus illustre de saint Laurent.

Robert Hertz

les abeilles. Comme je lui montrais un jour les photographies que j'avais prises du sanctuaire et de la fête : « Ah, Saint-Besse ! me dit-il en souriant, j'y ai attrapé un joli coup de couteau. » Je m'étonnai. « Pour vous expliquer ça, il faut remonter très loin en arrière. » Et il me raconta la légende du saint, qui, comme on le verra, attribue un rôle important aux gens de Cogne dans l'origine du culte et fonde ainsi leur droit à la fête. Puis il descendit à des temps plus proches de nous, quoique assez indéterminés. « Une année qu'il était devenu nécessaire d'agrandir la chapelle, le recteur de Campiglia, pour donner à ses paroissiens plus d'ardeur à la besogne, leur promit pour prix de leur peine que désormais à chaque procession, sur les quatre porteurs de la statue du saint, il y en aurait toujours deux qui seraient de Campiglia. L'année d'après, la fête tombait à Cogne. Quand les jeunes gens de Cogne désignés pour porter la statue voulurent la charger sur leurs épaules, ceux de Campiglia s'y opposèrent alléguant la promesse de leur curé. On discuta et bientôt on en vint aux mains. A l'intérieur de la chapelle, ce n'était que tumulte et confusion ; on se poussait dans tous les sens : c'était comme un champ de blé battu par la tempête. Déjà les couteaux luisaient. Les prêtres et les prieurs eurent bien du mal à calmer les colères ; mais, cette année-là, la procession ne put avoir lieu.

« Les années suivantes, les Campigliais se tinrent cois et la fête eut lieu comme à l'ordinaire ; mais quand, cinq ans plus tard, le tour de Cogne revint, nous étions bien résolus à maintenir notre droit. Aussi désigna-t-on, cette année-là, huit solides gaillards pour tenir les barres de la statue ; j'étais du nombre. Dans la chapelle, le tapage recommença et, pendant toute la procession, les Campigliais nous assaillirent avec violence ; nous dûmes faire bonne garde pour que la statue du saint ne fût pas culbutée. Pendant la bagarre, les gens de Ronco, de Valprato et d'Ingria nous animaient en nous criant : « Couragi, Cougneis; si teñi nen boun, noi autri soma pers [1] (Courage, Cogniens ; si vous ne tenez bon, nous autres sommes perdus). » C'est au cours de cette bataille que je reçus un coup de couteau à la cuisse droite, ce qui ne m'empêcha pas d'aller jusqu'au bout. Quand nous fûmes enfin arrivés à la porte de la

1 M. Farina, qui a bien voulu me donner l'orthographe correcte de cette phrase historique (débitée avec solennité), me dit qu'elle appartient, non au dialecte valsoanien, mais au piémontais. Cela n'a rien d'étonnant, car le patois de Cogne et celui du val Soana n'ont presque rien de commun.

chapelle, les gens de Ronco, de Valprato et d'Ingria s'apitoyaient sur nous en disant : « Voyez les pauvres Cogniens, comme ils sont en sueur !» Pauvre saint Besse ! était-ce vraiment la peine de venir se loger si haut et si loin des hommes, dans la montagne déserte, pour être ainsi mêlé aux tumultueuses zizanies de ses adorateurs ? Devons-nous l'en plaindre, ou plutôt le féliciter d'avoir des fidèles si furieusement jaloux de le servir ? Admirons en tout cas l'âpre ténacité des Cogniens à défendre « l'honneur de leur commune » et le patrimoine moral qu'ils tenaient de leurs pères.

Cette fois-là, l'attitude résolue des gars de Cogne eut raison des prétentions des Campigliais. L'évêque d'Ivrée, devant qui l'affaire fut portée, décida, pour faire droit dans une mesure raisonnable à la promesse imprudente du curé, que les gens de Campiglia pourraient désormais arborer à chaque procession autant de bannières qu'ils voudraient ; mais, quant aux fouïaces et à la statue du saint, elles continueraient à être portées, suivant la coutume, par chaque commune à tour de rôle. Cette sage sentence ne mit pas fin au débat. Il faut croire que les Campigliais renouvelèrent leurs tentatives d'empiétements, car la fête donna lieu à de nouvelles batailles, si bien que le gouvernement se décida à y envoyer chaque année quelques carabiniers. Assagis par cette intervention extérieure et peut-être fatigués de la lutte, les fidèles de Saint-Besse décidèrent il y a quelques années, « pour avoir la paix », de réformer la constitution séculaire qui les régissait. Dorénavant, les porteurs du saint ne seraient plus nommés successivement par les diverses communes ; l'honorable fonction serait adjugée, tous les ans, aux plus offrants sans distinction de paroisse. Ainsi, pour dix ou vingt francs selon les années, chacun peut acheter sa part de la charge sainte. Innovation dangereuse, qui, tout en dotant le trésor de la chapelle d'une nouvelle source de revenus, introduisait un principe dissolvant dans l'antique communauté. Bien entendu, les gens de Campiglia ne manquent pas, chaque année, d'enchérir sur leurs concurrents, de manière à accaparer toutes les barres de la précieuse statue : « Ils sont trop fiers, dit-on, pour laisser partir leur saint Besse ! »

On peut prévoir sans trop de témérité dans quels sens se poursuivra l'évolution commencée. La vieille culture locale, qui formait l'atmosphère naturelle de Saint-Besse, est déjà fortement

Robert Hertz

entamée : elle ne résistera plus très longtemps à l'invasion des gens des villes, des idées et des mœurs modernes. Si les passions d'antan se sont calmées, c'est que la foi a fléchi. Quand le roi est à Cogne pour chasser le bouquetin, ou quand il fait mauvais temps, la troupe des Cogniens, qui traversent la montagne pour aller à Saint-Besse, se réduit parfois au seul prieur de la paroisse [1]. Les gens de Campiglia pourront sans doute avec le temps réaliser leur rêve ; mais, quand ils seront devenus les seuls maîtres du sanctuaire, celui-ci aura perdu beaucoup de son prix. Saint Besse ne risquera plus alors de recevoir des horions dans la mêlée ou d'être renversé par terre. On ne se disputera plus l'honneur de le porter ; qui sait même si la charge trouvera encore des amateurs ? La statue sera devenue bien pesante pour des épaules que la foi ne fortifiera plus. Le « Mont Saint-Besse » offrira aux gens de la vallée un but d'excursion, où l'on ira, le 10 août, pique-niquer et danser sans trop savoir pourquoi [2]. Il restera au saint la ressource de faire comme tant de ses fidèles et d'aller au loin s'établir à la ville : la cathédrale d'Ivrée lui réserve un asile sûr. Mais qui pourra reconnaître dans ce citadin bien habillé, perdu dans la foule des saints officiels, l'ancien hôte de la roche sauvage ? Le « saint Besse de la montagne » ne sera plus. Il n'aura pas survécu bien longtemps à la vieille organisation locale, dont son sanctuaire était le centre et qui chevauchait si bizarrement par-dessus les barrières naturelles, les frontières politiques et les cadres réguliers de l'Eglise.

IV - Saint Besse dans la plaine

Le nom de saint Besse n'a pas une grande célébrité dans le monde chrétien. En dehors de la région qui environne le sanctuaire du

---

1 Cette année, il y avait à la fête une quinzaine de Cogniens; ce nombre est, parait-il, inférieur à la moyenne. On raconte qu'autrefois, surtout les années où la fête « appartenait » à Cogne, il venait à Saint-Besse 100 ou même 200 pèlerins d'outre-monts.

2 C'est déjà le cas pour les Piémontais, assez nombreux, qui sont venus s'établir dans la vallée, surtout à Ronco. - Bien entendu, il n'est pas impossible que, sous l'influence de circonstances favorables, le sanctuaire du mont Fautenio renaisse à une vie nouvelle et, comme beaucoup d'autres lieux saints du même genre, devienne un pèlerinage renommé ; cf. infra, p. 150. Mais, même en ce cas, le culte montagnard, replié sur lui-même et relativement autonome, aura cessé d'être.

mont Fautenio, il n'est connu et honoré que dans la petite bourgade d'Ozegna et dans la métropole du diocèse dont fait partie le val Soana, à Ivrée. Cette ville se flatte de posséder les reliques du saint ; elle lui voue, depuis plusieurs siècles tout au moins [1], un culte très populaire et elle l'a élevé à la dignité de « compatron du diocèse ». Mais ce culte officiel et le culte local paraissent tout à fait extérieurs l'un à l'autre : la fête du « saint Besse de la plaine » a lieu, non le 10 août, mais le 1er décembre, à une époque de l'année où le « saint Besse de la montagne » serait souvent bien empêché de recevoir des visiteurs à cause de la neige qui recouvre son sanctuaire [2].

La discordance des fêtes, l'autonomie presque complète du culte montagnard pourraient faire supposer que nous nous trouvons ici en présence de deux saints différents, qui n'auraient en commun que leur nom. Mais il est bien difficile d'admettre que deux saint Besse se rencontrent sur un territoire aussi limité, quand l'Église tout entière n'en connaît aucun autre ; d'ailleurs, les autorités ecclésiastiques du diocèse proclament que le protecteur du val Soana et le compatron d'Ivrée sont un seul et même saint [3]. Mais de ces deux cultes, l'un urbain et officiel, l'autre villageois et un peu irrégulier, lequel a donné naissance à l'autre ? Saint Besse est-il un enfant de la montagne, que la métropole a adopté et magnifié ? Ou bien, est-ce un grand personnage de la ville, qui n'a pas dédaigné de venir prendre place, pour le bonheur de quelques grossiers montagnards, dans la petite chapelle que surplombe un énorme rocher ?

D'après un historien italien très érudit et très perspicace, le P.

---

1 Les anciens Statuts de la cité d'Ivrée, dont la collection remonte aux environs de 1338, mentionnent déjà la fête de saint Besse parmi les jours de vacances judiciaires et parmi les trois grandes foires annuelles de la ville. Voir Hisloriae patriœ monumenta, Leges municipales, I, col. 1164 et col. 1184. Sur la date de ce document, cf. Ed. DURANDO, Vita cittadina e privata nel medio evo in Ivrea, in Bibl. della società storica subalpina, t. VII, p. 23 sqq.

2 On dit, dans le val Soana, que la « vraie » fête de saint Besse est le 1er décembre, mais que l'évêque d'Ivrée a, par un décret, autorisé les montagnards à célébrer leur fête le 10 août. Les gens de Cogne paraissent ignorer complètement la fête du 1er décembre.

3 Une petite brochure, publiée avec l'approbation ecclésiastique, porte le titre : Vita e miracoli di San Besso, marlire tebeo, compatrono della diocesi d'Ivrea (Turin, Artale, 1900 ; c'est, je crois, une réimpression ; elle sera désormais citée : Vita). Sur la couverture figure le portrait du saint avec la légende Proteltore di val Soana.

Robert Hertz

Savio, le culte ivréen de saint Besse serait probablement autochtone et remonterait aux premiers siècles du christianisme piémontais [1]. Mais cette hypothèse, qui repose uniquement sur la critique des textes relatifs à Ivrée et qui, comme son auteur le reconnaît, ne s'appuie sur aucune preuve positive, parait difficilement compatible avec la diffusion actuelle du culte de saint Besse.

Si la propagation de ce culte s'est faite, comme semble l'admettre le P. Savio, du centre à la périphérie étu diocèse, pourquoi ce rayonnement n'a-t-il eu lieu que dans une direction unique ? Pourquoi les gens d'Ozegna et du val Soana, et eux seuls, ont-ils adopté comme protecteur direct le glorieux compatron de tout le diocèse ? Et surtout, si la communauté montagnarde a emprunté à la métropole ivréenne la connaissance de saint Besse, comment ce culte a-t-il pu s'implanter et se perpétuer à Cogne, qui, depuis le XIIe siècle tout au moins, ressortit à l'évêché d'Aoste [2] et n'a aucun rapport avec Ivrée ? Ces difficultés disparaissent, si l'on admet l'hypothèse inverse, suivant laquelle le culte de saint Besse, originaire de la montagne, s'est propagé d'abord de Campiglia à Ozegna, et ensuite d'Ozegna à Ivrée. Or, cette hypothèse est fondée, s'il faut en croire une tradition, inconnue à Cogne mais

1 Voir Fedele SAVIO S. J., Gli antichi vescovi d'Italia dalle origini al 1300. Il Piemonte (Turin, 1889), p. 180 sqq., surtout 182 sq. Le P. Savio commence par établir, dans un exposé lumineux sur lequel nous aurons à revenir à propos de la légende, qu'au XVe siècle, les Ivréens n'avaient aucune connaissance sûre au sujet de la vie et de la mort de saint Besse; puis il ajoute : « Par conséquent, saint Besse a dû être vénéré par les Ivréens depuis des temps très anciens et peut-être dès les premiers siècles du christianisme. » La conséquence nous paraît un peu forcée. A l'appui de cette hypothèse, le P. Savio cite une inscription funéraire, copiée à Ivrée, paraît-il, vers la fin du VIe siècle et que Gazzera, sans preuve, assigne à la fin du vie siècle ; un certain prêtre Silvius y déclare avoir déposé dans un monument les restes de Saints martyrs, à côté de qui il veut être enterré et dont il invoque la protection pour sa patrie. Voir C. GAZZERA, Delle iscrizioni cristiane antiche del Piemonte (Turin, 1849), p. 80 sq. Gazzera se demande si les ‹ saints martyrs ‹ de cette inscription ne seraient pas les saints Savin, Besse et Tégule, qui sont honorés à Ivrée. Le P. Savio déclare que cette hypothèse est fausse en ce qui concerne S. Savin ; mais il admet que l'épitaphe de Silvius peut très bien s'appliquer à Besse et à Tégule. C'est possible ; mais rien ne le prouve et il faudrait commencer par démontrer que ce sont là deux « saints indigènes d'Ivrée »; ce qui est précisément en question.

2 Cela résulte de deux chartes pontificales (du 15 janvier 1151 et du 6 mai 1184), confirmant les privilèges et possessions de l'évêque et des chanoines de Saint-Ours d'Aoste dans le bassin de Cogne. Voir Historiae patriœ monumenta, t. I, p. 795 sq., p. 931 ; cf. p. 981, p. 1091.

très vivante dans le val Soana, dont l'expression littéraire la plus ancienne remonte au xve siècle [1].

Selon cette tradition, le corps de saint Besse reposait depuis longtemps dans la petite chapelle accolée au Mont, où les fidèles de la région venaient l'adorer, quand, au IXe siècle, de pieux voleurs, venus du Montferrat, résolurent de s'en emparer pour le porter dans leur patrie [2]. Ils mirent la précieuse dépouille dans un sac, qu'ils chargèrent sur un mulet. Arrivés à Ozegna, où ils devaient passer la nuit, ils dirent à l'aubergiste, pour ne pas éveiller ses soupçons, que leur sac ne contenait que du lard [3] et ils le déposèrent dans le coin d'une salle. Mais, quand ils furent couchés, l'aubergiste, en passant par cette pièce, vit qu'elle était tout illuminée. Cherchant la cause de cette clarté mystérieuse, il ouvrit le sac et aperçut le corps. Persuadé que ce ne pouvaient être que les reliques d'un grand saint, et bien décidé à les garder pour sa commune, il les mit en lieu sûr et les remplaça dans le sac par des ossements vulgaires, pris au cimetière. On ne sait ce qui advint des voleurs volés du Montferrat ; mais le mulet retourna tout droit au sanctuaire du Mont [4]. L'auberge qui abritait les reliques fut transformée en une chapelle, d'où dérive l'église actuelle d'Ozegna, toujours consacrée

1 Elle se trouve dans un bréviaire manuscrit, conservé dans les archives de la cathédrale d'Ivrée, qui date, paraît-il, de 1473 ; cf. le P. SAVIO, op. cit., p. 181. [On trouvera en appendice le texte de ce document, dont une copie m'a été envoyée d'Ivrée pendant l'impression de cet article.] La plus ancienne relation imprimée de cette tradition se trouve dans G. BALDESANO DI CARMAGNOLA, dottor theologo, La sacra historia thebea,... opera non meno diletlevole che pia (Turin, 2e éd., 1604 ; la première édition, de 1589, ne contient aucune allusion à saint Besse), p. 269 sqq. Dans la liste des sources, qui se trouve en tête du volume, BALDESANO mentionne une Historia di S. Besso, qui est peut-être le bréviaire de 1473, dont une copie lui aura été envoyée d'Ivrée après la première édition de son livre. - Cf. Vita, p. 8 sq.

2 T. TIBALDI (op. cit., I, p. 375, n. 3) reproduit une « légende vadôtaine », publiée par E. Duc dans l'Annuaire du diocèse d'Aoste de 1893, qui raconte la translation des reliques de saint Besse. Dans cette version, le vol des reliques est attribué à des Cogniens qui, se rendant « sur la fin d'automne au Montferrat y exercer la distillation », c emportèrent le corps du saint avec l'intention d'en faire don à quelque pays sur leur parcours ». Cette version, qui, je crois pouvoir l'affirmer, n'a jamais été recueillie à Cogne sous cette forme, résulte d'une combinaison des données de Baldesano avec la tradition cognienne, relative à la découverte du corps du saint, qu'on trouvera exposée plus bas.

3 Tradition orale. Baldesano dit simplement : « une chose vile ».

4 Ce trait de la légende locale ne se trouve pas dans Baldesano.

Robert Hertz

à saint Besse. Pendant longtemps, le corps sacré resta dans cet endroit, entouré de la dévotion des gens du Canavais et opérant de nombreux miracles. Mais au début du XIe siècle, Ardouin, roi d'Italie, voulut enrichir de ce trésor la cathédrale d'Ivrée et ordonna de l'y transporter en grande pompe [1]. Le voyage n'alla pas sans incident. Selon mes informateurs valsoaniens, qui sont sans doute ici les échos de la tradition d'Ozegna, en sortant du village, le chariot où étaient les reliques ne voulait plus avancer ; pour le remettre en marche, il fallut couper un petit doigt du saint, qui est resté à Ozegna. Selon Baldesano, qui s'appuie sur une tradition ivréenne, avant d'arriver au but, en traversant le pont sur la Doire, le corps sacré arrêta encore son véhicule ; les citoyens d'Ivrée durent faire le vœu de le placer dans une crypte au-dessous du maître-autel de la cathédrale. Aussitôt la pesanteur extraordinaire des reliques cessa et saint Besse prit possession de son nouveau domaine.

Le savant bollandiste, qui relate cette histoire d'après Baldesano, gourmande fort le pauvre chanoine pour avoir complaisamment accueilli ces piètres traditions populaires, *populares traditiunculas* [2] : comment n'en a-t-il pas aperçu l'invraisemblance historique, l'immoralité et les « conséquences odieuses » ? Car la substitution, par laquelle la Providence a si mal récompensé le zèle des pieux larrons, devait avoir pour conséquence de faire adorer comme reliques, dans le Montferrat, les restes d'un corps profane. Ces scrupules d'une conscience éclairée étaient aussi étrangers que possible à l'hagiographie légendaire du Moyen Âge, dont relève notre récit. Rien de plus courant dans cette littérature que le thème du vol des reliques [3] ou que l'épisode de la translation interrompue par une prodigieuse résistance du corps sacré [4]. L'intervention du roi Ardouin n'est guère propre à relever le crédit de ce tissu de lieux communs. Des historiens italiens de notre temps aiment encore à saluer « un champion de l'indépendance latine contre la tyrannie germanique » dans ce marquis remuant que les comtes italiens, pour faire échec à la domination impériale, investirent deux fois

---

1 La tradition orale, du moins telle qu'elle m'a été récitée par des Valsoaniens résidant à Paris, ne donne aucune précision, ni de dates, ni de noms propres.

2 Acta SS., sept., t. VI (1757), p. 916.

3 Cf. P. SAINTYVES, Les saints successeurs des dieux (Paris, 1907), p. 41 sqq.

4 Cf. le P. DELEHAYE, Les légendes hagiographiques (Bruxelles, 1906), p. 35 sq.

d'une royauté précaire et qui fut deux fois excommunié comme « épiscopicide ». A plus forte raison, la légende s'est-elle emparée de ce Charlemagne piémontais pour en faire un héros national et pour lui attribuer l'honneur de tout ce qui est beau, grand et saint dans la région [1]. La ville d'Ivrée, qui, grâce à lui, fut promue dans les premières années du XIe siècle au rang de capitale de l'Italie, ne fait qu'acquitter une dette de reconnaissance en faisant remonter à Ardouin l'origine du culte qu'elle voue à saint Besse [2].

Mais ce serait abuser de la critique négative que de se refuser à reconnaître le fond de réalité qui se cache sous ces fictions inconsistantes. D'une manière générale, les histoires si communes, qui ont trait à l' « invention » ou à la translation des reliques, ne prouvent rien à elles seules, en ce qui concerne l'authenticité ou même l'existence des reliques en question ; mais elles nous instruisent très exactement sur la localisation et sur la dépendance mutuelle des centres de culte. Dans ce domaine, la fantaisie des faiseurs de légendes peut difficilement se donner libre cours, comme quand il s'agit d'événements mythiques ou loin tains; car elle est soumise, ici, à l'épreuve des faits présents et surtout au contrôle jaloux des passions et des susceptibilités locales. Si les gens de la ville avaient pu faire croire aux adorateurs paysans ou montagnards de saint Besse que l'objet de leur dévotion grossière était emprunté à la métropole, ils n'y auraient sans doute pas manqué. Comme c'était impossible, ils se sont contentés de revendiquer pour leur cathédrale la possession de tout le corps sacré, en laissant seulement à Ozegna la consolation d'un petit doigt et au sanctuaire du val Soana l'honneur d'avoir abrité primitivement les reliques du saint. Les bergers de la montagne seraient mal venus à protester contre une répartition, qui, si elle les dépouille du corps de leur

---

1 Sur ce phénomène d'absorption, qui est extrêmement général, voir le P. DELEHAYE, ibid., p. 20 sqq.

2 Sur le rôle historique du roi Ardouin et sur les légendes qui se sont formées autour de son nom, voir L. G. PROVANA, Sludi critiici sovra la sloria d'Italia a tempi del re Ardoino (Turin, 1844), notamment p. 252 et p. 307 ; F. GABOTTO, Un millennio di storia eporediese (356-1357), in Bibl. Soc. Stor. subalp., t. IV, p. 19 sqq., p. 118 et préface aux Studi eporediesi, ibid., t. VII (1900), p. v; B. BAUDI DI VESME, II re Ardoino e la riscossa italica contro Ottone III, ibid., p. 1 sqq. Il est remarquable que FERRARI, dont le Calalogus sanctorum Italiae est cité à ce propos par le bollandistes, loc. cit., p. 917, s'inscrit en faux contre le rôle prêté au roi Ardouin par le bréviaire de 1473.

Robert Hertz

protecteur, leur fait jouer un rôle essentiel dans la constitution du trésor sacré de la métropole.

Peut-être s'étonnera-t-on qu'un centre religieux de l'importance d'Ivrée ait été réduit à aller chercher si loin et si tardivement les reliques dont il avait besoin ; mais le cas de saint Besse n'a rien d'exceptionnel. Aucun des trois patrons, qui protègent spécialement la cité et le diocèse d'Ivrée et dont les reliques sont conservées dans la cathédrale, n'est un saint indigène ; chacun de ces trois corps sacrés a été, suivant la tradition ecclésiastique, importé du dehors à une date relativement récente. Le corps de saint Tégule, qui était resté ignoré jusqu'à la fin du xe siècle, fut, dit-on, découvert par l'évêque saint Vérémond en un lieu situé à quelque distance au nord d'Ivrée et transféré dans la cathédrale peu avant celui de saint Besse [1]. Quant à saint Savin, ancien évêque de Spolète, ses reliques n'ont été apportées à Ivrée que vers le milieu du xe siècle, à une époque où des relations très étroites unissaient les ducs de Spolète et les marquis d'Ivrée [2]. Si des raisons politiques ont pu déterminer les Ivréens à adopter pour leur principal patron un évêque étranger, il est probable que des considérations du même ordre n'ont pas été étrangères au choix de leur « compatron » saint Besse.

L'horizon politique d'Ivrée au Moyen âge était étroitement restreint, d'une part, par la muraille des Alpes, d'autre part, par un cercle de voisins puissants, Verceil, le Montferrat et le comté de Savoie. Seul, le Canavais, la riche région agricole qui s'étend à l'ouest en bordure des montagnes, pouvait offrir à Ivrée le complément de ressources et de force dont elle avait un besoin impérieux. Aussi la préoccupation dominante de la politique ivréenne du XIe au XIVe siècle a-t-elle été toujours d'étendre son influence sur le Canavais, d'écarter, au besoin par la guerre, les prétentions rivales, d'apaiser les luttes incessantes des châtelains locaux, enfin de les unir tous en une fédération placée sous l'hégémonie d'Ivrée. En outre, les évêques d'Ivrée se ménageaient, dans ce labyrinthe de

---

1 C. BOGGIO, Le prime Chiese christiane nel Canavese, in Alti della Società di archeologia e belle arli per la provincia di Torino, t. V (Turin, 1894), p. 67.

2 Le P. SAVIO, op. cit., p. 182 sq. Pourquoi cet auteur accepte-t-il l'historicité de la tradition relative à l'origine étrangère du culte de saint Savin et écarte-t-il, sans même la discuter, la tradition tout à fait analogue qui concerne saint Besse ? -Sur les rapports entre Ivrée et Spolète aux IXe et Xe siècles, voir GABOTTO, Un millennio, p. 14 sqq.

fiefs et de sous-fiefs qu'était le Canavais, des possessions directes
d'où leur influence rayonnait sur tout le pays [1]. C'est ainsi que
nous voyons, dans une charte du 15 septembre 1094, le comte
Hubert du Canavais faire don à l'évêque Ogier et aux chanoines de
Sainte-Marie d'Ivrée de plusieurs terres qui lui appartenaient, et
en particulier d'Ozegna [2]. En un temps où la religion et la politique
étaient intimement liées, où la principale puissance temporelle
du territoire ivréen était celle de l'évêque [3], où la communauté du
culte était le lien social le plus efficace, Ivrée ne pouvait manifester
d'une façon plus énergique sa volonté de s'annexer le Canavais
qu'en accordant une place d'honneur dans sa cathédrale au saint
que les gens de ces parages honoraient d'une dévotion fervente et
dont le sanctuaire se trouvait sur les terres de l'évêque. Il est bien
probable que la naturalisation ivréenne de saint Besse remonte à
cette époque : elle annonce et elle prépare cet acte solennel du 15
mars 1213, par lequel les comtes du Canavais deviennent citoyens
d'Ivrée perpetualiler et s'engagent à défendre la cause de la cité,
dans la paix et dans la guerre [4].

Mais, pour pouvoir jouer un rôle dans la politique ivréenne, il
avait fallu d'abord que saint Besse descendît de sa montagne et
vînt s'établir au cœur du Canavais. Il ne pouvait choisir un endroit
mieux placé qu'Ozegna. Cette bourgade, telle que la décrit Casalis,
est située au centre d'un pays fertile et commerçant ; elle est
entourée d'une ceinture presque continue de bourgs et de villages ;
elle commande un pont sur l'Orco, qui est d'une importance
capitale pour le transit d'une vaste région ; enfin, elle se trouve à
la jonction de trois grandes routes, qui conduisent l'une à Ivrée,
l'autre à Verceil et au Montferrat, la troisième à Turin [5]. De tout

1 Cet exposé se fonde sur le travail cité de GABOTTO ; voir surtout p. 46 sqq., p.
56 sq., p. 81 sqq., p. 118 sq.
2 F. GABOTTO, Le carte dello Archivio vescovile d'Ivrea fino al 1313 in Bibl. Soc.
stor. subalp., t. V, p. 13. -- Ozegna est resté longtemps sous la domination épiscopale ;
car nous voyons en 1337 l'évêque d'Ivrée céder au comte de Savoie Aimon diverses
terres, parmi lesquelles figure Ozegna. Voir GABOTTO, Un millenniü.... p. 207.
3 Sur l'importance historique d'Ogier et sur la puissance temporelle des évêques
d'Ivrée, voir GABOTTO, Un millennio.... p. 38 sqq., p. 43 sqq.
4 Sur cet acte, voir CASALIs, Dizionario, t. VIII, p. 647 et GABOTTO, ibid., p. 81
sqq. Parmi les signataires figurent les comtes de plusieurs des bourgs situés autour
d'Ozegna, Aglié, Valperga, Pont, etc.
5 Voir l'article Ozegna dans le Dictionnaire de CASALIS, t. XII (1845), p. 751 sqq.

Robert Hertz

temps, les carrefours, qui sont comme les nœuds de la circulation sociale, ont été des foyers intenses de vie religieuse. Or, parmi les courants humains qui s'entrecroisaient à Ozegna, il y en avait un qui débouchait, chaque automne, de la petite vallée fermée de la Soana, se dirigeant vers les centres industrieux du Montferrat et de Verceil [1]. À cette première étape de leur migration, encore tout pleins de saint Besse, les hommes de la montagne devaient enseigner son nom, sa puissance et ses bienfaits aux hôtes qui les hébergeaient. Comme il arrive souvent, dans la lutte pour la suprématie, c'est le dieu le plus fruste et le plus singulier qui l'a emporté sur ses concurrents, plus policés, mais plus fades. Et c'est ainsi que, comme le dit avec raison la tradition, l'ancienne auberge d'Ozegna a été affectée au culte de saint Besse [2]. À force de donner l'hospitalité aux émigrants de la montagne, les ruraux du Canavais se sont approprié leur saint patron.

Ainsi, l'hypothèse, suivant laquelle le saint Besse de la montagne est arrivé jusqu'à Ivrée en passant par Ozegna, concorde avec la diffusion actuelle du culte, avec le témoignage de la tradition, avec les données de l'histoire. La chapelle du pâturage alpestre, l'église de la grasse campagne, la cathédrale de la ville, ces trois demeures de saint Besse marquent les étapes successives du développement, qui lui a permis de ne pas rester cantonné dans une obscure petite vallée et de venir occuper une place modeste, mais honorable, dans la société régulière des saints.

V – La légende de Saint-Besse

Nous avons pu décrire la dévotion à saint Besse et l'organisation de son culte en faisant à peu près abstraction de la légende qui les justifie; tant il est vrai que la pratique religieuse est, dans une

---

(località centrale).

1 L'allusion au Montferrat, dans la légende du vol des reliques, paraît assez significative. Verceil était au Moyen Âge beaucoup plus riche et plus peuplée qu'Ivrée, nous dit GABOTTO, ibid., p. 119.

2 Les ruines d'un très vieux temple de saint Besse existaient encore à Ozegna au temps de Casalis, loc. cit., p. 755. Il est remarquable que l'église d'Ozegna est la seule qui soit dédiée à saint Besse, car celui-ci ne possède en propre dans le val Soana que la petite chapelle du sanctuaire et, à Ivrée, il n'est que l'hôte de la cathédrale, dédiée à la Sainte Vierge.

large mesure, indépendante des raisons qui sont censées la fonder. Ce n'est pas que ces raisons fassent défaut aux fidèles : elles leur sont abondamment fournies par l'enseignement de l'Église et par la tradition populaire.

Dans la légende officielle du diocèse [1], saint Besse nous est présenté comme un martyr qui a « ennobli la région de son sang précieux » après avoir eu à subir des épreuves extraordinairement cruelles. C'était un soldat de la légion thébéenne, qui fut massacrée en 286 sur l'ordre de l'empereur Maximien. Ayant réussi à s'échapper, Besse vint chercher un refuge dans les montagnes du val Soana. C'est de là qu'il instruisait dans la foi les habitants de la vallée et surtout les gens de Campiglia, qui furent les premiers à recueillir la bienfaisante influence de l'Évangiles. Mais les soldats païens, avides de sang chrétien et désireux de satisfaire leur empereur, s'étaient lancés à la poursuite de saint Besse et avaient réussi à le trouver parmi les rochers du mont Fautenio [2]. Voici comment ils parvinrent à le découvrir. Quelques bergers de la montagne avaient fait cuire une brebis, qu'ils avaient dérobée au troupeau de leur maître ; ayant rencontré Besse dans ces parages, ils l'invitèrent à prendre part au festin. Mais il refusa de manger d'une brebis qu'il savait avoir été volée et il se mit à leur reprocher avec véhémence leur action coupable. Les bergers, craignant d'être dénoncés à leur patron, ou irrités de sa réprimande, ou plutôt mus par la haine de la foi chrétienne qu'il ne rougissait pas de confesser [3], précipitèrent l'apôtre du haut d'une roche. Le saint ne mourut pas de cette chute terrible [4]. Mais sur ces entrefaites

---

1 On en trouve une expression autorisée dans la Vila (cf. supra, p. 127, n. 2), p. 5 sq. L'auteur anonyme de cette brochure reproduit à peu près littéralement la version des Memorie storiche sulla chiesa d'Ivrea, du chanoine SAROGLIA (Ivrée, 1881, p. 16 ; je la connais grâce à l'obligeance de M. le chanoine Vescoz qui a bien voulu me copier ce passage ; désormais citée: A). Mais, arrivé au récit du martyre, il intercale la narration de BALDESANO, op. cit., p. 129 (désormais: B), non sans la retoucher quelque peu. Une autre version de la légende a été donnée par SAROGLIA, dans Eporedia sacra (Ivrée, 1887) ; M. le chanoine Boggio, d'Ivrée, a bien voulu copier à mon intention la page 146 de cet ouvrage ; désormais : C). Enfin, FERRARI, dans son Catalogus sanctorum Ilaliae, en donne une quatrième version, composée ex antiquis lectionibus quae in ecclesia Eporediensi recitari consueverant ; elle est citée dans les Acta SS., sept., t. VI, p. 917 (désormais : D).

2 C'est ici que la Vita quitte A pour suivre B.

3 Cette troisième explication est ajoutée à B. par la Vita.

4 Baldesano est beaucoup moins affirmatif; il dit seulement : « Quelques-uns ajoutent

Robert Hertz

survinrent les soldats qui le poursuivaient. Ayant reconnu Besse et s'étant assurés qu'il s'obstinait à confesser la foi du Christ, ils le poignardèrent barbarement. D'autres prétendent, ajoute un peu dédaigneusement le narrateur, qu'après avoir été précipité du haut de la roche, il s'enfuit du val Soana et vint habiter quelque temps dans les montagnes plus voisines de la Doire Baltée, c'est-à-dire du côté de Cogne : c'est là qu'aurait eu lieu le martyre [1]. Ce qui est sûr en tout cas, c'est que les fidèles, spécialement ceux de Campiglia, par dévotion envers le glorieux martyr, recueillirent sa dépouille, qu'ils ensevelirent dans le creux d'un rocher ; c'est sur sa tombe que fut élevée la petite chapelle qui, après diverses transformations, existe encore et qui est visitée par de nombreux pèlerins le 10 août de chaque année [2].

Telle fut la glorieuse carrière de saint Besse, comme les curés la racontent au prône et comme on peut, paraît-il, la « lire dans les livres ». Il serait étonnant que cette légende, consacrée par l'Église et par l'imprimerie, n'eût pas pénétré dans le peuple des fidèles. De fait, elle paraît unanimement acceptée dans le val Soana, qui est placé, nous l'avons vu, sous l'autorité directe de la métropole ivréenne [3]. Mais il n'en va pas de même à Cogne ; car cette paroisse échappe à l'influence d'Ivrée et les autorités ecclésiastiques d'Aoste

que cette chute ne fut pas cause de sa mort, Dieu le réservant miraculeusement, afin que son martyre fût plus éclatant. » Or, D fait bien mourir Besse à la suite de sa chute ; ce qui, comme on le verra, est conforme à la tradition locale. D'autre part, dans C, le rôle des bergers se réduit à dénoncer Besse aux soldats païens, qui le mettent à mort, *precipitandolo da alto monte*. Enfin, dans A, les bergers disparaissent complètement, supplantés par les bourreaux de Maximien, qui, après avoir jeté le saint du haut d'une roche, lui coupent la tête.

1 Cette dernière phrase appartient en propre à la Vita. Dans C , il est dit que Besse, venant de la vallée d'Aoste, est arrivé dans le val Soana en passant par les montagnes de Champorcher et de Cogne. Cette version est aussi celle que reproduit Mgr Duc, au t. 1 de son Histoire de l'église d'Aoste (d'après l'extrait qu'a bien voulu me communiquer M. le chanoine Ruffier). - A partir d'ici, la Vita reproduit de nouveau A en ajoutant la mention spéciale de Campiglia.

2 Tandis que A, suivi par la Vita, n'établit aucun rapport entre le rocher du haut duquel le saint a été précipité et le Mont qui surplombe la chapelle, C spécifie que, « conformément à l'usage des Romains », le martyr a été enseveli sur le lieu même de son supplice.

3 Toutefois, la tradition orale du val Soana ajoute que saint Besse, tout en prêchant l'Évangile aux habitants de la vallée, faisait le métier de berger. Cette donnée, dont on verra plus loin l'importance, a disparu complètement dans toutes les rédactions littéraires.

Saint Besse. Étude d'un culte alpestre

se soucient sans doute assez peu d'un saint qui n'est pas de leur ressort. C'est à peine si quelques rares Cogniens rapportent à peu près exactement la légende officielle, à la façon d'une leçon savante que l'écolier récite avec effort. Encore la légende présente-t-elle dans leur bouche quelques variantes. Tous font mourir le saint à la suite de sa chute du haut du Mont ; les soldats païens n'ont donc pas lieu d'intervenir. En outre, c'est avant d'aller habiter les hauteurs du val Soana que Besse a séjourné à Cogne. Enfin, on ne sait pas ce qu'est devenu son corps et on ne paraît guère s'en soucier.

Ces altérations ou ces corrections rapprochent la légende officielle de la tradition populaire, qui est de beaucoup la plus répandue chez les simples fidèles de Cogne. Selon celle-ci, saint Besse était un berger qui menait paître ses moutons autour du Mont. Lui-même restait continuellement au sommet du rocher. C'était un homme très saint, un vrai homme de Dieu : tout son travail n'était que de prier [1]. Aussi ses brebis étaient-elles les plus grasses de toutes et restaient-elles groupées autour de lui, de sorte qu'il n'avait jamais besoin de courir après. Deux autres bergers de la même montagne, jaloux de voir que les brebis de Besse s'élevaient toutes seules et étaient toujours les plus belles, le jetèrent bas du haut du Mont [2]. Quelques mois plus tard -c'était en plein hiver, vers la Noël -, des gens de Cogne qui passaient par là aperçurent au pied du rocher une fleur qui sortait toute droite au-dessus de la neige et qui était d'une beauté et d'un éclat merveilleux. Étonnés d'un spectacle si peu ordinaire en cette saison, ils allèrent chercher du monde. Quand on eut enlevé la neige à la place marquée par la fleur miraculeuse, on découvrit le cadavre du saint : il était intact ! En tombant, le corps s'était imprimé sur la roche, à l'endroit même où l'on va encore chercher les pierres de Saint-Besse. C'est pour cela qu'on a élevé une chapelle dans ce lieu et qu'on y va en dévotion toutes les années. Cogne a droit à la fête, parce que ce sont des gens de Cogne qui ont découvert les premiers le corps du saint.

Voilà l'idée que presque tous les Cogniens, en dépit des sermons et des brochures, se font encore aujourd'hui de la vie et de la mort de saint Besse. Si on leur fait remarquer qu'elle ne concorde pas

1 Quelques narrateurs omettent toute allusion à la piété de Besse; ils passent tout de suite à la description de son troupeau, qu'ils font suivre de la remarque : « c'était un miracle ».
2 Selon certains, la chute fut répétée trois fois.

Robert Hertz

avec l'enseignement de l'Église, la plupart semblent gênés et ne savent trop que dire. Si on insiste, si on leur demande pourquoi, sur les images ou les médailles qu'ils ont tous en leur possession, ce berger est représenté sous les traits d'un guerrier, ils répondent ou bien qu'ils ne savent pas, ou bien : « C'est vrai ; c'était un homme encore jeune... ; il avait fait son service militaire. » Ils paraissent, en général, tout à fait indifférents au désaccord qui existe entre la figure du saint, telle que l'Église la leur présente, et la représentation qu'en donne la tradition locale. Quelques-uns, pourtant, plus soucieux de logique, ont trouvé le moyen de concilier les deux images concurrentes : quand le soldat chrétien, fuyant ses persécuteurs, est venu se réfugier au-dessus de Campiglia, il s'est mis à « faire le berger » et à garder les moutons. Grâce à cette métamorphose, le héros légendaire peut devenir un autre tout en restant lui-même. Procédé facile et peu coûteux, auquel l'imagination populaire n'hésite jamais à recourir pour ajuster l'une à l'autre des représentations disparates. Mais, reliée ou non à la légende locale, l'image, figurée par les tableaux et les statues, vit de sa vie propre et réagit sur la dévotion. À force de voir le berger saint Besse habillé en militaire, beaucoup de Cogniens se sont mis à penser qu'il devait s'intéresser surtout aux affaires des soldats en campagne... ou des conscrits réfractaires.

Il n'est pas étonnant que les gens de Cogne soient restés si obstinément attachés à la légende populaire de saint Besse : ils y sont chez eux, entre gens de la montagne, tandis qu'au milieu de l'empereur Maximien, des légionnaires thébéens et du glorieux martyr, ils se sentent dépaysés et contraints. Ils éprouvent du respect, mais peu de sympathie, pour un récit où le beau rôle est tenu par un étranger, venu de la plaine pour les instruire et les moraliser, et où les bergers font figure de mécréants, de voleurs et d'assassins. Comme l'autre saint Besse est plus aimable : simple enfant du pays, le meilleur berger du plus beau troupeau qu'on ait jamais vu sur ces montagnes ! Que d'émotions fortes et variées naissent des tableaux divers qui composent la légende ! C'est d'abord l'image idyllique et charmante du pâtre toujours en prière, entouré du troupeau béni. Puis vient le drame sombre, la vilenie des envieux, la pitoyable fin du pauvre Besse. Mais quel orgueil et quel ravissement quand des gens de chez nous découvrent la fleur merveilleuse! Et quelle joyeuse assurance de se dire que le berger divin, en tombant, s'est comme incrusté dans la roche, pour y rester éternellement présent au milieu de ses protégés ; car ce premier miracle est la souche et la garantie de tous ceux que le saint accomplit journellement ou qu'on espère de sa puissance. La légende officielle enseigne aux fidèles les origines de leur foi; elle leur rappelle quelques-uns des devoirs d'un bon chrétien et qu'il ne faut ni faire tort à son patron ni murmurer contre son curé. Leçons utiles, assurément, mais qui ont le tort d'être des leçons ! L'autre légende, la leur, saisit leur être entier et le transporte dans un monde à la fois familier et sublime, où ils se retrouvent eux-mêmes, mais transfigurés et ennoblis.

De ces deux traditions, l'une savante et édifiante, l'autre naïve et poétique, la plus ancienne est certainement la seconde. La première, en effet, ne nous apporte sur saint Besse aucune donnée originale : la partie du récit qui lui appartient en propre consiste en généralités si pauvres et si banales qu'elles pourraient s'appliquer aussi bien à une foule d'autres saints [1]. Saint Besse n'est vraiment, pour l'Église, qu'une unité dans une légion: il n'a en propre que son nom. Les seuls traits un peu particuliers que contienne la légende officielle, elle les emprunte à la tradition orale, non sans les avoir retouchés à sa manière : l'image locale du saint, après s'être réfléchie dans la conscience des lettrés, revient à son point de départ, corrigée et déformée [2].

Rappelons-nous le thème unique que développe la tradition populaire : un berger béni est précipité par des rivaux jaloux du haut d'une roche, à laquelle il imprime son caractère sacré. Ce thème reparaît dans l'autre légende, mais à une autre place et sous une autre forme. D'abord, il a paru inadmissible aux auteurs de la nouvelle version que Besse fût mis sur le même pied que ses bourreaux et qu'il ne l'emportât sur eux que par la beauté et la

1 Voici un fait qui illustre bien le caractère abstrait et impersonnel du saint Besse officiel. La femme du prieur de Cogne m'a montré un jour plusieurs médailles toutes pareilles, souvenirs des fêtes auxquelles son mari a participé. Je fus un peu surpris de constater que ces médailles portaient, en légende, le nom de saint Pancrace. Comme j'exprimais mon étonnement, j'obtins la réponse péremptoire : « Non ; c'est le portrait de saint Besse. » Et, en effet, c'est bien la même image type du soldat-martyr.
2 À Ivrée même, comme nous l'avons vu, elle tend à s'évanouir tout à fait et à faire place à une image toute schématique, qui ne met plus en présence que « le confesseur de la foi » et « les bourreaux païens » ; voir supra, p. 134, n. 1 et p. 135, n. 1.

Robert Hertz

docilité de son troupeau. Pour les gens de Cogne, la sainteté est une puissance singulière, qui vient d'une intime communion avec le monde divin et qui se manifeste par des effets temporels. Pour les clercs d'Ivrée, la sainteté est une vertu spirituelle et morale, qui suppose une qualification religieuse définie. Les bergers médiocres et envieux sont devenus des pécheurs endurcis, en révolte contre leur directeur spirituel ; le berger exemplaire est devenu une victime du devoir qui incombe professionnellement aux ministres de la religion. En second lieu, il ne fallait pas que saint Besse mourût de sa chute, parce que sa mort, pour avoir toute sa vertu sanctifiante, devait être un martyre authentique. La chute du haut du Mont devient ainsi un simple épisode, qui explique, on ne sait trop comment, que les soldats païens aient pu mettre la main sur leur victime. Enfin, dans la légende savante, la roche du haut de laquelle le saint a été précipité n'est pas le Mont de Saint-Besse : c'est une roche quelconque ; la chapelle où se célèbre la fête du 10 août a été élevée près d'un autre rocher, dans le creux duquel le corps du martyr avait été déposé. En effet, pour l'Église, la seule sainteté, qui n'émane pas directement de Dieu, provient de la dépouille des hommes qui ont réalisé parfaitement l'idéal du chrétien ; le Mont n'avait le droit d'être sacré qu'à la condition d'avoir servi, au moins pour quelque temps, de sépulture à un martyr. De plus, la légende officielle a son centre de perspective, non pas à Cogne ou à Campiglia, mais à Ivrée. Elle veut, avant tout, exalter le glorieux « compatron » du diocèse et justifier le culte que la métropole rend aux reliques conservées dans la cathédrale. Dès lors, il devenait nécessaire de détacher la sainteté du Mont et de la concentrer dans le corps du saint : car la roche demeure éternellement fixée à la même place ; mais le corps, réel ou supposé, est mobile et peut très bien servir de véhicule à l'énergie bienfaisante, s'il plaît un jour à des maîtres puissants d'en « enrichir » leur trésor sacré. Tout l'intérêt des gens de Cogne se concentre, au contraire, sur le Mont : une fois que le corps de Besse, en se gravant dans la roche, l'a imprégnée de sa vertu, il peut disparaître sans grand inconvénient. C'est la roche, désormais, qui est le vrai corps du saint ; n'est-ce pas elle qui dispense intarissablement aux fidèles les « reliques » salutaires que sont les pierres de Saint-Besse ?

Ainsi, de même que des larrons dévots ont, paraît-il, dérobé le corps du saint pour l'emporter dans la plaine, de même de pieux arrangeurs ont transformé un simple berger de moutons en un légionnaire thébéen et ils ont imputé sa mort, non à des camarades envieux, mais aux soldats païens de César. Devons-nous les condamner très haut pour avoir fait violence aux traditions locales sur lesquelles ils travaillaient et pour avoir substitué à l'image « vraie » du saint une « fiction » qui leur convenait mieux ? Ce serait appliquer bien mal à propos les règles de la critique historique. Les gens d'Ivrée n'ont pas fait subir à saint Besse un traitement différent de celui auquel nous soumettons encore les montagnards attirés dans les grandes villes : en l'adoptant pour leur « compatron », ils lui ont imposé l'accoutrement et la personnalité qui leur semblaient décents. S'il est vrai que les mots changent de sens quand ils passent de la campagne à la ville [1], pourquoi le nom de saint Besse n'aurait-il pas revêtu une signification nouvelle, plus abstraite et plus conventionnelle, dans la bouche de ses nouveaux fidèles ? La tradition populaire n'est ni plus ni moins « vraie » que l'autre. Du moment que tous les éléments essentiels du culte se retrouvent transposés sur un plan idéal qui convient à l'intelligence et au cœur des croyants, les deux légendes ont beau se contredire ou diverger, elles sont également légitimes pour les milieux divers qui les acceptent.

C'est une histoire curieuse et bien instructive que celle de cette légion thébéenne, dont le culte, originaire de Saint-Maurice-en-Valais, s'est propagé, le long des routes qui descendent des Alpes, en Suisse, en pays rhénan, en Bourgogne, en Savoie, en Dauphiné et en Italie. Saint Eucher, qui écrit environ cent cinquante ans après qu'aurait eu lieu l'affreux massacre, ne donne les noms que de quatre martyrs ; mais il affirme que les 6 600 soldats chrétiens que comptait la légion ont tous péri dans les champs d'Agaune, sauf peut-être deux d'entre eux, Ursus et Victor, qui n'auraient subi le martyre qu'à Soleure [2]. Onze siècles plus tard, Baldesano, qui était apparemment beaucoup mieux informé, pouvait reprocher

---

1 Voir A. MEILLET, Comment les mots changent de sens, in Année sociologique, t. IX, pp. 1-38.

2 La Passion des Martyrs agauniens a été éditée, entre autres, par KRUSCH, in Monumenta Germaniae historica, Scriptorum rerum merovingicarum, t. III, p. 32 sqq. L'abbé LEJAY a fait un bon exposé critique de la question dans la Revue d'histoire et de littérature religieuse, t. XI (1906), p. 264 sq.

Robert Hertz

à saint Eucher de s'être montré trop réservé ou trop avare du sang des Thébéens. A l'appel du chanoine piémontais, une foule de petits saints en tenue de « légionnaires » - et parmi eux notre saint Besse - avait surgi du fond des vallées alpestres et de la campagne italienne et prétendait parader sous la bannière de saint Maurice, le glorieux patron de la maison de Savoie. Peut-être, s'il n'avait pas été d'une foi si robuste, Baldesano se serait-il inquiété quelque peu de la multitude de ses héros [1]. En fin de compte, les Thébéens, qui auraient échappé au massacre collectif pour aller subir isolément le martyre dans des lieux très lointains, en étaient venus à dépasser peut-être l'effectif total de la légion, tel que le définissait saint Eucher [2]. Il est vrai qu'un peu d'érudition dissipe ce scrupule. Il suffit d'appeler au renfort les deux légions thébéennes dont saint Eucher ne parle pas, mais que connaît la notitia dignitatum : les Thébéens, qui ont éclairé de leur apostolat et sanctifié de leur sang d'innombrables paroisses, provenaient en réalité de trois légions, toutes trois chrétiennes, toutes trois persécutées par les empereurs païens [3]. Mais, quand on songe que chacun de ces apôtres a été poursuivi par « les soldats de César », on est effrayé de penser que la principale occupation des armées romaines, vers le début du ive siècle, a dû être de donner la chasse aux Thébéens disséminés dans les vallées du Rhône et du Rhin et dans tous les replis des Alpes italiennes. En outre, l'inspection du rôle de la légion permet des constatations surprenantes. Plusieurs noms y reviennent un grand nombre de fois [4] ; et surtout, la plupart des Thébéens ne portent pas de noms propres et individuels ; ils sont désignés par leurs attributs ou leurs fonctions [5]. On y voit figurer des Candidus, des <u>Exuperius, des </u>Victor, des Adventor, des Solutor, ou encore des

1 Au contraire, il se félicite que de la première à la seconde édition de son livre le nombre des Thébéens piémontais se soit accru de plus du double.

2 D'après le chanoine Ducis, Saint Maurice et la légion thébéenne (Annecy, 1882), p. 31 sqq., en dehors des 6 000 Thébéens immolés à Agaune, il y en aurait eu environ 1000 en Germanie - Cologne seule en revendique 318 -, 300 en Helvétie et une foule innombrable en Italie.

3 C'est l'explication proposée par l'abbé J. Bernard de MONTMÉLIAN, Saint Maurice et la légion thébéenne (Paris, 1888), t. 1, p. 225 sq.

4 Voir J. Bernard de MONTMÉLIAN, ibid., p. 336 sq.

5 La remarque en a été faite par E. DÜMMLER, Sigebert's von Gembloux... Passio sanctorum Thebeorum, in Phil. u. hist. Abh. d. k. Akad. d. Wiss. z. Berlin (1893), p. 20, n. 2. Cf. KRUSCH, op. cit., p. 21. Il trouve suspect jusqu'au nom de Mauricius (= Niger).

Défendant qui protègent leurs fidèles contre les avalanches et les inondations [1]. On dirait que la légion thébéenne est une légion de dieux locaux et d'épithètes personnifiées [2].

Aussi à la période de croissance et de multiplication luxuriante devait succéder, pour les compagnons de saint Maurice, une période de retranchements et de coupes sombres. Une première décimation eut lieu vers le milieu du XVIIIe siècle, quand le P. Cleus, bollandiste, déclara soupçonner fortement que bon nombre des martyrs présumés thébéens avaient usurpé leur titre [3]. Mais le XIXe siècle devait se montrer plus cruel. Un historien catholique réduit la légion de saint Maurice aux proportions restreintes d'une vexillalio ou d'une pauvre cohorte auxiliaire [4]. En vain un docteur allemand voudrait sauver les quatre martyrs que saint Eucher nommait personnellement [5] : ce dernier noyau de survivants est attaqué à son tour [6] et le P. Delehaye ne voit pas de raison pour ne pas ranger la Passion des Martyrs agauniens dans la catégorie des « romans historiques » ! [7].

Saint Besse a été l'une des premières victimes de ce nouveau massacre de la légion thébéenne. Déjà, le P. Cleus, après avoir traité le récit de Baldesano d' « histoire éminemment fabuleuse », historiam inter primas fabulosam, exprimait l'opinion que, à moins de témoignages anciens et sûrs, il faudrait se décider à rayer le nom de saint Besse de la liste des soldats martyrs [8]. La seule réponse qui soit venue d'Ivrée a été d'alléguer une légende qui se trouve dans un bréviaire manuscrit, conservé aux archives de la cathédrale et daté de 1473 [9]. Il est peu probable que ce document, postérieur de plus de mille ans aux événements qu'il raconte, satisfasse les exigences

---

1 Pour ce dernier Thébéen, honoré en plusieurs lieux du val d'Aoste, voir TIBALDI, op. cit., I, p. 379.
2 Sur le phénomène général de la substitution des saints martyrs aux anciens dieux locaux, voir Albert DuFOURCQ, La christianisation des foules (Paris, Blond, 1903), p. 44 sqq.
3 Acta SS., sept., t. VI, p. 908.
4 P. ALLARD, La persécution de Dioclétien (Paris, 1890), t. II, pp. 354-357.
5 Fr. STOLLE, Das Martyrium der thebäischen Legion (Breslau, 1891), p. 82 sq.
6 Notamment par DÜMMLER et KRUSCH, loc. cit.
7 Le P. DELEHAYE, Les légendes hagiographiques, p. 129, p. 135 sq.; cf. p. 245.
8 Acta SS., sept., t. VI, p. 915 sq.
9 G. SAROGLIA, Memorie storiche, p. 16; cf. le P. SAVIO, op. cit., p. 181. On trouvera en appendice le texte de ces leçons.

Robert Hertz

des bollandistes [1] et suffise à les faire revenir sur l'intention, qu'ils ont manifestée en 1875, de présenter saint Besse dans les Actes des saints de décembre, non comme un martyr thébéen, mais bien... comme un évêque d'Ivrée [2].

Si vraiment saint Besse a été le prédécesseur de saint Vérémond et du poète Ogier, il faut avouer que les montagnards de Cogne et du val Soana ont singulièrement altéré la véritable physionomie de leur patron. Mais le P. Savio n'a eu aucune peine à démontrer que l'identification historique, proposée par le bollandiste du XvIIIe siècle et maintenue provisoirement par ses successeurs, ne repose sur aucun fondement sérieux [3]. Il est vrai qu'Ughelli, dans son Italia sacra, après avoir relaté que la cathédrale d'Ivrée possède les reliques « du glorieux martyr saint Besse », fait figurer dans la série des évêques du diocèse, vers l'an 170, un certain Bessus, « que F. Bergomense mentionne dans sa chronique en l'appelant un saint » [4]. Or, ce chroniqueur, dans son livre publié en 1485, nous apprend simplement que « les habitants d'Ivrée tiennent en grande vénération les reliques de saint Besse, un évêque de leur ville » [5]. Il faut reconnaître avec le P. Savio que ce témoignage tardif et vague, qui ne contient aucune indication chronologique ne prouve aucunement l'existence d'un évêque du nom de Besse à une époque de l'église ivréenne, fixée arbitrairement par Ughelli, sur laquelle nous ne possédons aucune donnée historique [6]. La seule

---

1 Il paraît suffire amplement à certains historiens piémontais. M. Farina a bien voulu me communiquer un extrait de l'ouvrage du P. A. M.ROCCA, salésien, Santi e beati del Piemonte (Turin, 1907), où la légende « officielle » de saint Besse est affirmée sans restriction, avec cette variante que la roche du haut de laquelle le martyr a été précipité et celle qui lui a servi de sépulture sont expressément identifiées. - L'esprit critique ne paraît pas avoir encore exercé ses ravages dans le diocèse d'Ivrée. « Il serait difficile de trouver dans le Piémont une ville plus attachée aux croyances locales et aux traditions ecclésiastiques », écrit C. PATRUCCO, in Bibl. Soc. Stor. subalp. t. VII, p. 269.
2 Cette hypothèse avait déjà été énoncée dans les Acta SS., sept., t. VI, p. 917 ; cf. Ad acta SS. supplementum (Paris, 1875) p. 400.
3 Le P. SAVIO, op. cit., p. 180 sqq.
4 UGHELLI, Italia sacra (éd. Coleti, 1719), t. IV, col. 1064.
5 Filippo BERGOMENSE, Historia novissime congesta, chronicarum supplementum appellata (Brixie, 1485), fol. 97 verso. - La même affirmation se retrouve presque dans les mêmes termes chez ALBERTI, Descrittione di tutta Italia (1553), cité par SAVIO, op. cit., p. 180, n. 2.
6 C'est aussi l'opinion de GABOTTO, Un millennio..., p. 7, n. 3. BIMA, Serie

conclusion que permette le texte de Filippo Bergomense, c'est qu'en 1485 - c'est-à-dire douze ans après la première rédaction connue de la légende de saint Besse, martyr thébéen [1] -, le compatron adoptif, venu deux ou trois siècles auparavant d'une terre épiscopale, était considéré à Ivrée, tout au moins par une partie des fidèles, comme un ancien évêque de la cité. Cette version, flatteuse, sans doute, pour l'amour propre ivréen, a subsisté jusqu'au XVIIe siècle, où nous voyons le chanoine Dejordanis faire figurer côte à côte, dans l'inventaire des reliques de la cathédrale, « le corps de saint Besse, troisième évêque d'Ivrée et confesseur », et « le corps de saint Besse, martyr de la légion thébéenne » [2]. Dédoublement bien étrange, quand on songe que l'Église d'Ivrée n'a jamais honoré qu'un seul saint Besse, dont la fête tombe le 1er décembre. Mais la légende du martyr thébéen devait bientôt s'imposer à tous ; et, lorsqu'en 1591 le chef glorieux de la légion, représenté par une partie de ses reliques, émigra en grande pompe de l'abbaye de Saint-Maurice à la cathédrale de Turin, il trouva pour l'accueillir à la porte de l'église d'Ivrée deux de ses anciens soldats, Besse et Tégule, représentés par deux panneaux peints [3]. Aujourd'hui, grâce en partie au livre de Baldesano, l'image de saint Besse, martyr thébéen, a si complètement supplanté celle de saint Besse, évêque d'Ivrée, que les fidèles du diocèse n'éprouveraient sans doute aucune émotion

chronologica degli arcivescovi e vescovi di Sardegna (Turin, 2e éd., 1842), p. 123, mentionne Besso, chiamato santo avec la date 730 (sic). Mais sa liste, comme dit le P. SAVIO, ibid., p. 176, est « entièrement fantastique ». Le nom de Besse ne figure pas parmi les évêques d'Ivrée dans GAMS, Series episcoporum ecclesiœ catholicœ, p. 816.

1 Bien entendu, il peut y en avoir eu de plus anciennes que nous ignorons. E. Dümmler a publié une série de 14 poèmes liturgiques, écrits selon lui par un prêtre ivréen du temps de l'évêque Ogier (et peut-être par cet évêque lui-même) ; on y trouve un poème en l'honneur de S. Tégule, martyr, et un poème en l'honneur de la légion thébéenne, où saint Maurice seul est nommé. L'absence de tout poème et de toute allusion à saint Besse est peut-être significative et paraît confirmer l'hypothèse suivant laquelle le culte de saint Besse n'a pas été introduit à Ivrée avant la fin du XIe siècle ; voir E. DÜMMLER, Anselm der Peripatetiker nebst andern Beilrägen zur Literaturgeschichte Italiens im elften Jhdt. (Halle, 1872), p. 83 sqq. Les auteurs du Voyage littéraire de deux religieux bénédictins (Paris, 1717), t. 1, p. 244, ont vu à l'abbaye de Talloires « un poème sur le martyre de la légion thébaine, composé par Ogerius, évêque d'Ivrée ». Ce manuscrit n'a jamais été retrouvé ; cf. SAVIO, op. cit., p. 202.

2 Cet inventaire, qui date de 1775, est cité par le P. SAVIO, ibid., p. 181.

3 BALDESANO, op. cit., p. 326 sq.

Robert Hertz

à voir le nom de leur compatron disparaître de la liste expurgée de leurs anciens évêques.

L'aventure de saint Besse n'est pas encourageante pour les bergers de la montagne que tenteraient les honneurs de la plaine. Après l'avoir attiré parmi eux, les hommes de la ville l'ont habillé selon leurs convenances, sans même se mettre d'accord entre eux : les uns lui ont mis en main la crosse des évêques, les autres le glaive des légionnaires et la palme des martyrs. Quand ces derniers eurent réussi à faire prévaloir leur préférence, d'autres citadins sont arrivés, qui, comme les bergers jaloux de la légende, l'ont précipité du haut du sommet de gloire où on l'avait juché. Et maintenant, après tant d'avatars, la personnalité historique de saint Besse paraît bien problématique et bien flottante, puisque, même dans la petite société de ses premiers fidèles, deux traditions disparates ont pu persister jusqu'à nous. Ni l'une ni l'autre d'entre elles ne nous apprennent rien sur la véritable identité de leur héros commun ; mais l'une et l'autre jettent une vive lumière sur les habitudes de pensée et sur les tendances morales des groupes profondément divers où elles se sont constituées.

Dans le petit cercle fermé de sa terre natale, saint Besse est un berger, étroitement attaché à la roche abrupte qui domine les hauts pâturages, fondement de la richesse du pays. Entouré de ses brebis grasses et dociles, il réalise pleinement l'idée que le montagnard se fait encore aujourd'hui de la piété et du bonheur terrestre : un pâtre plein de foi, qui met toute sa confiance en Dieu et dont les bêtes, par suite, « s'élèvent toutes seules ». Mais, quand saint Besse émigre à Ivrée, parmi les doctes chanoines de la cathédrale, il doit se transformer radicalement s'il veut continuer à incarner l'idéal de ses adorateurs. C'est, d'une part, un soldat, qui combat à son rang dans une milice sainte, sous les ordres d'un chef puissant ; c'est, d'autre part, un apôtre, qui affronte les pires souffrances et la mort même pour la défense, la propagation et la gloire de sa foi. La divergence et l'imperméabilité relative des deux légendes de saint Besse mesurent toute la distance, morale plus que physique, qui sépare, même aujourd'hui, Cogne d'Ivrée. Ici, une petite société de rudes et simples montagnards, dévoués à leur bétail et persuadés que la vertu la plus haute consiste à s'abandonner entièrement à la garde de Dieu : là-bas, un cercle de gens d'Eglise, nourris d'une culture livresque, plus érudits peut-être que judicieux, très désireux d'éclairer et de moraliser les villageois illettrés, animés enfin de préoccupations sacerdotales et centralisatrices.

VI – La genèse de Saint-Besse

Le culte local de saint Besse pose à l'historien trois problèmes distincts : 1° comment expliquer l'organisation spéciale de la communauté groupée autour du sanctuaire et, en particulier, la participation de Cogne à une fête du val Soana ? 2° pourquoi ce culte a-t-il pour centre une roche abrupte de la montagne, à laquelle est lié le nom de Besse ? 3° d'où vient enfin la croyance en une puissance mystérieuse et tutélaire qui, du sanctuaire, rayonne sur toute la région ? Les deux légendes qui ont cours parmi les montagnards offrent à chacun de ces problèmes deux solutions diverses, également satisfaisantes pour les fidèles à qui elles s'adressent. Mais nous, qui vivons dans une autre atmosphère spirituelle, nous ne saurions nous contenter ni de l'une ni de l'autre de ces « explications » traditionnelles. N'est-il pas possible d'en concevoir une troisième, qui rendrait compte des mêmes faits sans faire intervenir d'autres forces que celles qui, suivant l'opinion courante de notre temps, sont seules à l'œuvre dans l'histoire ? C'est ce que nous allons tenter successivement pour les trois problèmes que nous avons énoncés.

On a vu que l'organisation du culte de saint Besse contredit ou ignore les divisions régulières de l'Église, puisqu'elle chevauche sur deux diocèses. Parmi les cinq communes qui ont droit à la fête, il y en a une qui jouit d'une sorte de primauté qu'elle aspire à convertir en une domination exclusive ; les quatre autres sont dans une situation subordonnée ou précaire : c'est le cas, tout particulièrement, de Cogne, dont la participation à la fête est considérée comme une intrusion par les Campigliais et paraît en effet un paradoxe. On est tenté de s'expliquer cette organisation singulière en supposant que saint Besse a été jadis le patron d'une communauté, établie non loin de son sanctuaire, qui se serait ensuite segmentée en plusieurs fractions ; celles-ci, devenues indépendantes, continueraient à participer au culte de leur

Robert Hertz

ancien protecteur, avec des différences de rang correspondant à leur éloignement plus ou moins grand du centre du culte. Cette hypothèse se vérifie en ce qui concerne Valprato, Ronco et Ingria ; car nous savons positivement que la paroisse de Campiglia a donné naissance, par une série de démembrements successifs, aux trois autres paroisses du val Soana [1], à mesure que la population de la vallée prenait un caractère moins exclusivement pastoral et que le centre de sa vie économique tendait à se rapprocher de la plaine. Mais comment admettre un rapport de filiation ou de commune origine entre la population de Cogne et celle de Campiglia, alors que nous les voyons séparées l'une de l'autre par une épaisse muraille de montagnes et par une frontière morale plus redoutable encore ?

Mais, comme les géographes le savent bien, c'est une erreur grossière de s'imaginer que les montagnes sont toujours et partout des barrières entre les peuples, faites pour diviser et non pour unir, tandis que les vallées seraient nécessairement les voies de communication les plus faciles et les plus anciennes. En aval de Cogne, la vallée se resserre et devient une gorge étroite aux parois escarpées : au temps où un chemin n'avait pas encore été frayé à travers ce défilé, ou bien où il était tombé en ruines, il était infiniment plus malaisé de pénétrer dans le bassin de Cogne en montant directement de la vallée d'Aoste qu'en traversant les cols venant du val Soana. C'est bien ce chemin qu'auraient suivi les premiers habitants de Cogne, s'il faut en croire une tradition encore très vivante et unanimement acceptée dans le pays : tous sont d'accord pour affirmer que leurs pères ont débouché dans la vallée par en haut, venant du Canavais. Pendant longtemps, dit-on, les bergers de Campiglia se bornaient à mener paître leurs bêtes pendant l'été de l'autre côté de la montagne, dans les riches pâtures de Chavanis. Mais, un jour, s'étant décidés à y hiverner, ils fondèrent le village de Cogne sur le terre-plein du Cret, situé à plusieurs kilomètres en amont de son emplacement actuel et, par suite, beaucoup plus proche de Saint-Besse. Ce n'est qu'après bien des années que la petite colonie campigliaise émigra dans les prés SaintOurs où s'élève aujourd'hui le « chef-lieu » de la vallée. Mais il

1 La paroisse de Ronco s'est détachée de celle de Campiglia en 1280, celle de Valprato en 1609. Ingria n'a été séparé de Ronco qu'en 1750. Voir F. FARINA, Valle Soana, p. 25, p. 40, p. 49.

fallut longtemps au nouvel essaim pour se détacher complètement de la ruche-mère et pour vivre d'une vie autonome. Cogne ne fut d'abord qu'une « fraction » de commune, un simple hameau, sans église et sans cimetière : les vivants, pour prier, allaient sur les hauteurs d'où ils pouvaient entendre le son des cloches aimées et les morts, pour leur long sommeil, retournaient à la terre consacrée où ils avaient laissé leurs ancêtres. Des liens plus matériels continuaient à rattacher les Cogniens à leur lointaine origine : toutes leurs relations économiques étaient avec le Canavais ; ne montre-t-on pas encore, paraît-il, à Cuorgné, petite bourgade piémontaise, le « marché de Cogne », c'est-à-dire la place où les gens de Cogne venaient vendre leurs fromages ? Nous avons tout lieu de considérer cette tradition comme l'expression légendaire de faits historiques ; car elle est confirmée par plusieurs indices qui paraissent probants [1] et c'est un fait certain qu'au point de vue du type physique, des coutumes et du costume, les habitants de Cogne forment, dans la population valdôtaine, un îlot complètement isolé [2].

Mais, à mesure que le temps s'écoulait, la frontière des groupements humains tendait à se déplacer et à venir se confondre avec la limite de partage des eaux. Quand les voies de communication furent frayées ou rétablies le long de la vallée, la vie économique et religieuse de Cogne s'orienta de plus en plus dans le même sens que l'eau de sa rivière. Une population nouvelle, toute savoyarde, attirée par les beaux pâturages et les mines de fer, vint se fondre avec les anciens habitants venus du val Soana. Tandis que Campiglia subissait de plus en plus l'influence du Piémont et était entraîné dans l'orbite d'Ivrée, Cogne devenait une dépendance directe de l'évêché d'Aoste ; si bien qu'il ne resta bientôt plus rien des attaches, morales ou temporelles, qui avaient longtemps relié les anciens

1 En particulier, les traces, qui subsistent encore, de deux routes pavées conduisant de Cogne à Pont : elles ont été, dit-on, partiellement détruites par l'accroissement des névés et glaciers, survenu depuis le Moyen Âge ; voir CASALIS, Dizionario, III, p. 382 (s. Campiglia) et V, p. 309 sq. (s. Cogne) et l'abbé VESCOZ Notices topographiques et historiques sur la vallée de Cogne (Florence, 1873). Au XIIIe siècle, les évêques d'Ivrée possédaient encore des terres dans la vallée de Cogne ; GABOTTO, op. cit., p. 79 sqq.
2 L'opinion ici exposée concorde avec celle du Dr Giacosa et des érudits d'Aoste que j'ai pu consulter ; tous sont d'accord pour affirmer que la tradition locale repose sur un fondement historique.

Robert Hertz

émigrants à leur première patrie. Pourtant un lien subsistait, un seul, que rien jusqu'ici n'a pu rompre, ni la longueur et la difficulté du voyage, ni l'attirance de nouveaux sanctuaires plus éclatants et plus faciles d'accès, ni même l'hostilité des Campigliais traitant comme des intrus leurs parents d'outre-monts : ce lien, tendu mais non brisé, c'est le lien religieux, c'est la fidélité des Cogniens à leur ancien patron.

Il a fallu à saint Besse un singulier pouvoir d'attraction et de cohésion pour tenir en échec les forces dispersives qui tendaient à désagréger la petite société de ses adorateurs. Quelle est donc la vraie nature de ce foyer d'une dévotion si intense et si persistante ?

Nous avons vu que les légendes, populaire ou demi-savante, de saint Besse ont pour principal objet de rendre compte de la vertu mystérieuse attribuée au Mont : elles cherchent toutes deux, sous des symboles différents, à faire pénétrer d'une façon plus ou moins intime la sainteté d'un homme divin au cœur de la pierre brute. La véritable base du culte, même de nos jours, c'est la croyance dans le caractère sacré du rocher, autour duquel tout le culte gravite. N'est-il pas vraisemblable que, dans des temps très anciens, cette croyance fondamentale n'était pas encore cachée sous les couches de représentations qui sont venues successivement la recouvrir et qu'elle affleurait alors directement à la conscience des fidèles ? Il est certain que les anciens habitants d'une grande partie de l'Europe ont pratiqué le culte des rochers [1] ; il est probable qu'ils le pratiquaient, comme le font encore tant de peuplades primitives, en toute bonne conscience, sans éprouver le besoin de se justifier à leurs propres yeux, sans chercher à toute force à faire découler la puissance du rocher vénéré de la perfection idéale d'un homme saint. Il serait aisé d'apporter à l'appui de cette supposition une <u>foule d'exemples</u> empruntés aux sociétés inférieures [2]. Mais à

1 Voir DÉCHELETTE, Manuel d'archéologie préhistorique, t. I, p. 379 sq., p. 439 sq. - Bien entendu, nous ne songeons pas à affirmer que les anciens Valsoaniens ne pratiquaient que ce culte-là. Il est probable que, comme ces montagnards du Gévaudan dont nous parle Grégoire de Tours (P.L., LXXI, col. 831), ils connaissaient aussi le culte des lacs : les bords du lac Miserin sont encore chaque année le théâtre d'une grande fête, dédiée à Notre-Dame des Neiges et fréquentée par les gens des vallées de Champorcher, de Cogne et de la Soana.

2 On trouvera des faits particulièrement instructifs dans Alb. C. KRUIJT, Het animisme in den indischen Archipel (La Haye, 1906), p. 205 sqq. [« la pierre est le siège d'une force spirituelle impersonnelle ,] et les PP. ABINAL et de LA

quoi bon aller chercher aux antipodes ce que nous pouvons avoir sous la main sans quitter le sol de la France ? En 1877, dans la profonde vallée pyrénéenne du Larboust, MM. Piette et Sacaze ont pu observer, presque intact, ce culte des pierres, contre lequel plusieurs conciles ont fulminé du Ve au VIIe siècle ; ces auteurs ont entendu d' « honnêtes vieillards » exprimer avec émotion leur « grande foi » dans les pierres sacrées, que les gens de la vallée allaient « toucher » avec vénération pour en obtenir la fertilité des champs et la fécondité des couples humains. Ici, les rochers sont encore l'objet immédiat et avoué de la dévotion ; ou, si on éprouve le besoin de se représenter concrètement leur puissance, c'est sous la forme de génies spéciaux, « moitié anges, moitié serpents, qui habitent les pierres sacrées ». Selon MM. Piette et Sacaze, les prêtres de la vallée du Larboust, comme le prescrivait déjà le concile de Nantes de 658, combattaient avec rigueur ce paganisme persistant ; ils faisaient détruire secrètement les pierres sacrées et en dispersaient au loin les moindres fragments, au risque de provoquer des émeutes parmi leurs paroissiens, scandalisés d'un tel sacrilège [1]. En général, et surtout dans la région des Alpes, l'Église a adopté, à l'égard des veneratores lapidum, une attitude moins rigoureuse : elle n'a pas rasé les roches saintes, elle les a simplement surmontées d'une croix, flanquées d'une petite chapelle et associées d'une manière ou de l'autre à la croyance et au culte chrétiens [2].

Si nous pouvions comparer à loisir le culte de saint Besse avec celui des nombreux autres saints et saintes de la région, qui sont adorés et fêtés dans le voisinage immédiat d'un rocher, nous constaterions, d'une part, une étonnante fixité dans la pratique rituelle, ainsi que dans les représentations élémentaires qu'elle implique, et, d'autre part, une diversité presque infinie dans les légendes, qui sont censées expliquer l'existence du culte et

VAISSIÈRE, Vingt ans à Madagascar (Paris, 1885), p. 256 sqq. [« une puissance, douée d'une action physique et morale aussi bien sur l'homme que sur les autres créatures... (est) incluse dans la pierre »].

1 Edouard PIETTE et Julien SAGAZE, La montagne de l'Espiaup, in Bulletins de la Société d'Anthropologie, 2e s., t. XII (1877), p. 237 sqq.

2 Cf. Salomon REINACH, Les monuments de pierre brute dans le langage et les croyances populaires, in Revue archéologique, 3e s., t. XXI (1893), p. 333 sqq., 337 sqq. M. Reinach a soin d'avertir, p. 196, que ces croyances S'appliquent, non pas exclusivement aux monuments faits de main d'homme, mais aux pierres sacrées en général.

Robert Hertz

définir l'être saint à qui il s'adresse. Autant de sanctuaires, autant de justifications différentes d'une dévotion partout et toujours semblable à elle-même. Ici, l'on utilise les thèmes, qui nous sont familiers, de la chute mortelle ou de la sépulture ; mais, ailleurs, un saint évêque, trouvant closes les portes d'Ivrée, s'est endormi sur ce rocher, qui garde encore l'empreinte de son corps [1]. Cette pierre-ci est sacrée, parce que le Thébéen Valérien en a fait son oratoire et y a imprimé la marque de ses genoux [2] et celle-là, parce que le Thébéen Solutor y a subi le martyre et l'a arrosée de son sang [3]. Si deux rochers sont les buts de pèlerinage les plus fréquentés du Piémont, c'est parce que, dans l'un, saint Eusèbe a caché jadis sa miraculeuse Madone noire [4] et que, dans l'autre, une dévote du pays, au début du XVIIIe siècle, a creusé une petite niche où elle a placé une statue de la Sainte Vierge [5]... Mais comment admettre que des « causes » aussi particulières et contingentes aient pu donner naissance à un effet si général et si constant ? Comment voir dans ces « explications » autre chose que des traductions, superficielles et variables, de l'ancienne croyance fondamentale, qui voyait dans certaines roches le siège et le foyer d'une force divine [6] ?

Peut-être quelques-uns nous reprocheront-ils, non cette

1 Il s'agit de saint Gaudence, premier évêque de Novare. Une église a été construite en ce lieu vers 1720. Voir le P. SAVIO, op. cit., p. 247 et C. PATRUCCO, Ivrea da Carlo Emmanuelle 1 a Carlo Emmanuelle III, in Bibl. Soc. stor. subalp., t. VII, p. 283. - Voir dans l'Archivio per lo studio delle tradizioni popolari, à partir du t. XIII (1894), p. 65 sqq., l'interminable série des Impronte meravigliose in Italia et cf. Paul SÉBILLOT, Le folklore de France, t. 1, chap. IV et V, en particulier, p. 320 sq., p. 359 sq., p. 402 sqq.
2 BALDESANO, op. cit., p. 130.
3 J. Bernard de MONTMÉLIAN, op. cit., 1, p. 238 sq.
4 Voir, sur le célèbre sanctuaire d'Oropa, CASALIS, Dizionario..., t. II, p. 312 (s. Biella).
5 Le sanctuaire de Notre-Dame de Guérison, au-dessus de Courmayeur, s'appelle encore dans le pays La Croix du Berrier; berrier, en patois valdôtain, veut dire : rocher. Voir l'instructive brochure Le sanctuaire de Notre-Dame de Guérison à Courmayeur (Aoste, 3e éd., 1909).
6 Si le culte des pierres sacrées a donné naissance à un certain nombre de Thébéens locaux, il a pu contribuer aussi, dans une certaine mesure, à la naissance du culte des martyrs agauniens eux-mêmes. Notre-Dame du Scex ou du Rocher est encore honorée aujourd'hui à Saint-Maurice d'un culte très populaire. Voir J. Bernard de MONTMÉLIAN, op. cit., t. 1, p. 126 sq. Le sanctuaire est situé à 100 mètres au-dessus de la ville, au haut d'une corniche rocheuse et près d'une source d'eau vive ; cf. Dictionnaire géographique de la Suisse, s. Sex.

Saint Besse. Étude d'un culte alpestre

conclusion, qui leur paraîtra trop évidente, mais les voies détournées que nous avons suivies pour y parvenir. Puisque l'histoire est muette sur saint Besse, puisque les légendes, pauvres, récentes et contradictoires, n'ont aucune valeur documentaire, puisque enfin la seule donnée certaine que nous possédions sur saint Besse, c'est son nom, pourquoi n'avoir pas demandé, d'emblée, à ce nom de nous révéler l'identité véritable du prétendu martyr thébéen ? Certes cette méthode eût été plus directe et plus rapide ; mais aurait-elle été très sûre ? Tant de belles constructions, fondées sur des ressemblances de noms, se sont lamentablement écroulées, tant de « légendes érudites » sont allées rejoindre les légendes populaires qu'elles devaient remplacer, qu'il faut être bien audacieux pour fonder une théorie religieuse sur l'étymologie d'un nom divin [1]. Pourtant, au terme de ce travail, nous ne voudrions pas pousser la prudence jusqu'à éluder l'énigme du nom de Besse, alors que ce nom mystérieux est un élément essentiel du culte dont nous essayons de rendre compte. Mais qu'il soit bien entendu, dès l'abord, que notre hypothèse étymologique n'ajoute rien à la force de nos autres conclusions, auxquelles elle emprunte, au contraire, la valeur qu'elle peut avoir.

Le nom de Besse [2] se rencontre assez fréquemment soit comme nom de famille, soit comme nom de lieu dans le centre et le midi de la France, en Suisse et en Italie. Mais, comme prénom, il est tout à fait inusité. Dans l'antiquité, on ne le trouve qu'un tout petit nombre de fois dans des inscriptions de provenance illyrienne [3]. Au Moyen Âge, il paraît que Bessus se rencontre comme diminutif de Bertericus [4]. Mais ce qui est sûr, c'est qu'en dehors du diocèse d'Ivrée, Besse n'existe pas comme nom de baptême chrétien et qu'à l'intérieur même du diocèse, les gens de Campiglia sont à peu près les seuls à prendre le nom de leur patron. Encore, comme nous l'avons vu, une sorte de pudeur leur fait-elle adopter un autre

1 Voir les justes remarques du P. DELEHAYE, op. cit., chap. VI, surtout p. 194 sqq.
2 Certains lettrés d'Aoste écrivent : saint Bès. Quelques Cogniens m'ont dit qu' « en français, il faut prononcer Bisse ». Le nom valsoanien est Bess, le nom italien Besso.
3 C.I.L., III, s. 8312 ; cf. W. SCHULZE, Zur Geschichte lateinischer Eigennamen, in Abh. d. k.Ges. d. Wiss. z. Göttingen, Ph.-hist. kl., N. F., V, 5 (Berlin, 1904), p. 39, n. 6. - Quant au célèbre dieu égyptien Bès ou Besas, rien, que je sache, ne permet de supposer que son culte ou son nom aient pénétré dans la région qui nous intéresse.
4 Giulini, in SAVIO, op. cit., p. 183.

Robert Hertz

nom, quand ils quittent leur pays natal. Pour expliquer ce nom un peu suspect, quelques historiens ont supposé que le véritable saint Besse était originaire soit du peuple thrace des Besses [1], soit plutôt du district piémontais, qu'on appelle encore la Bessa [2] : l'histoire n'aurait gardé aucun souvenir de ce personnage, si ce n'est la désignation ethnique sous laquelle il était connu. Une semblable hypothèse n'a rien d'absurde ; mais elle est entièrement arbitraire et il paraît bien difficile d'admettre qu'un nom bizarre et impersonnel, sans attaches avec le pays où s'est développé le culte, ait pu, en l'absence de toute tradition historique, servir de noyau à plusieurs légendes et de vocable à une dévotion locale, très fervente et très tenace. Essayons une autre méthode, qui ne nous obligera pas à supposer gratuitement derrière ce nom, qui n'est pas un nom, un personnage sans personnalité historique. Puisque tout, dans la légende et dans la pratique rituelle, nous ramène vers le Mont de Saint-Besse, foyer de la dévotion locale, point de départ du culte d'Ozegna et d'Ivrée, voyons si le nom de Besse ne pourrait pas désigner quelque attribut de la grande roche sacrée qui se dresse au milieu de l'alpe [3].

1 Voir l'article Bessoi dans PAULY-WISSOWA. Leur conversion au christianisme eut lieu vers la fin du vie siècle.

2 Ce territoire, compris dans le diocèse de Verceil, se trouvait aux confins de celui d'Ivrée, nous dit le P. SAVIO, op. cit., p. 183. Il existait dans cette région un monastère, dit della Bessa, auquel fait allusion G. BARELLI, in Bibl. Soc. stor. subalp., IX, p. 271. Peut-être faut-il rattacher à ces faits l'affirmation tout à fait isolée de Ferrari, suivant laquelle « saint Besse, ayant renoncé à ses armes, aurait mené pendant quelque temps une vie d'ermite dans la région qui sépare Verceil d'Ivrée » ; cité in Acta SS., sept., t VI, p. 917. La similitude des noms aurait fait attribuer à saint Besse un rôle dans la fondation du monastère de la Besse. Mais je n'ai pu recueillir sur ce point aucune autre information.

3 Le nom de Besse revient assez souvent dans la toponymie suisse la Besso, sommet du val d'Anniviers ; Pierrebesse, Crêtabesse, etc. D'après JACCARD, Essai de toponymie, origine des noms de lieux... de la Suisse romande (Lausanne, 1906), p. 34, p. 548, ce mot, venu du bas-lat. bissus et signifiant double, jumeau, fourchu, désigne toujours une montagne à deux pointes, ou un bloc composé de deux pierres accolées, etc. Comme, à ma connaissance du moins, le Mont de Saint-Besse ne comporte aucune dualité, cette épithète n'a pu convenir à notre rocher. - J'ai été tenté de rattacher le nom de Besse à becca, qui se rencontre couramment (à côté de becco) dans la toponymie de cette région pour désigner une pointe rocheuse en forme de bec. Cette étymologie conviendrait fort bien pour le sens, étant donné la forme du Mont; mais elle paraît exclue par les conditions de la phonétique valsoanienne. Becca devait, soit rester intact, soit donner une forme beci, mais non bess. (Je dois ces données à l'obligeance de M. Farina et de M. B. Terracini, un linguiste italien,

Le nom Munt della bescha se rencontre fréquemment dans le canton des Grisons pour désigner les hauts pâturages de moutons ou les pointes qui les dominent [1]. Bescha est le pluriel du nom masculin besch, que la plupart des romanistes rattachent au latin bestia : dans le langage des pasteurs de la montagne, le terme général a pris une signification restreinte et désigne les bêtes par excellence, c'est-à-dire le bétail et en particulier les moutons [2]. Dans le parler valsoanien, en vertu des règles de la phonétique locale, le terme correspondant au romanche besch aurait la forme bess. Mais nous n'en sommes pas réduits à faire intervenir pour les besoins de notre cause un nom imaginaire. Si, dans le parler actuel de la vallée, bess n'existe plus au sens propre de bêle, de mouton [3], il est encore employé dans une acception figurée : c'est un sobriquet que l'on applique aux personnes faibles d'esprit [4]. L'étrange similitude de cette désignation peu flatteuse et du nom de leur patron est sans doute pour quelque chose dans la hâte que mettent à se débaptiser les Campigliais appelés Besse, quand ils descendent dans la plaine. Mais peut-être y a-t-il là plus qu'une coïncidence fâcheuse.

La désignation de Mont-bess [5], « mont ou rocher du mouton », convenait parfaitement à une éminence, qui est située en plein pâturage alpestre et que la légende nous représente toujours environnée de brebis. Puis, quand le mot bess, pour des raisons inconnues, a cessé d'être employé par les gens de la vallée dans le

---

qui s'occupe spécialement des patois de la montagne piémontaise.)

1 Dictionnaire géographique de la Suisse (Neuchâtel, 1902), s. Bescha. Le doublet allemand est Schafberg. Sous ce nom, et sous ceux de Schafhorn, Schafstock, Schafthurm, etc., le même Dictionnaire donne une longue série de sommets rocheux, dominant des pâturages à moutons.

2 Voir PALLIOPI, Dizionari... (Samaden, 1895), s. v. besch et cf. CANELLO et ASCOLI, in Arch. glottol. ital., t. III, p. 339 ; G. PÂRIS, in Romania, IX, 486; KÖRTING, Lateinisch-romanisches Wörterbuch (2e éd., 1901) et MEYERLÜBKE, Romanisches Etymologisches Wörterbuch (1911), S. v. bestia et bestius. Les formes biscia, bessa, bisse se rencontrent en italien et en vieux français avec le sens de : serpent.

3 M. Farina m'apprend que, en valsoanien, mouton se dit : bigio et brebis : feia. Bestia existe, avec le sens général de bête.

4 Cf. (ital.) biscio, besso.

5 Cette formation serait tout à fait normale dans la toponymie de la région. M. Terracini me signale notamment : Pera-caval (près d' Usseglio) ; Monte-Bo (val Sesia) et, en plusieurs lieux, Pian-fé (plan des brebis ou de la brebis).

Robert Hertz

sens de mouton [1], il est devenu un nom propre, libre de toute attache grossière, et il a pu servir de noyau à deux ou trois personnalités mythiques différentes. Le saint « rocher du mouton » est devenu d'abord un berger de moutons exemplaire, puis un missionnaire, précipité du haut du Mont pour n'avoir pas voulu manger d'une brebis volée - enfin un évêque d'Ivrée. Seule cette dernière légende, qui s'est formée dans l'atmosphère de la ville et qui se réduit, pour nous, à deux mots et à une date, a perdu tout souvenir de la signification primitive du nom, qui désignait la pierre sacrée, chère aux bergers de moutons [2].

Je dois dire que cette démonstration, considérée isolément, n'a pas paru convaincante du tout au linguiste clairvoyant, qui a bien voulu l'examiner. M. Meillet admet que le latin bestia a pu donner un mot valsoanien signifiant mouton ; mais, ajoute-t-il, « possibilité phonétique n'est pas preuve ». On ne saurait mieux dire, et, si je ne connaissais le nom de Besse que par les textes littéraires, je me garderais bien d'en essayer l'étymologie. Mais l'étude des légendes et de la diffusion du culte et surtout l'observation de la pratique religieuse locale restreignent singulièrement le champ des hypothèses possibles et ajoutent peut-être quelque valeur probante à une simple « possibilité phonétique ». Venant s'appuyer sur un ensemble de faits non linguistiques, mais religieux, l'étymologie proposée paraîtra-t-elle moins hasardeuse aux bons juges comme M. Meillet ?

Mais, quand même cette hypothèse et toute autre du même genre seraient inadmissibles ou indémontrables, quand même il nous faudrait considérer ce nom singulier comme celui d'un saint entièrement indéterminé, qui aurait servi à christianiser le culte local d'une pierre sacrée, nos conclusions n'en subsisteraient pas moins. Le saint rocher, après avoir été longtemps adoré pour lui-même, s'est vu ensuite adorer parce qu'il portait l'empreinte d'un berger modèle ou parce qu'il avait abrité la dépouille d'un martyr

---

1 Quant à bess, imbécile, la sainteté du Mont excluait un rapprochement entre deux noms appartenant à des sphères mentales aussi profondément séparées.

2 M. B. Terracini, à qui j'ai exposé cette hypothèse, estime qu'elle ne soulève pas de difficultés d'ordre phonétique et qu'elle est plausible. « Bestia, ajoute-t-il, dans le val Soana comme dans les autres vallées, paraît être vraiment un nouveau-venu ; le mot est aussi piémontais. Bigio me semble être une forme issue de l'argot, qui est, ou était, fort en usage dans la vallée. »

Saint Besse. Étude d'un culte alpestre

chrétien. Mais à travers les siècles, c'est toujours, au fond, la sainteté même de la roche, figurée de manières diverses, qui a attiré vers cette hauteur la foule pieuse des pèlerins. D'où provenait donc la sainteté diffuse du Mont ?

Il n'est pas croyable que les dimensions de ce bloc de pierre, la singularité relative de sa situation ou de sa forme suffisent à expliquer une dévotion aussi tenace et aussi riche de signification morale. Il faut chercher ailleurs et dans la voie qui nous a permis déjà de rendre compte des changements qu'ont subis - et que subissent encore - l'organisation de la fête et le contenu de la légende. S'il est vrai que les éléments contingents et variables du culte local de saint Besse sont en relation directe avec la nature et les tendances des divers groupements de fidèles, s'ils sont déterminés en dernière analyse par la structure et la composition changeantes du milieu social, force nous est d'admettre que l'élément le plus profond et le plus essentiel de ce culte, celui qui est resté jusqu'ici immuable à travers les vicissitudes de l'histoire, trouve, lui aussi, sa raison dans quelque condition de l'existence collective, fondamentale et permanente comme cet élément même. Cette condition nécessaire, c'est celle qui a permis à la petite tribu de saint Besse de persister jusqu'à nous et de maintenir son originalité en dépit de la nature contraire, en dépit des forces puissantes qui tendaient à la dissoudre : c'est la foi que ce peuple obscur de montagnards avait en lui-même et dans son idéal, c'est sa volonté de durer et de surmonter les défaillances passagères ou l'hostilité des hommes et des choses. Le principe divin, que la dévotion entretient et utilise, a bien été de tout temps, comme les légendes l'expriment à leur manière, non point inhérent, mais extérieur et supérieur à la roche inerte, qu'il anime en s'y incorporant. Si les hommes d'aujourd'hui, malgré tous les obstacles, s'obstinent à venir se retremper et se fortifier auprès du Mont, c'est que leurs pères, pendant des générations, y ont mis le meilleur d'eux-mêmes et logé leurs conceptions successives de la perfection humaine ; c'est que déjà leurs lointains ancêtres avaient fait de cette roche éternelle, qui survit à toutes les tempêtes et que la neige ne recouvre jamais toute, l'emblème et le foyer de leur existence collective. Ils ne se trompaient donc pas, les gens de Cogne, qui, dans les ténèbres de l'hiver, ont vu rayonner un jour tout près du Mont une fleur

Robert Hertz

éclatante, qui illuminait la brume épaisse et qui faisait fondre la neige alentour. Mais ils ignoraient que cette fleur merveilleuse avait jailli du plus profond de l'âme de leurs ancêtres. C'est leur pensée la plus haute, leur plus vive espérance qui avait pris racine au flanc de la roche, dressée parmi les pâturages nourriciers ; c'est elle qui, de là-haut, continue d'éclairer et de réchauffer les cœurs glacés par la souffrance, ou l'angoisse, ou l'ennui de la peine quotidienne.

Hommes de la ville, ne triomphons pas trop de la disparition prochaine de ces « superstitions grossières ». Pendant des siècles, saint Besse a appris à ses fidèles à s'élever, ne fût-ce que pour quelques instants, au-dessus de l'horizon borné de leur vie journalière - à charger avec joie sur leurs épaules ce fardeau pesant de l'idéal -, à garder enfin, même aux heures de détresse, « la foi et la confiance » qui sont plus fortes que le mal. En leur communiquant de menues parcelles de sa substance - les petites pierres émanées, chaque année, de la roche immense -, il leur a fait comprendre, dans le langage concret qu'ils pouvaient seuls saisir, que chacun d'eux tient sa force et son courage d'un être supérieur, qui englobe tous les individus présents et à venir et qui est infiniment plus vaste et plus durable qu'eux tous. Quand la roche sainte sera redevenue une roche vulgaire, toute nue et toute matérielle, qui sera là pour rappeler aux gens de la vallée ces vérités, aussi solides que la pierre dont est fait le Mont de Saint-Besse

Conclusion

Peut-être était-il superflu de s'étendre si longuement sur des histoires de villageois et sur un petit saint, caché dans un recoin des Alpes. Mais les saints les moins célèbres sont parfois les plus instructifs. Et, s'il est vrai que la vie religieuse d'un peuple manifeste ses tendances les plus profondes, le culte de saint Besse a du moins cet intérêt de nous faire pénétrer dans la conscience, si lointaine et si fermée, des gens de la montagne. En outre, saint Besse, quelque limité que soit son domaine, n'est pas confiné dans une ou deux vallées alpestres : on le retrouve transplanté dans la métropole d'un vaste diocèse, à Ivrée, où il est honoré, depuis plusieurs siècles, d'un culte très populaire. Or, de l'aveu de tous les critiques avertis, la personnalité de ce saint ivréen est un mystère, qu'on a essayé vainement d'élucider en fouillant les archives épiscopales ou en compulsant des textes tardifs et contradictoires. Avons-nous été plus heureux en prenant pour centre de perspective, non pas la somptueuse cathédrale de la ville, mais l'humble chapelle du Mont Fautenio ? Si cette tentative a abouti, ne fût-ce que partiellement, il faut en conclure que l'hagiographe, toutes les fois que les circonstances s'y prêteront, fera bien de ne pas négliger ces précieux instruments de recherche que sont une paire de bons souliers et un bâton ferré.

En outre, le culte local de saint Besse nous permet d'étudier dans des conditions particulièrement favorables la formation d'une légende religieuse. Presque tout le monde est d'accord aujourd'hui pour voir dans La vie des saints le produit de deux forces distinctes, la spontanéité inventive du peuple et l'activité réfléchie des rédacteurs. Les critiques, qui travaillent à retrouver sous le fatras des légendes la vérité de l'histoire et qui sont surtout préoccupés d'épurer de tous les éléments adventices la croyance des fidèles, sont en général très sévères pour la légende populaire et pour les écrivains qui s'en font les échos. Même dans le livre si mesuré et si nuancé du P. Delehaye, l'imagination collective est bien « la folle du logis », qui n'intervient que pour brouiller les dates, confondre les noms, grossir et altérer les événements [1]. Ces jugements méprisants sont fondés, s'il s'agit du « peuple » qu'une demi-culture a tiré de l'état d'innocence mythologique et qui s'est mis à faire de l'histoire. Mais serait-il légitime d'apprécier « l'imagination enfantine » en se fondant sur les compositions historiques plus ou moins fantastiques des élèves de l'école primaire ? De plus, comme l'auteur anonyme de la légende ne tient pas la plume, on est obligé le plus souvent d'imaginer le récit « populaire » d'après la version littéraire qu'en donne le rédacteur. Mais à quels signes reconnaître que celui-ci, dans telle ou telle partie de son oeuvre, ne fait qu' « enregistrer les trouvailles » du peuple et qu'il est bien « l'écho de la voix populaire » [2] ? Le contrôle est généralement impossible, parce que le terme de comparaison fait défaut. Même les traditions orales de nos campagnes, quand elles sont en rapport étroit avec

---

1 Le P. DELEHAYE, op. cit., p. 12 sqq.
2 Ibid., p. 67.

Robert Hertz

le culte chrétien, sont tellement imprégnées de représentations d'origine ecclésiastique qu'il est bien chimérique de les tenir pour « populaires ». Or, il se trouve que par une bonne fortune assez rare, une partie des fidèles de saint Besse a conservé à l'état pur la tradition originale sur laquelle s'est exercé le travail des lettrés. Dans ce cas privilégié, où il nous est possible de confronter le modèle et la copie, la légende populaire nous apparaît, certes, comme indifférente à la vérité historique et à la moralité chrétienne ; mais elle n'y prétend pas, parce qu'elle se meut sur un tout autre plan de pensée ; par contre, dans son domaine, elle est parfaitement cohérente et parfaitement adaptée à son milieu. D'autre part, nous voyons les rédacteurs des diverses versions littéraires remanier et triturer la tradition orale afin de la faire entrer dans les cadres du système chrétien. Si la légende officielle de saint Besse attente au bon sens, à la logique et à la vérité des faits, la faute en est non au « peuple », mais à ses « correcteurs ». Assurément, il serait téméraire d'attribuer immédiatement aux résultats de cette confrontation une portée générale ; mais l'épreuve que nous permet saint Besse devrait nous mettre en garde contre la tentation de considérer les textes hagiographiques comme l'expression fidèle des croyances populaires sur lesquelles ils se fondent [1].

Enfin, il y a bien des chances pour que l'observation d'un culte alpestre nous révèle des formes très anciennes de la vie religieuse. La montagne, on l'a dit bien souvent, est un merveilleux conservatoire, à condition toutefois que le flot de la plaine ne l'ait pas encore 'submergée. Les Alpes Grées italiennes sont, à cet égard, une terre bénie ; elles forment une sorte de réserve, où les bouquetins, disparus du reste des Alpes, se rencontrent par vastes troupeaux et où foisonnent les plantes alpines les plus rares. Dans les pâturages qui entourent le sanctuaire de saint Besse, l'edelweiss est à peu près aussi commun que la pâquerette dans nos prés. Le sociologue n'est pas ici moins favorisé que le zoologiste ou le botaniste. De même que, dans les Alpes, la roche primitive émerge parfois de l'amas des stratifications plus récentes qui la recouvrent ailleurs, de même on y voit surgir, en quelques îlots, et pour peu de temps encore, la civilisation la plus ancienne de l'Europe. Dans le fond

---

1 Cf., dans le même sens, A. VAN GENNEP, La formation des légendes (Paris, 1910), p. 128 sqq.

Saint Besse. Étude d'un culte alpestre

des hautes vallées, des croyances et des gestes rituels se perpétuent depuis plusieurs millénaires, non point à l'état de survivances ou de « superstitions », mais sous la forme d'une véritable religion, qui vit de sa vie propre et qui se produit au grand jour sous un voile chrétien transparent. Le principal intérêt du culte de saint Besse est, sans doute, qu'il nous offre une image fragmentaire et un peu surchargée, mais encore nette et très vivante, de la religion préhistorique.

Appendice

Pendant que cet article était à l'impression, j'ai pu, grâce à l'infatigable obligeance de mon ami P.-A. Farinet, prendre connaissance du plus ancien texte littéraire relatif à saint Besse, martyr thébéen. C'est M. le chanoine Boggio, un érudit ivréen très distingué, qui a bien voulu prendre la peine de copier pour moi les leçons du bréviaire manuscrit de 1473, auxquelles il a été fait allusion plus haut. Comme, à ma connaissance, ce document n'a jamais été publié et qu'il pourra servir au contrôle des conclusions formulées ci-dessus, je crois nécessaire de reproduire ici le texte transcrit par les soins de M. le chanoine Boggio, ainsi que les quelques lignes dont il l'a fait précéder. Je me bornerai à indiquer en note quelques comparaisons avec les versions imprimées de la légende, qui manifestement dérivent toutes du texte de ces leçons.

« Nell' archivio Capitolare d'Ivrea, écrit M. le chanoine Boggio, si conserva realmente il breviario del 1473, accennato dal P. Savio. Ed in esso al 1° Dicembre si fa l'uffizio di S. Besso, di cui si distribuisce la vita in nove assai lunghe lezioni, ripiene di aggettivi e di frasi più o meno inutili per uno storico. Ne trascrivo percio solo le parti più importanti. »

Beatus Bessus ex Thebeorum agminibus inclito martirio coronatus, exemplo agni mitissimi inter lupos maluit occidi quani. occidere, laniari quam repercutere... Nam de turbine frementium et hostilium gladiorum stupendo miraculo liberatus et ad vallem Suanam perductus, et ibi antra deserti inhabitans, et per mirabiles abstinentias... angelicam vitam ducens perstitit, proprii corporis hostiam iterato Domino oblaturus.

Robert Hertz

In illa itaque solitudine martir Christi Bessus occultatus est, pane lacrimarum et aqua sapientie recreatus et usque ad montem Di Oreb mensam s. aeterni convivii martirio promerente pervenit. Nam dum pastores quidam spiritu diabolico instigati in partibus illis furtivain oviculam pro edulio miserabili preparassent et Bessum ibidem repertum ad esce furtive gustum quo magis eorum facinus celarent instantius invitarent, isque obsisteret, scelus argueret et tain prophanum edulium exhorreret, veriti miseri homines et nefandi latrones et homicide ne forte ipsos detegeret, statim ut lupi rapaces in ipsum ferocius irruentes crudeliter macerant laniant necare festinant ac demum de rupis prominentis scupulo, proiicientes, propter sue innocentie et justicie observantiam peremerunt [1]. Quod autem a plerisque dicitur [2] quod mortem evadens vallem predictam hic eques lassus et ferro sauciatus ingreditur, ibique a cesareanis militibus in spelunea [3] gladio iugulatur, ad magnam Dei gloriam et sancti sui coronam, pie potest et probabiliter declarari, et dici quod sanctus hic sauciatus sanguine ex precipiti collisione, Dei nutu militum paganorum, hune, et alios christianos ubique persquentium, jugulandum gladio fuerit reservatus ; quia cum fidei martirum in passionibus subiecta inveniatur quelibet creatura, sola mala voluntate excepta, mors gladii, a malicia voluntatis immediate producta, in sancto isto et aliis martiribus pro Christo morientibus ultima fuit pena declarans quod solum voluntatis perversitas est creatori contraria.

Verurn quia dominus custodit omnia ossa sanctorum... quibusdam fidelibus de monte ferrato hominibus martirii loco et martire revelato statim de honorando corpore dignatus est inspirare [4]... Qui reperto corpore et indicio celitus sibi dato ferentibus illud cum exultationc et gaudio, dum ad villarn nomine

---

1 Version suivie par FERRARI ; cf. supra, p. 63, n. 2.

2 Noter la distinction établie entre la première tradition et la seconde, présentée comme pieuse et probable et justifiée par des raisons théologiques. - En somme, Baldesano a reproduit fidèlement l'essentiel de ce texte.

3 Ici, le rocher du haut duquel le saint a été précipité et celui dans le creux duquel il a été frappé du glaive (et, selon d'autres, enseveli) sont nettement séparés; cf. supra, p. 164, n. 1 et p. 168.

4 Noter qu'il n'est fait ici aucune mention de la première sépulture du saint : le culte montagnard est complètement ignoré; l'invention du corps et l'origine du culte sont attribués, sans indication chronologique, aux gens du Montferrat et d'Ozegna. Cf. supra, p. 155, p. 163.

Eugeniarn hospitandi causa nocte perveniunt, ac in domo hospitis abjecto studiose corpore, illis et cunctis iarn sopore depressis, soli hospiti visio angelica ostenditur non tacenda. Nova enim lux illi oriri visa est, dum tota domus resplendentibus luminibus et mirandis fulgoribus ex circumiacente divino lumine circa martirern divinitus illustratur et non minus odoris fragrantia et suavitate quam lucis irradiatione perfunditur. Tanto viso miraculo hospite stupefacto et tanto pignore ac spirituali thesauro reperto, cum tremore et reverentia occultato, alioque in peregrinorurn sacco pro vicario pia delusione imposito callidoque argumento hospites suos ne s. capiantur a comite ante lucem surgere et remeare ad propria resumpta sarcina instantius compellente, demum tantam visionem usque predicante fama et devotione diffusa, ecclesia ibidem in eius honorern construitur, ubi sacrum corpus curn reverentia sepelitur.

Audiens autem celebre nomen Bessi et famam sui patrocinii apud Eugeniarn divinis graciis declarari, illustris Rex Italie Arduinus... corpus martiris una cum Episcopo ad civitatem regiam (Ypporeyam) decrevit aducere. Sed... statim ut pedes portantium eius alveum attigerunt, sic sanctus hic mox ut delatus est ad pontem civitatis, stetit immobilis nec virtute hominum et multorum bovum penitus moveri potuit, nisi primo tocius cleri voto de celebrando supra corpus ejus divino misterio, quo pacto Dei nutu facillime ad majorem ecclesiarn est delatum et cum maximis solempniis et gaudiis tumulatum [1].

Contes et dictons recueillis sur le front parmi les poilus de la Mayenne et d'ailleurs (Campagne de 1915) (1917)

in *Revue des Traditions populaires*, 1917. Nos 1-2 et 3-4 [2].

1 Toute cette relation a été fidèlement suivie par BALDESANO; ce qui semble confirmer l'hypothèse énoncée ci-dessus, p. 128, n. 1. Ce texte soulève donc les mêmes critiques que celui de BALDESANO (Cf. Supra, p. 129, p. 141), et la valeur documentaire n'en est pas plus grande.

2 Une partie des notes si curieuses recueillies par notre regretté collègue provenant de l'Ille-et-Vilaine, j'ai noté les traits relevés par moi, il y a plus de trente ans et imprimés dans mes Traditions et superstitions de la Haute-Bretagne, 1883 (11 vol.) et dans mes Coutumes populaires de la Haute-Bretagne, 1886. E. désigne Ercé près

Robert Hertz

Principaux informateurs (I.-et-V.) :

Le petit Gaudin, un bleu de la Bretagne. « Quand j'étais gosse, je me promenais souvent avec un ancien qui m'en racontait tout le temps... »

Pottier, cultivateur, fin, relativement éduqué.

Pannetier tous les gars de La Croisille, disent les autres, sont comme ça massif, fermé, taciturne, attaché aux traditions, croyant dur comme fer aux guérous, etc.

Petitjean, le bûcheron de l'Argonne - vif, toujours en mouvement, le « dieu à la hache »...

I. - Paroles et gestes des oiseaux

À la Saint-José [= Joseph, 19 mars], c'est le mariage des oiseaux.

Tous les oiseaux se coupient [= accouplent]. C'est aussi la fête des cocus et celle des charpentiers.

(Mayenne : Canton de Chailland.)

Alouette

À la Saint-Vincent
L' alouett' prend son chant.
[le 22 janvier].
(Argonne : Les Islettes [Petitjean].)
Quand elle monte, elle dit :
Dieu, Dieu, j' n' jur' rai pû
Quand elle est redescendue :
Sang Dieu, que j'étais haute
(Mayenne : Canton de Lassag [Dujarrier].)
En montant :
Non, non, car j' n' jur'rai pû !

Liffré (Ille-et-Vilaine). S. C. Saint-Cast, P. Penguily, M. Matignon (Côtes-du-Nord). - P. SÉBILLOT.

Contes et dictons recueillis sur le front parmi les poilus...

En redescendant :
Sacré mâtin, que j'étais montée haute
(Canton de Chailland, La Baconnière [Baloche].)
L'alouette, quand elle monte, elle dit :
Prie Dieu ! Prie Dieu ! Prie Dieu !
Quand elle redescend :
Aux cinq cents diab's, q' j'élais-t-y haute
[en appuyant sur cinq].
(Canton de Villaines-la-Juhet [Sohier].)
En haut, elle dit :
J' jur'rai pu !
En bas :
J'jur'rai 'ncore
(Saint-Mars-sur-Colmont [Girard].)
(Sébillot, II, 151-152, E. - S. C. - P.)
Quand elle monte :
Mon p'tit bon Dieu ; je n'jur'rai pû [répété plusieurs fois]
Quand elle redescend :
Au diabl' que j'étais haute Elle commence à jurer.
(Mayenne : Saint-Martin-de-Connée [Lecomte].)

Bécasse

Un bonhomme avait tendu un collet à une bécasse ; quand il l'a trouvée, il lui a enfoncé le bec en terre, croyant la retrouver. Mais elle lui joue un pied de nez et la voyant partir, il lui dit :
Va donc, vieille garse, lu as toujours le bec bien terroux.
C'était sûr, puisqu'il l'avait enfoncé en terre, mais terroux ou pas, la bécasse s'en va, bien contente.
Pour dire qu'y en a qui sont battus et se contentent de peu.
(Saint-Martin-de-Connée [Lecomte].)

Robert Hertz

Chat-huant - Chouette - Corbeau

Le chal-ourant, y dit dans son langage, quand y monte dans les arbres la nuit :

N'a m' chaud les douill's

Le chal-ourant, c'est le chat-huant ; il dit

Je n'ai mie [pas] chaud aux doigts de pied.

   (Argonne : Les Islettes [Petitjean].)

Sur le *chouan,* voir *Rouge-gorge.*

                (Mayenne.)

Le *chouan* dit à la chouette le soir

Faut-y aller coucher o vous ?

[o = avec]

Et la chouette répond

Que oui ! Que oui

Et c'est bien leur chant, aussi.

   (Ille-et-Vilaine : Bourg-Barré [Gaudin].)

   (Sébillot, II, 162.)

La *farzée,*   une grosse chouette toute blanche, c'est signe de mort quand on l'entend chanter dans les maisons.

             (Mayenne : La Croisille [Parmetier].)

Les corbeaux, quand ils viennent se percher sur les arbres à l'entour des maisons, crient :

J' l'attends ! J' l'attends

et ça annonce la mort d'un malade ou d'une personne quelconque.

   (Ille-et-Vilaine : Bourg-Barré [Gaudin].)

   (Sébillot, II, 167.)

Coq - Poule

Y avait un meunier qui avait trois coqs : le premier disait

Contes et dictons recueillis sur le front parmi les poilus...

L'hiver est long !

le deuxième qui était dans la termée du moulin [la grande boîte où on met le grain pour être moulu], y disait.

Nous l' passerons! (bis)

le troisième qui était à la porte et ne pouvait approcher de la termée, chantait :

En misérant !

ou bien :

Aïc-éac !

    (Mayenne : Canton de Gorron, Vieuvy [Chesnel].)

    (Sébillot, II, 129.)

Y avait trois coqs. Le gros disait :

Je l'fais quand j'veux !

Le deuxième, le moyen :

Et moi, quand j'peux !

Et le troisième, le pauvre petit - il essaye, mais il ne peut rien faire parce que le gros saute dessus :

T'es bien heureux !

Les auditeurs rient et approuvent : « C'est ce que les coqs disent aussi, le chant est d'autant plus court que le coq est moins gros. »

    (Ille-et-Vilaine. Mayenne. Argonne.)

Même histoire que ci-dessus, sauf que le plus jeune dit

Châtrez les vieux.

(Rires.)

    (Saint-Mars-sur-Colmont [Girard].)

1. Toute fille qui siffle

2. Tout gars qui file

3. Tout' poul' qui chante le cô

4. Sont trois bêt's de trop

Une poule qui chante le cô, c'est la mort de son maître, c'est malchanceux et on la tue aussitôt.

Robert Hertz

(Villaines-la-Juhel [Sohier].)

(Sébillot, II, 131.)

Toute fille qui siffle

Tout' poul'qui chante le cô

Ça mérite la mort

(Bourg-Barré [Gaudin].)

Tout vache qui beugle

Tout' fille qui siffle

Tout' poul' qui chante le cô,

Sont trois bêl's de trop

C'est le taureau qui beugle.

Pannetier ajoute : C'est pas réglementaire.

(Canton de Chailland, La Croisille [Pannetier].)

Coucou

À la Marchasse (25 mars)

Le cocou braille.

(Mayenne : Canton de Villaines-la-Juhel [Sohier].)

À la Marchaise

Le cocou est mort s'y n' prêche.

S'il ne chante pas le 25 mars, il ne chantera guère de l'année.

(Mayenne : Canton de Gorron

[Fourmont].)

À la mi-mar(s)

Le coucou est dans l'épinard

À la mi-avri(l)

Y's'fait ouï(r).

C'est les anciens qui racontent ça.

(Ille-et-Vilaine : Bourg-Barré [Gaudin].)

À la mi-mar(s)

Le coucou passe la Loire.

(Mayenne : Saint-Mars-sur-Colmont [Girard].)

Quand on entend le coucou chanter pour la première fois et qu'on a de l'argent sur soi, mais sans le savoir, on est riche toute l'année.

(Mayenne. Ille-et-Vilaine. Argonne.)

(Sébillot, II, 172. E. - S. C. - P.).

On dit du coucou. Le trois ou quatre Avri(l)

Il est mort ou en vie.

Les vieux disaient toujours çà ; s'il ne chante pas le 3 ou le 4 avril, il ne chantera plus ; la saison sera mauvaise.

(Argonne : Les Islettes [Petitjean].)

À la mi-avri(l)

Il est mort ou en vie.

(Ille-et-Vilaine : Mellé [Potier].)

Geai

Le geai dit :
J'ai mal aux reins.
Et son confrère lui répond :
Tu plains, tu geins toujou(rs).

(Sébillot, II, 177. p. 1.)

Quand il voit un bonhomme qui ne travaille pas, il l'appelle :
Feignant ! Feignant !
avec un fort accent du Midi.
C'est les anciens qui racontent ça.

(Ille-et-Vilaine : Bourg-Barré [Gaudin] ; Mellé [Potier].)

Le geai, quand il commence à être amoureux au printemps, il dit :
Mes reins ! mes reins !

(Mayenne : Canton de Lassay [Dujarrin].)

(SébiIIot, II, 178. P.)

Robert Hertz

Le geai parle de son mal de reins. Il dit :

Les reins ! Les reins !

Ça lui est venu parce qu'un autre oiseau avec qui il était ensemble lui avait défendu de dire en quel endroit qu'il faisait son nid. - C'est-y point la grive ? Ils étaient camarades. Le geai rencontrant d'autres camarades leur dit où le premier faisait son nid. Alors celui-là pour le punir dit qu'il aura mal aux reins pendant que l'autre oiseau fait son nid. C'est pour cela qu'il tourne autour des arbres où la grive (?) fait son nid en chantant : Les reins (bis). Ça ne dure pas longtemps, pas plus de 3 semaines, un mois.

(Mayenne : Saint-Martin de Connée [Lecomte].)

On l'entend au mois de mai. Ça veut dire que le beau temps est arrivé, que l'herbe pousse et qu'il faut envoyer les bêtes à la pâture.

(Mayenne : passim; Ille-et-Vilaine : Mellé [Potier].)

(Sébillot, II, 187.)

Merle

Premier Février

Beaux merles, dénichez.

(Saint-Denis-en-Gâtine [Péculier] ;

Canton de Lassay [Dujarrier].)

Ça veut dire que le beau temps revient et que les merles commencent à dénicher - à faire leurs nids. [Cet emploi de dénicher et ces dictons sont inconnus dans la Mayenne].

(Ille-et-Vilaine : Bourg-Barré [Gaudin].)

Pàqu' (s) hao ou bas,

Y a des p'tits miels dans les has !

Que Pâques vienne tôt ou tard dans l'année, il y a des petits merles dans les haies ; ce sont les merles qui font leurs nids les premiers.

(Canton de Lassay [Dujarrier].)

Contes et dictons recueillis sur le front parmi les poilus...

Pàqu's hao ou bas
Petits miels lu trouvéras.

(Villaines-la-Juhel [Sohier].)

Vous allez bientôt l'entendre chanter. Il est là, sur le bord de son nid, à 2 ou 3 mètres, et il chante:

Cinq beaux p'tits.

Grive

La « trâs » est une espèce de grosse grive. Quand on laboure au mois de Mars et que la terre est fraîche, elle dit :

Pierrot, cure !

(curer = enlever la terre de dessus le soc). Ça annonce les giboulées.

(Ille-et-Vilaine : Bourg-Barré [Gaudin].)

Quand on entend la grive au commencement de l'hiver, vers décembre, elle dit :

Cul rôti

Tu rôtiras encore.

Ça veut dire que l'hiver n'est pas près de finir et qu'on ira encore souvent près du feu.

(Sébillot, II, 183.)

(Mayenne : Canton de Lassay [Dujarrier].)

La haute grive siffle haut - Quand elle est cachée dans les branches et qu'elle siffle, c'est du mauvais temps, des giboulées.

(Argonne : Les Islettes [Petitjean].)

Huppe

s'appelle la jupe à Mellé (I. et V.) la pupule. Elle dit :

Ton nid pupupu (e) !

Robert Hertz

et c'est vrai que son nid pue, il est plein d'excréments ; quand on l'entend, le coucou n'est pas loin.

[NB : rapport du cri et du nom... ip up up û.]

(Sébillot, Il, 185.)

(Mayenne : St-Mars-sur-Colmont et Canton de Gorron, Vieuvy [Chesnel].)

Loriot

Il dit :

Mettez les viaux dehô !

ou selon d'autres :

Mets les p'tits viaux d (é) hô !
Sur l'bord de mon nid
Bientôt drus, bientôt drus.

[en sifflant sur drus ; drus = capables de s'envoler].

Le miel terra (qui fait son nid sur la terre et a le bec jaune)

(Mayenne : Saint-Martin-de-Connée [Lecomte].)

Le loriot chante au mois de mai ; c'est un des derniers oiseaux à venir ; il dit :

Ils rougiront !

C'est pour les cerises ; les cerisiers sont en fruit à ce moment.

(Argonne : Les Islettes [Petitjean, Chennery].)

Potier : Parbleu, ils n'ont pas de viaux, y n' peuvent pas les mettre dehors. [Par contre les cerises sont une grande affaire dans l'Argonne].

Mésange

La mésange fait : linntiniu (bis) - C'est signe de pluie quand on l'entend on dit : « Nous aurons de l'eau bientôt. » Chaque oiseau a son instinct. C'est comme quand le pinson s'agite et fait : pic pic et rut rut, c'est une averse qui va dégringoler. On le regarde bien quand on est dans le bois.

(Argonne : Les Islettes [Chennery].)

Vis du tien !...

Vis de ton revenu.

[=ne vis pas aux dépens des autres].

(Mayenne, sur les confins de la Sarthe ;
Saint-Martin-de-Connée
[Lecomte].)

Oie

Une bonne oie doit pondre et couver en février.

C'est rare, ça. Une oie pond tous les deux jours et elle couve 13 œufs. Ça fait qu'il faut 26 jours pour pondre ses 13 oeufs et il reste 2 jours pour commencer à couver. Une oie qui fait çà est deux fois bonne : parce qu'elle commence déjà en février et parce qu'elle ne s'arrête pas de pondre.

(Mayenne : Saint-Hilaire-des-Landes [Boussard].)

Pie

Quand c'est qu'elle commence à faire son nid : quand elle fait son nid dans la pointe des arbres, c'est signe d'année sèche -tous les ans c'est pas pareil - c'est les vieux qui disaient çà.

(Mayenne : Saint-Martin-de-Connée [Lecomte].)

Le Pigeon ramier

Il dit :

Tu n' pouss' s pû !

Pauv' bonhomme !

[prononcé en appuyant sur la consonne initiale de chaque mot].

Il répète trois ou quatre fois, puis dit

Pousse

Robert Hertz

Et il s'en va (aussi bien le mâle que la femelle) ; ça s'adresse au cultivateur qui travaille aux champs. - C'est son chant il dit ça ou bien on le comprend comme ça.

(Mayenne : Saint-Aubin, Canton de Gorron [Bourdon].)

Payes-lu un pot, l'tonton ? (bis)

Paye (plus grave).

[pot = une potée de cidre]

Gaudin, de Bourg-Barré : « On dit ça chez nous aussi. »

(Le tonton c'est son oncle.)

(Sébillot, II, 206, E.)

(Ille-et-Vilaine : vers Vitré [Buisson].)

Le pigeon ramier mâle dit :

Les chous crous sont bons,

ton-ton !

[crous = c'rus]

Le pigeon aime bien le chou, il n'en laisse rien, il le coupe complètement.

(Mayenne : Canton de Villaines-la-Juhel [Sohier].

(Le même à Saint-Mars-sur-Colmont.)

La femelle du pigeon ramier :

Pousses-tu cor, ton-ton ?

Et le mâle répond :

Rabats la quoue ! Rabats la quoue !

Les auditeurs se récrient : Et pis, çà le dit bien, çà!

(Ille-et-Vilaine : Mellé [Potier].)

Le pigeon domestique mâle dit à la femelle, tandis qu'il la salue tout à l'entour et fait son collier

Veux-tu que i' le l' fourr'

Et la femelle s'accouve et puis elle se baisse.

(Argonne : Les Islettes [Petitjean].)

« Le pigeon domestique c'est le bon dieu de Saulnières. »

Y avait une fois une vieille femme ; elle envoyait son gars à confesse. Les pigeons, y nichaient dans le coin de l'église, c'est une vieille église. - Et alors, quand le gars fut rentré, la bonne femme lui demande s'il avait vu le Bon Dieu. Il répond « Oui, je l'ai vu, dans le coin de l'église, et y faisait

Rou tou tou !

Y levait le cul, y levait la tête et y faisait

Rou tou tou !

ça, dit un autre, c'est une devinée. - Éclats de rire.

(Conté par Gaudin de Bourg-Barré (I.-et-V.),

à 3 ou 4 lieues de Saulnières.)

Pinson

Tu n'as pas vu ma femme,

passer par ici c'matin,

citoyen ?

La femme du pinson répond : « Je ne me rappelle plus. » Il la salue.

(Mayenne : Saint-Martin-de-Connée [Lecomte].)

(Sébiflot, II, 204.)

Le pinson dit dans son langage :

Merd', merd', merd', pour toi, Cyprien

(Mayenne : Canton de Villaines-la-Juhel [Sohier].)

Et toi, citoyen,

As-tu vu la femm', c' malin ?

Pivert

Jamais content le pivert. - Plus qu'il tombe de la flotte et plus qu'il demande. Il se coule dans son trou et puis il dit : pieu ! pieu ! (« il pleut » se dit il pieut) ; c'est quand il est tout seul. Mais quand il y a des émouchets après (espèce d'épervier), il dit :

Gare à mon cucu

J' n'ai ni vu ni perdu

Robert Hertz

et puis il se cavale tant qu'il peut. Il se creuse un trou dans un arbre, juste un petit trou, et puis il dit à l'émouchet qui ne peut se couler dedans :

Veux-tu du tabac ?

et en même temps il lui tape à coups de bec sur la tête.

Et il peut bien dire ça, parce que s'il y a quelque chose qui pue, c'est un pivert.

(Ille-et-Vilaine : Bourg-Barré [Gaudin, Potier].)

Le « Petit Prince » ou Bieutin

Petit oiseau qui arrive fin avril ou mai, revenant des pays chauds - il ne reste que 5 ou 6 semaines jusqu'à ce qu'il ait fait ses petits et puis s'en retourne - il est gris et il a une plume ou deux jaunâtres sur les côtés - il imite le sénégalais qui retire sur l'oiseau-mouche - il est à peu près de la taille du roitelet.

On dit entre gens qui ont une dispute :

« Y a un petit oiseau dans le bois qui dit ;

« Comme on le fait, fais-li » (prononcé vite)

C'est-à-dire que si tu fais mal, il t'arrivera malheur. C'est le « petit prince » qui dit ça, et quand on l'entend celui qui a fait mal y se dit qu'y va être pris. L'oiseau qui vient tourner autour de lui, lui annonce son bien ou son mal.

Il (le « petit prince ») fait un tout petit nid avec de l'herbe blanche en bas d'une torchée d'arbres dans un petit recoin. - Il laisse un tout petit trou. - Il fait 5 ou 6 petits. - Ça vaut pas le coup d'être plumé.

(Argonne : Les Islettes. [Petitjean].)

Roitelet

Le petit berruchon, quand il chante il dit :

Gross' buche,

Gross' comm' ma cuisse

Fendue en quatre

Contes et dictons recueillis sur le front parmi les poilus...

Ferait de bons petits carreaux.

Il en ferait parce qu'il a la cuisse toute petite. On dit que c'est le premier oiseau qui a apporté le feu parce qu'il est rôti - à cause de sa couleur.

(Sébillot, II, 212.)

Mon grand-père m'en racontait de toutes sortes sur les oiseaux quand j'étais gosse, que j'avais 10-11 ans, il m'emmenait et m'expliquait tout çà, mais j'ai oublié. Quelquefois, en entendant chanter les oiseaux dans les bois, ça me revient un peu.

«Gaudin, en entendant le discours du « berruchon » dit « Ça se rapporte bien. »

(Mayenne : Saint-Martin-de-Connée [Lecomte].)

Un jour, le berruchet était monté sur une dinde, il lui dit :

Kirikiki, me sens-tu ?

La dinde répond que non.

Le berruchet :

J't'en fourr, pourtant si long, si long !

(berruchet, berruchot, beret, selon les lieux, = roitelet)

(Mayenne : Canton de Villaines-la-Juhel [Sohier].)

Le feu a été gagné par le rikiki qui a été le chercher au ciel. Ils ont fait une pariure, eux deux le buzard, pour aller chercher le feu, celui qui monterait le plus haut, qui chanterait le premier arrivé au plus haut. Le buzard, il a de grandes ailes, c'est l'oiseau qui va le plus haut ; le roitelet, chez nous on l'appelle toujours « rikiki », et il vole à rase terre et ne quitte pas de chanter. Mon buzard veut se mettre en route, il déploie ses ailes. Mon roitelet lui monte sur le dos, l'autre ne s'en aperçoit pas parce qu'il est si fin, le rikiki, et le rikiki arrive le premier parce qu'il est dispos et il se met à chanter tout de suite et y lève la queue. - (Le narrateur rit, tout content de la bonne ruse du petit rikiki.) Alors le Bon Dieu lui a donné le feu. (Argonne : Les Islettes [Petitjean].)

Rouge-Gorge

Les rouges-gorges, quand il fait grand froid, ils disent :

C'est-y triste ? C'est-y triste !

(Ille-et-Vilaine : Mellé [Potier].)

Le rouge-gorge apporte le feu, le berruchot apporte l'eau.

Ça veut dire que le rouge-gorge est familier, qu'il recherche le feu.

Quand le rouge-gorge chante sur les basses branches, c'est le beau temps ; à mesure que l'hiver s'en va et que le beau temps revient, ils chantent de plus en plus haut dans les branches.

(Mayenne : passim.)

Pannetier, de La Croisille, dit de même : la pie, dans les années mouillées, elle fait son nid dedans le bois (dans les branchages).

Dans les années sèches, elle fait dedans le bout des brimettes (la pointe des branches).

Mais Dujarrier et Fourmont : c'est le contraire. - S'il fait mouillé, toute l'eau dégoutte d'en haut dans leurs nids, alors elles montent plus haut.

La rouge-gorge elle a la fale (gorge) rouge, parce qu'elle s'est brûlé la gorge. Elle n'avait plus de plumes. Tous les autres oiseaux ont donné chacun une plume pour la regarnir. Mais le chouin (= chouan, chat huant), il a donné la plume la plus crotteuse qu'il avait au derrière. C'est pour çà que tous les autres oiseaux veulent pas le voir et qu'il ne sort que la nuit. Quand il sort le jour, tous les autres oiseaux lui donnent la chasse, les pies d'abord, puis les geais, les merles, les corbeaux ; ça fait un vacarme épouvantable et le chouin ne bouge pas. S'il reçoit un coup de bec, il change de place et toute la meute court après lui jusqu'à temps qu'il soit ramassé (caché) dans quelque ragoule (creux d'un chêne qui a été émondé).

(Mayenne : Canton de Gorron, Vieuvy [Chesnel ; passim].)

(Sébillot, II, 27.)

Verdier

Col doré (dit Verrier dans la Mayenne).

Il dit :

Je crois quoi, quoi,

Au Saint-Esprit.

(Mayenne : Saint-Martin-de-Connée [Lecomte].)

À la Croisille aussi.

Y a des vieux qui vous raconteraient tout ce que les oiseaux y disent.

(La Croisille [Pannetier].)

II - Les bêtes rampantes

Si l'ovin veyait

Et si le sourd oyait

Aucun homme ne vivrait.

(SébiIIot, II, 240.)

L'ovin, c'est l'orvet il entend bien, mais il n'y voit goutte. Le sourd n'entend pas c'est une espèce de lézard noir et jaune qu'on trouve dans les terrains mouillés. - Quand on l'écrase, il y a du vlin (= venin) plein son corps, une sale crème jaune, c'est vilain. Le sourd cherche toujours à entrer dans les trous (des haies, etc.) et aussi dans les ouvertures du corps des personnes endormies. Et une fois entré il reste plusieurs années et si la personne n'arrive pas à le rejeter, elle est forcée de claquer.

D'aucuns disent que le sourd c'est la salamandre.

D'autres, plus nombreux, dénient énergiquement.

(Mayenne : Saint-Denis-en-Gâtine [Péculier, etc.] ;

Canton de Lassay ;

(Ille-et-Vilaine [Potier])

Si sourd ouiait,

Ovin veyait,

Personn' su' terr' ne vivrait.

(Saint-Mars-sur-Colm ont [Girard].)

On dit que ça dévenime la terre (les sourds) ; à Bourg-Barré, on appelle ça un sourd-gor (gor = plusieurs couleurs).

(Bourg-Barré [Gaudin].)

Si l'orvert voyait clair

Robert Hertz

Personne ne vivrait, ou ne pourrait pas résister. - Petitjean ne se rappelle pas au juste la formule -mais le dicton est familier.

(Argonne : Les Islelles [Petitjean].)

La couleuvre aussi pénètre dans le corps des gens qui s'endorment dans les champs - surtout sous les noyers, parce qu'ils disent que les noyers, ça y attire les vlins [vlin = venin, et terme générique pour toutes les bêtes réputées venimeuses]. Surtout les petits enfants que les mères font dormir dans les champs pendant qu'elles sont en train de faner : la couleuvre sent le lait. C'est vrai, ça. La couleuvre mange des noisettes, de gros crapauds, elle déniche les petits oiseaux, les miels (merles), elle suce les œufs.

D'aucuns savent que la couleuvre ne fait point de mal mais elle les « dégoûte » quand même.

(Mayenne : Canton de Gorron [Péculier, Jousset, Bourdon].)

Un crapaud, en sautant trois coups sur l'estomac d'un homme peut le tuer.

Quand il dort. Et ça y est bien arrivé ; on voit 3 petites égratignures, c'est la marque laissée par le crapaud.

(Sébillot, Il, 229, S. C.)

Quand on trouve un crapaud, il faut le tuer complètement, parce que sans cela il vient vous retrouver la nuit.

(Sébillot, II, 228.)

Le crapaud c'est un vlin encore plus vilain qu'une couleuvre.

Il n'y a presque pas de vipères par chez nous.

Ille-et-Vilaine : Canton de Vitré [Coulon] et Mayenne :

Canton de Gorron [Sourdon].)

III - Les fêtes, les travaux et les jours

Chez nous, dans le temps, on faisait des laveries de buée (lessive du Mardi gras), principalement dans les jours gras ; on fêtait ça ensemble dans les villages. On rassemblait tout ce qu'il y avait de jeunes filles et de femmes capables dans le village. Elles s'assemblaient pour faire toute la lessive pendant le jour. Y en avait pour trois mois après. Et puis le soir, tout le monde s'assemblait comme pour des noces. On faisait des crêpes. Ça chantait, ça dansait. Dans les autres « laveries », en dehors des jours gras, y a pas de fête. Y a des endroits où on ne fait la lessive que deux fois par an.

(Mayenne : Canton de Chaillant, La Croisille [Pannetier].)

Dans le Morbihan, à l'heure qu'il est, il y a encore des fermes où on ne fait la lessive qu'une fois par an.

[Moisant].

Laverie de buée. - Au Mardi gras on fait laver tout le gros linge de la ferme, draps et chemises, le plus qu'y en avait, par des laveuses des alentours. Le soir à la fin on se marie dans les cendres (on fait plusieurs raies dans la cendre du foyer et on fait deviner aux filles le nom de leur futur mari, selon la raie qu'elles désignent le dos tourné, chaque raie représentant un parti). [Cf. la mi-carême, fête des blanchisseuses.] Le même jour que la laverie de buée, aux jours gras, les hommes s'assemblent pour des corvées, pour réparer les chemins, etc.

Le Mardi gras, on ne fait pas le travail ordinaire des autres jours, les gars des fermes vont se promener.

(Canton de Chaillant, SI-Hilaire-des-Landes [Boussard].)

Tous les dimanches du Carême et le jour du Mardi gras, on jouait à la tèque [petite balle en cuir bourrée de crin] [1] ; on se séparait en deux camps par bourgs. Les uns, armés de bâtons plats au bout, cherchent à empêcher la tèque d'atteindre le but. Si la tèque dépasse le camp, ils sont brûlés ou grillés (= ils ont perdu) et ils retournent « en bas » ; les autres remontent en haut. Si ceux du bas peuvent attraper la tèque au vol avec les deux mains, ils ont gagné, ils vont en haut.

[Explication obscure - sorte de combinaison de criquet et de balle au chasseur.]

Il n'est plus fait de ces jeux-là. Après le jeu, pour terminer la soirée, on ronde.

(Mayenne : passim ; Ille-et-

---

1 J'ai lu jadis dans un journal d'enfants, je crois, Le Petit Français, la description d'un jeu semblable, mais le narrateur a dû se tromper, la tèque ce n'est pas la balle : c'est le bâton plat, la trique avec laquelle on frappe la balle.

Robert Hertz

Vilaine : Canton de Mellé.)

Fête des Vigneron (22 janvier)

À Mussy, la Saint-Vincent (22 janvier), c'est la fête des Vignerons. Ils font une procession autour du pays en portant un gros gâteau, une brioche, le gâteau de Saint-Vincent. Après la messe ils se rassemblent et distribuent le gâteau à tout le ionde. Sur le gâteau, on forme une espèce de pyramide portée sur civière par deux ou quatre hommes, et surmontée de couronnes, rubans, bouquets. C'est un honneur d'avoir le gâteau ; ça coûte cher. Celui qui a le croûton l'offre l'année suivante. S'il fait du soleil le matin, on boit dans le grand gobelet et on se réjouit parce que c'est bon signe. C'est celui qui offre le gâteau qui le porte ou le fait porter par son fils. Ça se fait encore.

De même les conscrits promènent un gâteau le jour de la Saint-Nicolas.

[C'est tout à fait la fouïace de Saint-Besse.]

[Petitjean des Islettes, marié à Mussy (Aube).]

Bûcherons

Mon père, le 1er mars, sur le pas de sa porte, y se lève, salue et dit -

Mars, je le salue

De la tête et du cul,

Ne m'fais pas d'plus grand' crevasse

Que celle que j'ai au cul.

Les bûcherons souffrent à peu près tous de profondes crevasses aux mains [Petitjean lui-même en a la paume toute fendue]. C'est en mars qu'on en attrape le plus : les grands vents de mars dessèchent les mains et les font casser davantage.

(Argonne : Les Islettes [Petitjean].)

Contes et dictons recueillis sur le front parmi les poilus...

Mars

Une bondrée en mar(s)
Ça vaut du canard

La bondrée, c'est une manière d'épervier ; c'est le plus fort oiseau de la Mayenne, pas facile à tuer.

(Mayenne : Canton de Chaillant, La Croisille [Pannetier].)

En mar(s)
Faut voir s'mell' dans les draps [sans chandelle]
Faut voir s' couvri (r)
En mai
Faut's coucher d' solé (il)

C'est un discours de vieux pour dire : les veillées sont finies; faut s' coucher de bonne heure, pour pouvoir se lever matin. C'est le matin qu'on fait le plus de besogne. Le travail du soir, ça ne profite pas.

(Canton de Lassay [Dujarrier].)

À la Marchaise [25 mars]
Bonn' femm', renforc' la beurrée

C'est ce jour-là qu'on commence à faire le 5e repas, la reïssiée on casse la croûte à 4 heures. (Explication donnée avec quelque hésitation.)

[Diverses formes de ce nom : Marchaise, Marchâsse, Malchâsse = l'Annonciation. Personne n'a pu m'en donner la signification. Chesnel, de Vieuvy (canton de Gorron), me dit qu'à Fougerolles, il y a une foire de la Marchâsse le 25 mars.]

(Canton de Chaillant, Saint-Hilaire-des-Landes [Roupard].)

En mars
On s'assit,
En avri (II),
On dort un p'tit

Robert Hertz

En mai

À plein l'ai (l'œil)

(C'est pour le midi.)

    (Saint-Mars-sur-Colmont [Girard].)

À Bourg-Barré, la sieste de midi s'appelle la merrienne (= méridienne) et on a le dicton :

Quand les chênes ont des feuilles grandes comme des oreilles d'souris

On fait merrienne un p'tit

    (Bourg-Barré [Gaudin].)

Semaine Sainte

Les bonnes femmes ne mettent pas les œufs à couver pour éclore dans la semaine sainte parce que ça éclôt mal.

    (Mayenne : Canton de Gorron, Vieuvy [Chesnel].)

Il ne faut jamais cuire le pain dans les jours saints, ou l'on mange du pain moisi toute l'année.

Ça, c'est certain ; si on veut du pain, on va le chercher chez le boulanger.

Quand il tombe de l'eau le Vendredi saint, la terre en saigne toute l'année.

La plupart disent : *elle est sec toute l'année ; elle a soif et elle fend ; elle est toujours altérée.*

    (La Croisille [Pannetier].)

Il ne faut jamais cuire le pain dans les jours saints, ou l'on mange du pain moisi toute l'année. - C'est l'inverse ; les vieilles de chez nous elles disent :

C'est demain l' Vendredi saint

Nous allons avoir du beau pain.

C'est défendu de laver le Vendredi saint, on est maudit. Mais c'est permis de cuire le pain et il vient très bien.

    (Argonne : Les Islettes [Chennevy].)

Contes et dictons recueillis sur le front parmi les poilus...

Qui met sa chemise le vendredi

Six semain's après est enseveli.

Y a tout plein de femmes qui ne mettront mie de chemise à leur gosse le vendredi (ça veut dire qu'elles ne la leur changent pas). On ne commence pas un chantier le vendredi. C'est un jour qui ne doit mie être dans le même rang que les autres. Y disent que ça porte malheur pour mettre les bêtes aux champs.

(Argonne : Les Islettes [Chennevy].)

On n'ouvre pas la terre le Vendredi saint.

Là-dessus il raconte une histoire :

Une gaille (bique) étant morte chez eux le jeudi, son frère et lui l'ont enterrée dans le trou d'un tronc d'arbre arraché. Nous pensions que nous ne serions mie tant punis puisque la terre elle était déjà ouverte.

(Argonne : Les Islettes [Petitjean].)

Je ne suis pas plus dévot que les autres ; je ne vais jamais à la messe parce que j'aurais peur que le clocher n'me tombe sur le dos, mais je ne mangerais pas gras le vendredi saint. [Chennevy]

Pâques

Pâqu's haô ou bas

Bonn' femm', tu veilleras.

Les veillées d'hiver se font jusqu'à Pâques ; après Pâques, on ne travaille plus après la soupe ; la soupe mangée, chacun est libre d'aller se coucher comme il veut.

(Mayenne : Saint-Denis-en-Gâline [Péculier].)

Quand on a Pàques en Mars,

C'est les filles qui vont voir les gars;

Quand on a Pâqu's en Avril,

C'est les gars qui vont voir les filles.

(Ille-et-Vilaine : S.-O. de Rennes, Bourg-Barré [Gaudin].)

Le jour de l'Ascension, les sabotiers choisissaient un beau hêtre, l'enguirlandaient avec des rubans, des lanternes et le plantaient contre la porte de la maison. Chacun avait le sien, à qui le plus beau et le mieux arrangé. Ils faisaient la fête le soir. Ça ne se fait plus.

Et à ce propos : arrosage du nouveau puits : trois coups de marteau frappés à tour de rôle par chacun sur la pierre du fond. De même arroser la première pierre d'une maison, et le laurier quand elle est terminée.

(Mellé.)

Année de pois blanc,

Année de froment.

On cueille les pois blancs [= petits pois] vers mai, juin, et si la récolte est abondante il y aura beaucoup de froment, et ça y est arrivé aussi. Quand le temps y est pour l'un, il y est pour l'autre.... la floraison des grains tombe ensemble.

(Mayenne et Ille-et-Vilaine : Mellé.)

À l'Ascension,

Bonn' femm', tous' les moutons.

(*touser*, c'est tondre.) C'est bien le moment de tondre les moutons.

(Mayenne : Canton de Gorron [Fourmont].)

À l'Ascension

Les étourneaux sont bons (à prendre dedans leur nid)

A la Pentecôte

La fraise ragoûte (on aura des fraises au dessert).

(Argonne [Petitjean].)

Fête de la Moisson

Quand on finit de battre à la moisson, on fait une petite gerbe exprès dans l'aire. On la lie avec des harts, on la fleurit avec des bouquets. Il faut que le patron et la patronne coupent la hart avec un couteau, mais y n' faut pas qu'y coupe par exemple. Quand elle est coupée, les jeunes gens font tourner la machine (en se mettant à la place des chevaux) et il faut que le patron et la patronne de la maison coulent la gerbe dans la batteuse, de moitié tous deux. Les jeunes gens alentour, y chantent et on boit un bon coup. Ça s'appelle faire la gerbe et on met un bouquet sur la machine et on en donne un bouquet au patron et à la patronne. Ça se fait encore. Y en a qui gardent quelques épis ou le bouquet.

(Mayenne : Canton de Chaillant, La Baconnière [Duval].)

Faire la gerbe. - On s'assemble le soir entre voisins et on fait une petite fête. Dans le vieux temps, quand y battaient avec le fléau, y fleurissaient la dernière gerbe - ça c'est perdu. - Plus ça va et plus tout ça tend à disparaître !

(Canton de Lassay [Dujarrier].)

La Saint-Jean

À la Saint-Jean autrefois (y a encore 3 ou 4 ans), on tirait aux joncs. On prend 3 joncs, on les met sur une grande poêle en cuivre ou sur un bassin d'airain. Un les tient, l'autre tire dessus. Au fond de la poêle, si on veut, on met un verre d'eau et une pièce de cent sous dans le fond. Ça fait un gros roulement. On faisait ça spécialement à la Saint-Jean, le soir vers 8 heures 1/2, 9 heures du soir. C'était un jeu ; on faisait ça en l'honneur de la Saint-Jean. Mais c'est plus la mode à c' t' heure.

Moisant qui habite du côté de Josselin dans le Morbihan : Ça se faisait chez nous aussi ; on rassemblait des bassins d'airain, le plus possible, autour du leu de joie de la Saint-Jean. On chantait des cantiques et on dansait.

[L'idée que cette musique avait pu avoir pour objet de chasser les esprits ou les sorts malins leur est absolument étrangère.]

(Mayenne et Ille-et-Vilaine : Canton de Mellé et passim.)

Y a un jour dans le mois de juillet, je ne me rappelle plus lequel, si on coupe les fougères vers 3 heures du matin, elles ne poussent plus. Y a un jour comme ça aussi dans le mois d'août, si on arrache les chadrons [chardons], ils ne repoussent plus.

(Mayenne : Canton de Chaillant, etc. [Pannetier].)

A la Saint-Denis [9 octobre].

Robert Hertz

On serre mell's et besis.

La melle est un fruit qui se greffe sur l'épine blanche ; le bésis est une espèce de petite poire, c'est bien la saison aussi [de les récolter].

(Mayenne : Saint-Hilaire-des-Landes.)

À la Saint-Mathieu [21 septembre]

Veille, si tu veux.

À la Saint-Denis [9 octobre]

Veille, je l'en prie,

À la Toussaint [1er novembre]

Tu veill'ras pasmain.

(pasmain = pourtant.) Que tu le veuilles ou non, tu es forcé de veiller, c'est-à-dire de travailler le soir à la chandelle, car la saison est arrivée. Les femmes tricotent, font de la couture les hommes, une fois les bestiaux soignés, font de la vannerie paniers, ruches, etc.

(Mayenne : Canton de Gorron, Brassey [Fourmont].)

La Bûche de Noël

Le jour de Noël, après la messe de minuit, on met la hoche, tout ce qu'il y a de plus gros, au feu. La mère la bénit avec de l'eau bénite (le père ? Y n'a pas le temps de s'occuper de ça).

Le charbon qui reste, on le ramasse le lendemain et on le sème tout autour du bâtiment pour empêcher les couleuvres. Y en avait à tombereaux, dans ce temps-là.

(Argonne : Les Islettes [Petitjean].)

On garde la bûche de Noël dans un coin et puis, quand il tonne trop fort, on la remet au feu.

(Mayenne : Canton de Lassay [Dujarrier].)

Le jour Saint-Sylvestre on touse les vaches entre les deux cornes pour qu'elles ne mouchent pas dans l'année (= On leur enlève le poil pour que les taons ne les piquent pas.) - C'est une blague, ça, qu'on fait aux biitrons [aux petits bergers], à ceux qui sont pas dégourdis, parce que comme c'est la Saint-Sylvestre, y a pas de danger qu'elles mouchent dans l'année.

(Canton de Gorron [Jousset].)

IV - Le temps qu'il fera

Le temps blanc
Tir' le bonhomm' du champ.

Quand le temps blanchit, qu'il se forme comme une grande nappe de nuages blancs par en dessous, c'est signe que la pluie va retomber.

(Mayenne : Canton de Gorron et Villaines-la-Jahel, etc.
(Ibid. et dans l'Argonne.)

L'iau de février
Vaut le jus de fumier.

Pour dire que la pluie qui tombe en février fait du bien à la terre.

(Ille-et-Vilaine : Mellé [Potier].)

Quand il tombe de l'eau le dimanche, la semaine s'en ressent (elle sera mauvaise).

Temps cailloté
Fill' mal coiffée
N'a pas longu' durée.

Ça veut dire qu'il tombe de l'eau quelques jours après (cailloté, c'est quand il y a de petits nuages très hauts par temps clair, tous de la même forme). Une fille mal coiffée, c'est une fille sans ordre : ça se gâtera comme le temps.

(Canton de Gorron, Saint-Mars-sur-Colmont [Girard].)

Temps cailloté
Fill' trop fardée
N'a pas longu' durée.

Par la pleine chaleur, flocons qui se tassent et forment comme une mer de petits nuages.

(Canton de Lassay [Dujarrier].)

Robert Hertz

A la Chandeleur

Quand elle est claire

L'hiver est derrière,

Quand elle goutte

L'hiver est passé sans doute.

(Mayenne : Canton de Villaines-la-Juhel [Sohier].)

Belles Rogations

Belle fenaison.

S'il fait beau temps aux Rogations, il fera beau temps pour faner. On fait une procession aux Rogations pour avoir du beau temps. On n'a guère de beau temps auparavant des Rogations. - Ça, c'est vrai.

(Mayenne : Gorron et passim, et dans l'Argonne.)

Beaux Sacres [début de juin]

Beau battre

Il y a 2 Sacres, ce sont les 2 dimanches de la Fête-Dieu, le grand c'est le premier, et l'autre, c'est le petit. On fait des processions et, s'il fait beau temps, on espère le beau temps pour battre le grain. C'est bien rare si ça n'arrive pas. Ça y fait tôt ou tard quand même.

(Mayenne : passim.)

Telles Rogations, telle fenaison,

Tel sacre, tel battre.

Tell' Rogations

Tell' fenaison,

Tel Noël

Et tel Pâq's au pareil.

Si les Rogations sont mouillées, toutes les autres fêtes sont mouillées, et de même si c'est le contraire.

(Canton de Lassay [Dujarrier]; Bourg-Barré [Gaudin].)

Le jour des Ramiaux

Quand le vent est du haut

Il fait sec toute l'année.

[du haut = du Nord.]

Contes et dictons recueillis sur le front parmi les poilus...

(Mayenne : Canton de Villaines-la-Juhel [Sohier].)

Le dimanche des Rameaux, si pendant la procession à 10 heures, le coq (du clocher) est tourné vers le nord, il y est les trois quarts de l'année. Y en a bien qui y regardent pendant la procession. [D'aucuns disent que ce n'est pas seulement s'il est tourné vers le nord, mais selon qu'il est tourné d'un côté ou d'un autre. Contesté par d'autres.]

Après la messe on va planter le laurier dans les champs ça préserve de la grêle.

(Canton de Chaillant, Saint-Hilaire-des-Landes [Bouffard, etc.].)

En Mars

Le grain va à la chasse,

En Avri (l),

Il en revient un p'tit.

En mars, le temps est mauvais, c'est comme si le grain allait crever ; à mesure que les beaux jours viennent en avril, il pousse mieux.

(Bourg-Barré [Gaudin]; Canton de Gorron, Bressé [Babey].)

Pâques

Le jour de Pâques, quand le soleil rage au pied des arbres, il y aura des pommes.

(Mayenne : Canton de Villaines-la-Juhel [Sohier])

Y a des anciens qui regardent le soleil aux fêtes ; à la Toussaint, à Noël et à Pâques. Il faut que le soleil raye au pied des arbres [éclaire leur pied de ses rayons], notamment des pommiers. Ça y annonce pour le fruitage ; on a espoir.

(Canton de Gorron [Fourmont].)

Brouillards en Mar(s)

Gelées en Mai.

C'est bien rare s'il n'y a pas autant de jours de gelées en mai qu'il y a eu de jours de brouillard en mars.

(Mayenne: passim.)

Robert Hertz

Quand y pieut en Avri (l)

Ça vaut du fumier d' brebis.

    (Canton de Villaines-la-Juhel [Sohier].)

Quand y tonne en Mar (s)

Faut dire : Hélas !

Quand y tonne en Avri (l)

 Faut s' réjoui.

Si on a du temps doux en mars, l'herbe se met à pousser et elle gèle en avril.

    (Ille-et-Vilaine : Canton de Lassay [Dujarrier].)

Quand y pieut le jour Saint-Georges [23 avril]

Y n'y a pas d'fruits à coque.

(cerisiers, pruniers, abricotiers, pêchers fleurissent mal.) Quand y pieul à la Saint-Marc [25 avril]

N'y a ni prunes ni prunards.

Quand y pieut le jour Sainl-Philippe [ler mai]

Il n'y a ni tonneau ni pipe.

Ça veut dire qu'il n'y aura pas de fruits. Le tonneau c'est une pièce de 5 ou 6 barriques ; la pipe, de 2 ou 3 barriques. Il ne faudra que de simples barriques.

    (Mayenne : passim, particulièrement à Saint-Denis-en-Gâtine [Péculier].)

Quand y pleut le jour de la Sainl-Georges,

Ça coupe la gorge aux cerises.

La gelée de printemps fait tomber les cerises. C'est que c'est important, chez nous, les cerises. Les cerisiers commencent à fleurir à la Saint-Joseph.

    (Argonne . Les Islettes [Petitjean].)

Mai frais el chaud

Remplit la grang' jusqu'en haut.

Quand il fait un temps humide et chaud en même temps, tout profite à ce moment-là ; la récolte sera bonne. Tout dépend du mois de mai.

Contes et dictons recueillis sur le front parmi les poilus...

(Ille-et-Vilaine : Mellé [Potier].)

Quand il pleut le jour Sainl-Médard [8 juin]

Il pleut quarant' jours plus lard

(Mayenne : Villaines-la-Juhel et partout [Sohier, etc.].)

Quand il pleut le jour de la Saint-Jean

Y a rien dedans.

C'est pour les noisettes, elles seront creuses, pleines d'eau et véreuses. Ça, c'est réel.

(Argonne : Les Islettes [Petitjean].)

La Miout

Ne laisse pas le temps comme ell' l' trou (v)e.

[La Miout ou Mioue (?) = la mi août.]

Ça veut dire que le temps change au 15 août.

À la Miout

Les nousill's ont le cul roux.

Les noisettes commencent à mûrir.

(Mayenne : Canton de Villaines-la-Juhel [Sohier].)

À la Miout

Les noix ont le cul roux.

(Saint-Mars-sur-Colmont [Girard]; Bourg-Barré [Gaudin].)

Quand la gelée prend à Saint' Catherine

Tout groue jusque dans la racine.

(Groue = gèle.) Sainte-Catherine, c'est au mois de décembre [en réalité 25 novembre]. Ça gèle à une telle profondeur que la racine s'en ressent.

(Ille-et-Vilaine : Mellé [Potier].)

L'hiver est dans un bissac,

S'y n'est pas dans un bout

Il est dans l'autre.

(Si le froid ne vient pas de bonne heure, il vient tard.)

(Mayenne : Canton de Gorron [Fourmont] ;

Canton de Lassay.)

Robert Hertz

Quand il tonne aux avents de Noël,

l'hiver avorte.

(Ça veut dire que l'hiver sera doux.)

(Canton de Chaillant, Saint-Hilaire-des-Landes [Boussard].)

Noël au pignon

Pâqu's au tison

S'il fait bon à Noël et que le soleil donne, on prend sa chaise et on se met contre le mur - le pignon, c'est le bout de la maison. - Il fera mauvais à Pâques.

(Canton de Lassay [Dujarrier] ; Saint-Hilaire-des-Landes [Boussard].)

Quand on fait Noël aux mulons,

On fait Pâqu's aux tisons.

(Mulon = meule faite en long.) S'il fait bon à Noël, on va s'asseoir contre le mulon, au soleil.

(Canton de Chaillant, La Baconnière [Baloche].)

Noël à table

Pâqu's au feu.

Quand il fait chaud à Noël, on se met à table.

(Saint-Mars-sur-Colrnont [Girard].)

V - Croyances, superstitions, etc.

Faut-il y croire ?

Vive discussion entre Mayennais pour savoir s'il y a encore des sorciers. Les uns affirment énergiquement ; d'autres, péremptoires : « Y a pas d'sorciers ; y a du monde instruit qui ont de mauvais livres, j' sais pas quoi. » - « Y en a, quand ils ont des chicanes, y vont trouver un hongreur pour faire un tour. Dans l'temps, y n'était question que des sorciers. Y a-t-il pas des livres de toutes sortes ? Y en a qui font qu'on ne réussit pas à amasser son beurre. Y en a qui mettent une bonne femme quinze jours sans pisser. - À Bourgneuf-la-forêl (Canton de Loiron), y a un homme qui a

Contes et dictons recueillis sur le front parmi les poilus...

à peu près 67 ans ; on l'appelle le sorcier ; il peut faire et défaire. Une fois, une femme avait volé à un de ses voisins. Le voisin a été trouver le sorcier. La femme, quand elle a été pour rentrer chez elle, elle n'a jamais pu ; elle dansait devant le pas de sa porte. Elle a été à confesse. Le confesseur lui a fait rendre l'argent et elle a été désorcelée après ; elle a pu rentrer chez elle comme elle a voulu. Il guérit les verrues en faisant une croix dessus avec son ongle ; mais il ne faut pas mouiller la main dans la journée. Il va partout à la ronde. Il est plus estimé au loin qu'auprès : au loin, ils l'appellent : « Monsieur » ; et auprès, toujours : « Le sorcier ».

Le Guérou

Imperturbable, malgré les rires des camarades incrédules, Pannetier (La Croisille, Canton de Chaillant, Magenne) affirme :

« Mon père a vu un guérou. C'était un homme tourné en un gros mouton. Y passait par un trou de la barrière. Y passit et ne dit rien et suivit la route. Y avait des collets de tendus. Y les laissit bien et le chien ne menit pas, y perdit le train, et y s'en fut ».

Le guérou. A l'angélus du soir, y tournait comme ça, et puis le matin y retournait en personne. C'est pas des sorciers, c'est une punition du Bon Dieu. Y a longtemps.

Les autres contestent, non l'existence du Guérou dont ils ont bien ouï parler, mais que le père de Pannetier ait encore pu en voir. C'est des choses du vieux temps. Il y a bien soixante ou soixante-dix ans qu'on n'en voit plus.

Les Houbilles

(Mayenne, passim; Canton de Gorron, etc.)

Les houbilles, c'est des gens qui s'habillent en gris, en sœur, ou autrement, pour faire peur aux passants. Quand on peut les y attraper, on leur tape dessus. Les bonnes gens disent :

« Voilà la bêle. »

Robert Hertz

Les Liottes

Brigands masqués qui demandent à monter dans les voitures les jours de foire pour dévaliser ceux qui en reviennent. ça, c'est arrivé il y a encore trois ans à un boucher... C'est plus mauvais que les guérous.

Péculier   raconte que près de Saint-Denis-en-Gâtine, il y a deux lieux, le Chêne friloux et le Gué du Verger [généralement c'est à des endroits où il y a des croix], près desquels on n'ose pas passer parce qu'on y voit la bête : bande de chats, etc. Lui-même, ayant à passer près du Chêne friloux, s'est armé d'un bâton ; mais il n'a jamais rien vu.

Autrefois on voyait aussi la Chasse-Artu. Mais tout cela, ça ne se voit plus. Tout ce qu'y a, c'est des mauvais plaisants qui s'amusent à faire peur aux poltrons en se déguisant ou bien en dressant dans un lieu sombre une citrouille au haut d'une perche enveloppée dans un drap. On dessine sur la citrouille des yeux, un nez, une grande bouche, et à l'intérieur, qu'on a creusé, on met des bougies allumées. Une fois une couturière revenant la nuit de Gorron a vu un de ces épouvantails qu'on avait dressé sur son chemin pour l'effrayer. Elle n'a pas perdu la tête ; elle s'est approchée et elle a pris les bougies. Les autres rient et approuvent.

Fées

(Argonne : Les Islettes [raconté par Petitjean].)

« Ma grand-grand'mère, qui était des 700 et quelques (XVIIIe siècle) elle nous gardait... Y parlait des fées dans le temps. Un jour une femme est venue et elle lui a demandé du lait. Ma grand-grand'mère n'a pas voulu lui en donner. Elle lui dit qu'elle l'a tout vendu. Le soir, à la veillée, il est tombé des quantités de couleuvres dans la maison, par la cheminée. Qui, l'avait fait ? - Près de Clermont-en-Argonne, il y a encore le trou aux fées ».

Croyances diverses

Contes et dictons recueillis sur le front parmi les poilus...

Le mécréant Chennery (des Islettes) : « J'aurais jamais cru faire des choses comme ça... Mon gosse, à un an, il avait le muguet. » Le père s'est laissé persuader de réciter l'oraison pendant neuf jours ; le deuxième jour, le petit allait mieux ; au bout de neuf jours, il était guéri. « Devant, je me serais foutu à rire si on m'avait parlé de ça. Le petit sentait que ça lui faisait du bien. Il voulait toujours venir avec moi et, avant ça, il ne pouvait me voir. »

Veillée des morts

[Se pratique toujours dans la Mayenne et l'Ille-et-Vilaine.]

« Quand on veille un type qui a mené une bonne vie dans le temps passé, on rigole malgré nous. On raconte tous les petits tours qu'il a faits et tout le monde rigole. Chacun y va de sa petite question (devinée). Quand c'est un type qui est pas bien estimé ou une vieille soularde, on y va plutôt pour le plaisir, on dit: « Y n'méritait qu'un coup de houatte (bêchette) - Un bonhomme qui arrive à un certain âge, on dit quand il meurt : « Y n' fait pas grand' brèche. » (Ça veut dire qu'il ne dérange personne en mourant.) Ça dépend de l'estime des gens. Un type bien estimé, on y va davantage. Un père de famille, qui laisse cinq ou six gosses, c'est pas le moment de rigoler beaucoup.

Récit facétieux

Une bonne femme mène trois bœufs à la foire. Ils avaient tous les trois chacun un nom. Il y avait:

Bande à part,

Tout ensemble,

L'un et l'autre.

Alors il vint un marchand pour lui demander à acheter. La femme, plus maligne que le marchand, lui demande lequel qu'il allait prendre, si c'était Tout ensemble, Bande à part ou L'un et l'autre. Le marchand dit qu'il prenait tout ensemble et il paye pour les trois et la femme ne lui en donne qu'un « Tout ensemble ». Ça fait que la femme est plus maligne que l'homme.

(Mayenne : Canton de Gorron, Saint-Aubin [Bourdon].)

Robert Hertz

Sectes russes
(Campagne de 1915)
(1917)

in *Année sociologique*, tome XI de la première série. (Texte
intégral)
(Compte rendu du livre de M. Grass, *Die Russischen Sekten*).

K. K. GRASS, Die russischen Sekten. I : Die Gottesleute oder
Chlüsten (x-716 p. in-8°); II : Die Weissen Tauben oder Skopzen (
Erste Hälfte, iv-448 p.), Leipzig, Hinrichs, 1907-1909.

Avant l'apparition de l'ouvrage de Grass, le publie occidental
n'était guère mieux renseigné sur les sectes russes qu'il ne l'était,
avant Spencer et Gillen, sur le totémisme australien. Pourtant, nous
raisonnons sur la Russie, sans nous douter du fait que la religiosité
des sectes est un produit aussi caractéristique et un facteur aussi
essentiel de la vie morale du peuple russe que peut l'être, en
Angleterre, le non-conformisme ; nous dissertons sur le tolstoïsme,
sans prendre garde qu'il n'est guère qu'une transposition littéraire,
à l'usage du monde cultivé, des manières de penser et de sentir des
paysans russes dissidents, en 1912. Que l'œuvre de M. Grass ait été
possible et nécessaire, cela montre bien quel abîme sépare encore
aujourd'hui le monde occidental de la masse profonde du peuple
russe. C'est cet abîme que, pour sa part, M. Grass a entrepris de
combler. Ses études antérieures sur l'histoire de la dogmatique
russe, sa traduction de l'Écriture sainte des Scoptes, l'avaient
bien préparé à la tâche ; pour la mener à bien, il n'a ménagé ni le
temps ni la peine. Non seulement il a dépouillé la littérature russe,
immense et très dispersée qui a trait au sujet, mais il s'est reporté
directement aux sources, périodiques ecclésiastiques et actes
imprimés des procès dirigés contre les dissidents ; en outre, pour
vivifier les données documentaires par des impressions visuelles,
il a visité les principaux foyers et les lieux saints des sectes qu'il
étudiait et essayé, sans beaucoup de succès, il est vrai, de prendre
contact avec leurs adeptes. Les matériaux recueillis au cours de
cette longue et pénible enquête sont présentés en bon ordre et
soumis à une critique impartiale et sûre ; tous les textes essentiels

sont traduits intégralement. Pour la première fois, les travailleurs qui ignorent le russe sont à même de se faire une idée exacte et complète du non-conformisme russe. Cela est fort heureux ; car les faits, que nous révèle M. Grass, ne sont pas seulement, pour nous, inédits et singuliers ; ils présentent un intérêt théorique qu'il est difficile d'exagérer.

L'ouvrage comprendra toute une série de volumes dont le premier seul est achevé ; il nous offre un tableau d'ensemble de la plus ancienne secte russe actuellement existante, celle des Chlustes ou gens de Dieu ; nous en expose l'histoire, la doctrine, le culte et l'organisation.

La légende et l'histoire sont d'accord pour faire naître la secte des gens de Dieu vers le milieu du XVIIe siècle, à l'époque troublée qui suivit, dans l'Église, la réforme de la liturgie introduite par le patriarche Nikone. Tandis qu'une partie des fidèles se révoltaient contre des innovations où ils voyaient la main de l'Antéchrist et se séparaient de l'Eglise pour rester fidèles à l'ancienne liturgie, le fondateur du chlustisme, Danila Philipon, proclamait la commune inefficacité des sacrements, orthodoxes ou schismatiques : réunissant dans un même ballot les livres anciens et les livres nouveaux, il les jetait au fond de la Volga (1, p. 13). Depuis lors, la secte n'a pas cessé d'opposer aux livres humains de l'Eglise et à la Bible elle-même, qui sont lettre morte pour les simples fidèles, le divin « livre de vie » dont elle a le dépôt et qui apporte à tous, même et surtout aux illettrés, la révélation intégrale (p. 298 sq. ; cf. Il, p. 156 sqq.). Cette opposition de la religion morte et de la religion vivante fait le fond de l'apologétique chluste. Tout, dans l'Église, est inerte et frappé de léthargie : sa vaine science et ses rites formels, ses prêtres pharisiens et ses icônes muettes, tout jusqu'à ses saints disparus et son dieu lointain et inaccessible (p. 183). L'étincelle divine, présente dans chaque homme, étouffe sous la cendre amassée par les siècles sans foi (p. 660, 693) ; c'est cette étincelle que la secte entreprend de ranimer au souffle chaud de l'Esprit-Saint.

L'extase est à la fois le moyen et la fin de ce réveil spirituel la secte est, avant tout, un milieu où se cultive et s'épanouit l'enthousiasme extatique. Celui-ci présente toujours un caractère collectif. Sans doute il peut arriver que des individus, doués de pouvoirs spéciaux, soient visités par l'Esprit, quand ils sont seuls ou parmi les profanes ; mais cela est tout à fait exceptionnel : régulièrement, les prophètes eux-mêmes ne viennent, à l'état d'inspiration qu'au milieu de la communauté assemblée et enthousiaste (p. 295). Les réunions cultuelles, où se concentre la vie de la secte, se tiennent la nuit, à l'abri des regards indiscrets, soit dans une salle aménagée à cet effet, soit dans une simple grange, soit même au fond de la forêt (cf. 498 sqq.). Ce sont d'abord des prières et des chants, qui évoquent les manifestations antérieures de la grâce dans la secte et qui évoquent l'Esprit-Saint ; puis commence la Radenije, le « travail », le véritable « service » de Dieu (p. 266, n. 2). C'est la danse rituelle ; elle comporte plusieurs variétés dont voici la plus caractéristique : vêtus de longues chemises blanches, les danseurs, tout en tournant sur eux-mêmes, forment une sorte de roue qui tourne autour de son axe dans le même sens que le soleil. A l'intérieur de la ronde sacrée, un ou plusieurs prophètes animent les danseurs de la voix et du souffle. La cadence est marquée par le chant et les battements de mains des assistants qui ne prennent pas part à la Radenije ; les danseurs eux-mêmes chantent inlassablement un refrain très pauvre, généralement composé des deux seuls mots : « Esprit, Dieu » (Duch, Bog) et interrompu, de temps à autre, par des interjections qui rappellent étrangement l'Evohé des Bacchantes (p. 268 sqq.). Au début, les mouvements, quoique très rapides, sont réguliers et ordonnés ; mais peu à peu, parfois au bout de quelques heures seulement, le rythme s'accélère jusqu'à se briser tout à fait : les danseurs, le corps tout tremblant, exécutent des bonds frénétiques et ne se possèdent plus. Alors c'est dans toute l'assemblée une exultation délirante : l'Esprit est descendu; il n'y a plus qu'à s'abandonner à lui. Hommes et femmes se précipitent les uns sur les autres, tantôt pour s'embrasser éperdument, tantôt pour se frapper à qui mieux mieux. Ceux-ci font de longs discours dans des langues inconnues (p. 123, § 44) ; d'autres contemplent des visions éblouissantes ; d'autres encore marchent à quatre pattes et poussent des cris d'animaux. Tous se sentent transformés jusqu'au fond de leur être : ils perçoivent des odeurs d'une suavité telle que les parfums ordinaires n'en donnent aucune idée ; ils sont complètement insensibles au froid, à la fatigue, à la souffrance physique ; cette anesthésie, combinée avec l'extrême tonicité de leur système musculaire, leur donne l'impression d'être affranchis de la pesanteur et de voler en plein ciel. Mais la grâce suprême, qui récompense les danseurs de leur « travail » pénible, c'est quand l'Esprit-Saint daigne faire entendre à l'assemblée, par la bouche de ses « trompettes d'or », la parole divine. Terrassé par des convulsions, l'écume à la bouche, le prophète vaticine, souvent pendant plusieurs heures de suite, sur le passé, le présent et l'avenir de la communauté - sur le destin des individus, révélant leurs péchés secrets ou leur mort prochaine - sur le temps qu'il fera et sur la qualité de la récolte future ; souvent obscur, toujours rythmée et rimée, la prophétie « nourrit » l'âme des auditeurs et les comble de joie (II, p. 251 sq.). Épuisés par tant d'agitation les fidèles, avant de se disperser, s'apaisent en chantant et communient dans un repas fraternel (I, pp. 264-304, 381-402, 416 sq., 538 sqq. ; II, p. 254).

Dans l'atmosphère surchauffée de la Radenije naissent des représentations que l'orthodoxie juge fantastiques et blasphématoires. A partir du moment où l'extase commence, les gens de Dieu ont le sentiment de n'être plus maîtres de leur corps ; ils sont de simples instruments au service d'une force qui les domine et qui se substitue entièrement à leur volonté propre. C'est cette force qui leur communique des pouvoirs prodigieux et qui leur fait accomplir des actions extraordinaires que la froide raison dénonce comme insensées parce qu'elle n'en perçoit pas la signification. Les chlustes définissent cette force à l'aide des croyances traditionnelles du christianisme : c'est l'Esprit-Saint, qui, pour eux, est moins une douce colombe qu'un faucon clair et prompt comme l'éclair et qui, du haut du septième ciel, fond sur sa proie et l'emporte avec lui. C'est un être sauvage, capricieux et farouche : la présence d'un profane suffit à le mettre en fuite (p. 264 sq., 282, 337 sq.). En se répandant sur les fidèles assemblés pour le recevoir, l'Esprit leur confère une sorte de divinité : le néophyte, qui demande à être admis dans la secte, les invoque en les appelant ses « dieux » (p. 373) ; et, entre eux, ils s'adorent mutuellement comme s'ils étaient des dieux les uns pour les autres (p. 426). Il n'y a là, remarque M. Grass, rien de blasphématoire aux yeux du paysan russe ; car il est habitué à appeler ses icônes des « dieux » (bógi) et à les vénérer comme tels : puisque les gens de Dieu sont des icônes vivantes et par suite, plus encore que les autres, pénétrées d'Esprit-Saint, ils

Robert Hertz

peuvent bien prétendre au nom et à la qualité de dieux (p. 255, note ; p. 353, n. 1). Cette divinité, diffuse dans la secte, se condense dans les prophètes en qui l'Esprit-Saint réside avec prédilection et d'une manière plus abondante et plus permanente. Et, parmi les prophètes eux-mêmes, quelques hommes et quelques femmes jouissent d'une divinité éminente, en vertu de leurs souffrances « messianiques » ou de leurs pouvoirs exceptionnels, ou de leur ascendant personnel, ou d'une sorte d'investiture hiérarchique : ce sont les « Dieu Sabaoth », les «Christ », et les «Mère de Dieu », qui se succèdent depuis Danila Philipon, de génération en génération et qui sont à peu près aussi nombreux qu'il y a de communautés chlustes séparées. Mais, M. Grass insiste sur ce point, du simple fidèle au prophète et du prophète au Christ, il y a une différence, non de nature, mais de degré, qui est quelquefois difficilement discernable et peut même se réduire à une simple distinction hiérarchique (p. 263 sq., 295 sq., 327, 493).

Cette multitude indéfinie des Christs et des Mères de Dieu, qui s'offrent à l'adoration de leurs fidèles, est un scandale pour les théologiens orthodoxes, dont elle contredit non seulement le dogme, mais aussi la logique. Quelques-uns, pour mettre un semblant de raison dans cette absurdité, prêtent aux Gens de Dieu l'opinion que l'âme de Jésus et celle de la Vierge se réincarnent de génération en génération dans le sein de leur communauté. Mais, comme M. Grass le fait remarquer avec raison, la croyance en la transmigration des âmes, qui ne se présente chez les Chlustes que d'une manière tout à fait sporadique, ne saurait rendre compte d'un phénomène général et constant (p. 172 sqq., p. 253 sqq., 259, 261 sqq., 357 sqq.) ; d'ailleurs, elle ne justifierait pas la coexistence d'un grand nombre de christs simultanés. En réalité, le scandale n'existe pas pour les Chlustes parce que leur expérience religieuse leur a appris à considérer le Christ non comme une individualité déterminée, mais comme une force impersonnelle, susceptible de se répandre à l'infini tout en restant elle-même. Dans les chants de la secte, « Christ » et « Esprit-Saint » sont deux noms interchangeables, qui désignent une même entité divine (p. 257, 328, 352). Le Christ ne se distingue pas de cette force singulière qui, dans la Radenije, envahit l'être des danseurs et se substitue à leur personnalité. C'est cette force qui, s'incarnant en Jésus lors du baptême, a fait d'un homme ordinaire un dieu sauveur des hommes. Tous les véritables croyants participent au Christ en quelque mesure ; mais certains d'entre eux en sont possédés à un tel degré de puissance et de plénitude qu'ils ne font qu'un avec lui et doivent être adorés comme Christ ou Mère de Dieu.

Si Jésus n'est qu'un Christ comme les autres, il semble qu'il n'y ait pas lieu de le mettre hors de pair et de lui vouer un culte spécial. Les Chlustes acceptent quelquefois cette conséquence de leur doctrine ; ils vont même, pour exalter leurs christs innombrables, jusqu'à dénigrer le Christ unique des orthodoxes. Mais on aurait tort de prendre au sérieux ces boutades provoquées par l'ardeur des polémiques contre l'Église. En réalité, le Christ de l'Évangile, des icônes et du culte traditionnel domine toute la vie religieuse des Chlustes et obsède leur imagination. Jésus est bien, pour eux, assis au ciel à la droite de son Père. Tous les événements de la vie de leurs christs sont interprétés et pensés en termes évangéliques : si les policiers leur donnent le knout, on dit qu'ils sont crucifiés. Le signe le plus sûr, qui distingue un christ d'un simple prophète, c'est la perfection avec laquelle il reproduit dans sa personne physique et dans tout le cours de sa vie, les moindres traits du modèle nazaréen (p. 260 sq., 296).

Il y a là, déclare M. Grass, un hiatus, une contradiction choquante : ces pauvres théologiens que sont les paysans chlustes ne s'aperçoivent même pas qu'ils juxtaposent une théorie hérétique à une pratique entièrement fondée sur l'orthodoxie (p. 643). Mais M. Grass nous paraît tomber ici dans l'erreur qu'il reproche à plusieurs de ses devanciers ; à son tour, il oublie que les Gens de Dieu se soucient fort peu de spéculer sur la nature du Christ et d'opposer un dogme à un autre : leur seule préoccupation est de faire leur salut et celui des autres par la possession directe de l'Esprit-Saint (pp. 252, 264, 347, n. 1, 356). Si la théorie des Chlustes a jailli spontanément de leur pratique qu'elle exprime et qu'elle justifie, il est invraisemblable qu'elle la contredise d'une manière aussi flagrante. En réalité, la christologie pneumatologique de la secte, si elle est en contradiction avec le dogme orthodoxe de l'incarnation, se relie aisément aux représentations impliquées dans le culte orthodoxe : elle les accepte, s'y appuie et les ajuste aux besoins d'une religiosité extatique. Si le Christ est réellement

Robert Hertz

présent chaque fois que la messe est célébrée par les prêtres profanes de l'Église séculière, pourquoi ne serait-il pas réellement présent dans cette hostie vivante qu'est un homme divin, marqué du sceau de l'Esprit, dont toute la vie n'est qu'une longue Passion ? Et puisqu'on adore presque autant de Mères de Dieu, distinctes quoiqu'identiques, qu'il y a de sanctuaires dans l'Eglise, pourquoi chaque communauté chluste n'aurait-elle pas aussi la sienne, incarnée non dans le bois d'une statue inerte, mais dans la chair d'une femme sainte (p. 258, 353, n. 1, 668 ; II, 373). En dépit de quelques affirmations isolées, la secte croit, comme l'Église, qu'il y a eu un temps miraculeux où la grâce coulait à flots sur la terre, c'est le début de l'ère chrétienne. Mais, tandis que l'Église considère ce temps comme aboli et s'efforce seulement d'en prolonger et d'en répandre l'influence par les sacrements et les icônes, la secte ne se contente pas de ces pauvres reflets d'une sainteté qu'elle veut posséder immédiatement et tout entière (p. 366). Par l'extase, qui ne connaît ni le temps ni l'espace, le passé évangélique devient un présent éternel (p. 350 sq.). La possession de l'Esprit-Saint, c'est-à-dire de Christ impersonnel, identifie chaque communauté chluste à la sainte troupe qui avait à sa tête Jésus : c'est pourquoi chacune d'elles tend à se constituer en une petite société complète, pourvue non seulement d'un Christ et d'une Vierge-mère, mais, s'il se peut, d'un Jean-Baptiste, de saintes femmes et d'apôtres. Bien loin de dissoudre les représentations que le culte officiel suppose et entretient, l'enthousiasme des Gens de Dieu leur prête une intensité, un relief, une actualité qu'elles n'avaient pas ; ou plutôt les images traditionnelles, jouées et vécues par les fidèles, cessent d'être des images et deviennent le fond même de leur être spirituel.

Pour devenir des dieux vivants, pour faire de leur corps une demeure agréable à l'Esprit-Saint, les Chlustes doivent tuer en eux tout sentiment et tout désir qui ne conspirent pas à la sainteté. Chaque néophyte, en entrant dans la secte, fait vœu de ne plus prendre part aux fêtes et aux réjouissances du monde, de s'abstenir de tous aliments « gras » et des boissons alcooliques, enfin et surtout d'observer une chasteté rigoureuse (p. 309 sqq.). - L'acte sexuel est toujours et partout un péché abominable ; l'horreur qu'il inspire est telle qu'elle enveloppe même la maternité et qu'elle fait considérer les enfants en bas âge comme des êtres impurs et presque démoniaques (p. 159, 315, 559, 573). En vain l'Église humaine prétend-elle abolir ou atténuer la souillure charnelle en faisant du mariage un sacrement : la souillure reste intacte et contamine l'Église qui ose la consacrer. La secte ne reconnaît aucune validité au mariage officiel où Dieu n'a point de part et que vicie la jouissance charnelle ; par contre, elle approuve les unions que l'Esprit-Saint forme entre ses membres et qui, en principe du moins, consistent dans un pur échange de services spirituels et économiques. À cet ascétisme négatif, qui s'impose à tous comme la condition stricte du salut, s'ajoute un ascétisme actif et conquérant, qui varie à l'infini selon la vocation, la force et l'imagination des fidèles. Ce n'est pas le moindre mérite de la danse sacrée aux yeux des Chlustes, qu'elle astreint le corps à un effort pénible et qu'elle dompte la chair en l'épuisant (p. 305 sqq.). Mais les plus fervents, surtout les prophètes et les christs, ajoutent à ce « travail » saint toutes sortes d'exercices mortifiants : ils marchent pieds nus dans la neige, observent pendant des jours entiers un jeûne absolu, portent sur leur peau des chaînes pesantes ou se flagellent au cours de la Radenije.

L'idéal de sainteté, que les Gens de Dieu réalisent de leur mieux, ne leur appartient pas en propre ; il ne se distingue en rien de celui que l'Église russe, fidèle à la tradition byzantine, a implanté profondément dans la conscience de ses fidèles. Le Chluste blême et émacié, qui ne se soucie de son corps que pour le tourmenter, répond parfaitement à l'idée que, depuis des siècles, le peuple orthodoxe se fait du véritable « homme de Dieu ». Alors même qu'il se livre à l'ivrognerie et à la sensualité la plus grossière, le paysan russe admire et révère ceux qu'il appelle des « héros », les virtuoses de l'ascétisme (p. 320 sq., 568). Mais, pour les chrétiens ordinaires, la sainteté véritable reste un idéal que l'Église leur propose, mais ne leur impose pas: ils n'essaient même pas de s'y conformer, si ce n'est à certains moments de l'année, à l'approche des grandes fêtes, où la présence divine exige des fidèles une pureté exceptionnelle. Mais chez les Gens de Dieu, la distinction entre laïcs et religieux s'évanouit, puisque tous sont habités par l'Esprit-Saint ; et toute l'année est un Carême, parce qu'il n'y a point de semaine qui n'ait sa Pâque ou sa Pentecôte. L'ascétisme exceptionnel de l'Église devient chez eux la règle de tous les instants et détermine le niveau

Robert Hertz

commun et obligatoire de la religiosité, au-dessus duquel il faut
s'élever pour atteindre à une sainteté spécialement intense. Pour
justifier son rigorisme, la secte allègue un dualisme radical, qui
donne à l'eschatologie chluste une tournure assez hétérodoxe : si
les désirs et les instincts de la chair doivent être, non sanctifiés,
mais supprimés, c'est parce que la chair est irréductiblement
profane. Seule, l'âme est capable du divin ; aussi, quand viendra
le jour du Jugement, le monde ne sera pas régénéré et les corps
ne ressusciteront pas (p. 308, 362 sqq.). Ces opinions hérétiques
ne sont pas nées d'une révolte spéculative contre la doctrine
traditionnelle ; elles marquent simplement l'attitude intransigeante
des Chlustes à l'égard du monde et de la chair, avec lesquels l'Église
officielle pactise. Ici encore, l'originalité de la secte ne réside pas
tant dans le contenu des représentations religieuses que dans
la puissance et l'exclusivisme avec lesquels ces représentations
dominent la vie entière de chaque fidèle.

Ce qui prouve bien que l'ascétisme chluste se borne à mettre
en pratique les règles traditionnelles de la sainteté, c'est l'étroite
affinité qui existe entre la secte et les communautés monastiques,
qui, à l'intérieur de l'Église, s'efforcent, elles aussi, de faire de l'idéal
chrétien une réalité vivante. C'est un fait significatif qu'au XVIIIe
siècle les principaux foyers du chlustisme aient été des couvents et
que plusieurs de ses chefs les plus influents aient été des moines ou
des nonnes. Le monachisme orthodoxe a été, pour les Gens de Dieu,
un modèle qu'ils se sont efforcés de reproduire, non seulement
dans leurs règles de vie, conformes à la pratique monastique, mais
aussi, dans la mesure où ils l'ont pu, dans leur façon de s'habiller
et dans l'organisation de leur vie domestique : les jeunes filles
chlustes vivent souvent en commun dans de véritables cloîtres (p.
157 sqq., 310, 320, 494, 497, 574 sq. ; II, 417). Mais, si les Gens
de Dieu sont pleins de respect et d'admiration pour les principes
monastiques, ils n'ont que mépris pour les ordres religieux, qui
prétendent les appliquer. Liés à l'Église charnelle dont ils acceptent
la loi, se faisant un mérite de la pureté qui s'impose à tous les vrais
croyants, privés enfin de la communication directe avec Dieu,
les moines orthodoxes devaient tomber, eux aussi, dans la mort
spirituelle ; aussi rencontre-t-on dans les couvents des ivrognes
et des débauchés : on n'y trouve que peu de « vrais moines » (p.

436 sq., 477, 468). La secte chluste s'approprie l'idéal monastique, compromis par l'Église, afin de le sauver et de le faire triompher : dans un monachisme libéré, régénéré et vivifié par l'Esprit-Saint, elle fera entrer tous les chrétiens qui sont soucieux de leur salut.

Seule, la possession de l'Esprit-Saint, qui n'est accordée qu'aux purs, permet d'atteindre à la pureté complète et durable : l'ascétisme et l'extase se soutiennent et se conditionnent mutuellement. Pour M. Grass, il y a là une sorte de paradoxe, qui constituerait la caractéristique essentielle du chlustisme. Le propre de l'extase, en effet, c'est d'affranchir le fidèle, de le délier de toute contrainte, tandis que l'ascétisme, au contraire, l'assujettit à des règles étroitement définies. Quelques prophètes chlustes paraissent avoir eu le sentiment de cette contradiction profonde et ils ont sacrifié l'ascétisme à l'enthousiasme. Mais ces tentatives isolées n'ont pas eu de lendemain. Dans son ensemble, la secte chluste a toujours maintenu l'équilibre entre les deux tendances divergentes, dont l'union la caractérise (p. 223 sqq., 239 sq., 247, 321 sqq.). Mais M. Grass est-il sûr que cette conciliation des contraires soit particulière aux Gens de Dieu ? N'est-il pas vrai, à des degrés divers, de toute religion que, tout ensemble, elle impose à ses fidèles une discipline sévère pour le cours ordinaire de leur vie et qu'à de certains moments elle exalte tout leur être en le faisant communier avec le divin et leur donne ainsi le sentiment d'une puissance illimitée ? S'il existe une contradiction logique entre le concept de l'extase et celui de l'ascétisme, ce n'en sont pas moins deux attitudes complémentaires et intimement liées dans la réalité de la vie religieuse. Précisément, l'expérience chluste nous permet d'entrevoir le rapport interne qui unit ces deux formes du culte.

La participation à l'Esprit-Saint exclut, nous l'avons vu, les fêtes profanes, la jouissance sexuelle et l'usage des boissons alcooliques. Or, l'extase, telle que la pratiquent les Gens de Dieu, est du même ordre que les péchés auxquels elle s'oppose. C'est d'abord, au sens le plus fort du mot, une fête, où l'on chante de belles chansons populaires (p. 404 sqq.) et où l'on danse éperdument. C'est ensuite une véritable orgie, qui rapproche les deux sexes dans une agitation frénétique et qui ignore les convenances ordinaires. Selon de nombreux auteurs russes, cette licence sexuelle serait poussée jusqu'au swalnü grech, au péché collectif : les hommes

Robert Hertz

et les femmes s'uniraient, au cours de la Radenije, sans se soucier ni de la parenté, ni des liens conjugaux contractés dans l'Église ; les enfants qui naîtraient de ces unions auraient été engendrés par l'Esprit-Saint. Selon M. Grass, le swalnü grech, comme le meurtre rituel, n'a jamais existé que dans l'imagination haineuse des orthodoxes. Mais M. Grass n'en reconnaît pas moins qu'il se mêle à l'exaltation religieuse des chlustes un élément érotique très prononcé (p. 390, 434 sqq., 447). Enfin, dans les chants de la secte et dans les témoignages de ses adeptes, l'extase est constamment assimilée à une ivresse : l'Esprit-Saint est une « bière spirituelle » dont les Gens de Dieu « se saoulent » avec délices (p. 272 sq., 289 sqq., 678, 686). Mais les fêtes et les plaisirs sensuels sont surtout, pour le paysan russe, un moyen de s'oublier lui-même et de s'évader hors du réel qui l'opprime. Or, dans quelle débauche, dans quel alcool ce besoin pourrait-il trouver une satisfaction plus intense que dans la Radenije qui transforme une pauvre masure en un Paradis céleste ? Ce ne sont plus des hommes qui dansent, ce sont des anges qui tournoient en battant des ailes autour du Seigneur et dont la jubilation délirante chante la gloire de Dieu (p. 200, 304 sq., 363). Auprès de cette allégresse les jouissances charnelles paraissent fades et viles. L'amour pour la Radenije est une véritable passion, qui n'admet pas de partage et qui exclut tout autre passion (p. 323, 394 sqq.). Pour une foule de paysans, le seul moyen de sortir de la débauche et de l'ivrognerie, que ne peuvent guérir « ni le pape ni les popes », c'est d'entrer dans la secte des Gens de Dieu (pp. 508, 526, 559, 661 ; cf. II, 250). Ainsi, c'est justement à cause de son caractère orgiastique que l'extase chluste commande et permet l'ascétisme.

Vainqueurs de la chair et nourris d'Esprit-Saint, les Gens de Dieu forment sur la terre une communauté de justes, la seule Église apostolique, le royaume de Dieu. Le sentiment de leur supériorité spirituelle comble d'orgueil ces paysans incultes et humiliés. Ils n'ont que mépris pour l'Église orthodoxe qui les persécute, pour ces « Juifs » qui ne se lassent pas de méconnaître et de crucifier le Christ toujours présent (p. 199, 338 sqq., 487, 660, 663 sqq.). Ils se sentent au-dessus des grandeurs temporelles et du tsar lui-même, puisque le tsar céleste habite parmi eux (p. 649, 270, 352, 661). Environnée d'un monde profane, la secte se retranche dans le secret. M. Grass a parfaitement mis en lumière le véritable caractère de l'arcanisme chluste. Ce n'est pas une mesure de prudence, inspirée par le désir d'échapper à la persécution : beaucoup de Gens de Dieu, qui auraient pu se sauver en divulguant leur foi, ont préféré la torture et la mort. Mais la connaissance des moyens par où l'on acquiert l'Esprit-Saint est un grand mystère, que possédaient les Pères et les saints d'autrefois, et que les Chlustes ont retrouvé (p. 69, 111). Le publier, ce serait livrer le divin aux impurs, profaner l'Esprit-Saint, et ce sacrilège ôterait toute vertu à la Radenije. L'hypocrisie devient dès lors un devoir : les Chlustes sont souvent les dévots les plus zélés de l'Eglise afin de pouvoir mieux cacher leur culte secret (p. 334 sqq., 504 sq.). Tout en restant repliée sur elle-même, la secte s'agrandit aux dépens du monde profane par le moyen de l'initiation. L'entrée dans leur communauté possède, aux yeux des Gens de Dieu, une valeur sacramentaire : tandis que le baptême orthodoxe est vain et inefficace, l'initiation à l'Esprit-Saint est un véritable baptême qui confère au néophyte le pardon de ses péchés et lui ouvre l'accès du monde divin (p. 109, 119, 126, 369 sqq., 410 sqq.).

Il faut que le mystère, dont les chlustes ont le dépôt, soit doué d'une singulière force d'attraction ; car cette secte, qui fait à ses adeptes un devoir de ne pas contribuer à sa perpétuité, n'en dure pas moins depuis deux siècles et demi ; elle est répandue aujourd'hui dans tous les districts agricoles de la Russie et compte, paraît-il, entre cent cinquante et deux cent mille membres ; encore cette estimation numérique ne donne-t-elle qu'une idée tout à fait insuffisante de son influence sur le peuple russe (p. 505 sqq.). C'est surtout parmi les paysans et, en particulier, parmi les femmes que les Gens de Dieu se recrutent (p. 315, 323, 446, n. 1) ; et en effet le milieu chluste paraît admirablement adapté à leurs exigences religieuses et morales. Dans l'Église, le paysan se sent un peu traité comme un étranger et comme un inférieur : on lui fait la leçon, dans une langue qu'il ne comprend pas bien, d'après des livres qui lui sont fermés. Au contraire, chez les Gens de Dieu, l'ignorance est plutôt un mérite qu'un défaut : on n'y aime pas, en général, ceux qui savent lire (p. 495 ; II, p. 374). Dans la secte, le peuple est chez lui ; il s'y retrouve tout entier avec ses vieilles chansons (p. 402 sqq.), ses vieilles croyances et ses vieilles coutumes (p.

Robert Hertz

363 sqq., 430 sqq., 603 sqq.), avec sa vénération pour les muets et les faibles d'esprit (p. 43, p. 269 ; II, p. 27, 55, 139), enfin avec son horreur pour les usages occidentaux, pour le tabac, pour la pomme de terre qui est « la pomme du diable » (p. 311, 313). - Le christianisme officiel s'adresse surtout à la raison et à la mémoire du croyant ; celui-ci assiste au service divin, muet, immobile et figé ; son activité se réduit à réciter des prières apprises par cœur et à exécuter des gestes mécaniques. Mais la religion des Gens de Dieu exerce tout leur être, physique et moral, leur imagination naïve, leur instinct dramatique, et jusqu'à leur énergie musculaire. La secte rend la parole et le mouvement au peuple assemblé et fait de lui le véritable officiant du culte. L'Église a su inculquer aux croyants un idéal ascétique très sévère ; mais elle ne leur a pas donné la force de le réaliser et elle ne le leur demande même pas. Le contraste entre l'idéal reçu d'une sainteté intégrale et la réalité d'une vie terne et presque bestiale crée chez beaucoup de paysans russes un état douloureux de mauvaise conscience, de déchirement intérieur et d'humiliation. La secte entretient et satisfait ce besoin d'une vie plus fière, plus haute et plus excitante : elle invite ses adeptes à réaliser enfin le rêve traditionnel et elle les rend capables d'un effort héroïque en les soulevant au-dessus d'eux-mêmes par la vertu de l'enthousiasme. Cette unité morale, enfin trouvée dans le sein d'une communauté fraternelle, donne le contentement intérieur et le repos de l'âme à une foule d'êtres fatigués de lutter et assoiffés de paix (p. 327 sqq., 354, 359 sq., 551 sq., 659). Même les ennemis des Chlustes reconnaissent que leur niveau moral, en dépit des défaillances inévitables, est incomparablement supérieur à celui de leurs congénères orthodoxes (p. 503 sqq.). Enfin, tandis que l'Église consacre et aggrave l'état de dépendance matérielle et morale où vit le peuple des campagnes, la secte l'élève d'un bond au-dessus de ses maîtres et lui assure une revanche d'autant plus radicale qu'elle se produit dans l'ordre spirituel. Si les femmes surtout sont accessibles à la propagande chluste, c'est que pour elles, encore plus que pour les hommes, le contraste est frappant entre la position humiliée à laquelle l'Église les condamne et les espérances illimitées que leur offre la secte (p. 495 sq., 559). L'Esprit-Saint, de son souffle impétueux, renverse les barrières légales, les distinctions de rang ou de sexe : d'une femme

misérable il fait une Mère de Dieu et d'un serf un ange et peut-être un Christ (p. 623, 659, 651). Quoi d'étonnant à ce que cette religion populaire, dramatique, active et émancipatrice, qui prend le paysan tel qu'il est pour le diviniser, lui paraisse seule vivante et seule efficace ?

Mais, si la possession de l'Esprit-Saint est pour les Chlustes une source toujours vive d'enthousiasme et d'émotions, elle n'a pas pu donner à leur communauté cette unité et cette stabilité, qui sont le triomphe de l'Église. La secte est caractérisée à la fois par une vie collective extrêmement intense (p. 503) et par une structure sociale très faible et très lâche. Les Gens de Dieu de tous temps et de tous lieux présentent certains traits communs, qui les distinguent de tous les autres chrétiens, orthodoxes, schismatiques ou sectaires : ils portent le même nom prestigieux, ils participent au même mystère, ils chantent les mêmes chants et suivent les mêmes méthodes pour parvenir au salut ; enfin, indépendamment de leurs Christs vivants et particuliers, tous vénèrent les six premiers Christs, fondateurs de la secte, et les lieux qu'ils ont sanctifiés (p. 255, 406, 454 sqq.). Mais jamais cette communauté de croyances et de pratiques n'a pris corps dans une organisation ferme et cohérente. En marge de l'Église, dont ils continuent à faire officiellement partie, les Chlustes forment des « vaisseaux », c'est-à-dire des cénacles d'initiés généralement peu nombreux : dans la Russie proprement dite, ils comptent, en général, de dix à quarante membres, cent tout au plus (p. 507). Sous la menace de la persécution, ils s'adonnent en secret à la danse extatique. Beaucoup de ces petites communautés closes se suffisent à elles-mêmes : pourvues d'un Christ et d'une Mère de Dieu, ou simplement de l'un des deux, elles se laissent conduire par l'Esprit-Saint (p. 492). Quelquefois, deux « vaisseaux » voisins, et les Christs qui sont à leur tête, se trouvent en conflit aigu (p. 258, 672). Parfois même, le groupe local est déchiré par des tiraillements intérieurs, luttes d'ambition ou de doctrine ; il arrive qu'un prophète dise à l'autre : « Je suis un plus grand dieu que toi » (p. 283). Assez souvent ces rivalités aboutissent à des scissions : les deux segments de l'ancien « vaisseau » vivent de leur vie propre et prétendent tous deux à la possession exclusive de l'Esprit-Saint, sans qu'aucune autorité supérieure intervienne (pp. 179, 239 sqq., 497 sq.). Ailleurs, au

Robert Hertz

contraire, plusieurs communautés d'un même district s'agrègent autour d'un centre, qui possède seul de véritables « dieux vivants », tandis qu'elles doivent se contenter de simples prophètes. Surtout dans la région du Caucase, où les Chlustes jouissent d'une sorte de tolérance et où ils vivent non parmi des orthodoxes, mais au milieu d'une population musulmane ou grégorienne, on voit les groupes épars se joindre et prendre place dans une organisation étendue et centralisée. Les noms de Dieu Sabaoth, de Christ et de prophète tendent alors à désigner, non plus des degrés d'inspiration et de sainteté personnelle, mais des titres et des fonctions dans une hiérarchie analogue à celle de l'Église (p. 249 sqq., 254 sqq., 296 sqq., 423 sqq., 493, 498, 501).

En même temps que ces velléités d'organisation partielle on observe, parmi les Chlustes, une tendance à réintroduire dans leur culte, en les démarquant, les rites de l'Église ou bien à en instituer de nouveaux, qui sont comme de l'extase cristallisée (p. 426, 429 sqq.). Mais, en général, ces changements restent locaux et temporaires ; ils ne modifient pas la physionomie d'ensemble de la secte (p. 247). Nourri, comme il l'est, de culture occidentale, M. Grass est tout étonné et comme déconcerté de ne rencontrer dans la vie religieuse des Russes aucune évolution véritable, et d'avoir à écrire « une histoire sans histoire » (p. 248). C'est que le développement historique, tel que nous sommes habitués à le concevoir, suppose à la fois la continuité, qu'assurent la tradition et l'organisation, et la création de formes nouvelles, qu'implique le mouvement de la vie. Or, en Russie, l'Église se fait une loi de l'immutabilité absolue : les seuls changements qui s'y produisent consistent à opposer une tradition à une autre ou à modifier l'équilibre des éléments traditionnels (p. 643). Et la secte, au contraire, réduit volontairement au minimum la part de la tradition et de l'organisation pour laisser le champ libre à l'Esprit qui seul fait vivre. Aussi y observe-t-on des variations sans suite et sans fin. Ici, le chlustisme s'adapte aux milieux luthérien ou baptiste où il a pénétré et s'imprègne de représentations adventistes (p. 508 sqq., 524 sqq., 557) ; ailleurs, il subit pour un temps l'influence doctrinale d'un de ses prophètes et dévie vers la mystique ou vers le panthéisme (p. 211 sqq., 567 sqq., 578 sqq.). La force divine impersonnelle, libérée des limites où le dogme l'enfermait, peut vagabonder au gré de l'imagination populaire et se fixer tantôt dans le buste de Napoléon, et tantôt dans les portraits du P. Jean de Cronstadt (p. 210, 562 sq.). La secte donne ainsi naissance, par une sorte de bourgeonnement incessant, à une foule de sectes nouvelles, que les auteurs russes considèrent souvent comme indépendantes, mais où M. Grass croit retrouver les éléments essentiels du chlustisme. Cette incertitude même est caractéristique. En réalité, la secte des Gens de Dieu est à peine une société religieuse constituée ; c'est plutôt un « réveil » qui se propage de place en place et qui recommence perpétuellement, gardant toujours le même noyau de représentations fondamentales sous la diversité indéfinie de ses manifestations.

Pourtant, du sein de cette religiosité diffuse et mouvante une secte a surgi, que mettent hors de pair son fanatisme sauvage, son individualité accusée et la haine violente qu'elle inspire aux autres Gens de Dieu : ce sont les Scoptes. M. Grass leur consacre son second volume, dont la première moitié seule a paru ; elle nous renseigne abondamment sur la vie, sur la personnalité et sur la doctrine de l'initiateur Seliwanow, ainsi que sur le premier essor de la secte. Essayons, autant que nous le permet l'état inachevé de cet ouvrage, de dégager la signification et la raison d'être du scoptisme [1].

Deux traits principaux la caractérisent par rapport à la secte mère. D'abord une organisation sociale infiniment plus forte, une véritable centralisation. Ce qui a un effet extrêmement instructif, parallèlement à la dispersion extrême du divin qui caractérise la christologie des « Gens de Dieu », la divinité tend à s'enfermer de nouveau dans les limites d'une personnalité définie et simplifiée, qui est celle du fondateur de la secte, Seliwanow (II, p. 185, 211 sq., 338).

Et ensuite le trait fondamental de la secte, le rituel de la castration, a son explication dans la même exaspération sexuelle et religieuse que l'orgie sainte de la Radenije. En prêchant la castration complète, les Skoptes restent fidèles à l'idéal des Christy, dont ils veulent faciliter la réalisation par une opération radicale et sûre. Mais cette

---

1 [Le manuscrit définitif cesse à cet endroit. Une partie en est passée dans le compte rendu imprimé ; une autre n'existe que sous la forme de brouillons. Nous avons essayé de la reconstituer. Mais nous n'avons pu éviter quelques redites que nous aimons mieux laisser subsister.] (M. MAUSS.)

Robert Hertz

innovation altère le rituel. Concentrant tout l'intérêt de la secte sur un rite sanglant d'initiation et sur une pureté acquise d'un seul coup, elle réagit sur toute la vie religieuse. La danse extatique tend à devenir chez les Skoptzy une simple formalité cultuelle et les chants inspirés font place à des élucubrations complaisantes sur les mérites de la castration (II, p. 315, 338, 436).

Avec une conscience et un zèle admirables, M. Grass a entre pris de faire connaître les sectes russes au public de l'Europe occidentale, qui les ignorait à peu près totalement. Cet ouvrage, qui comprendra toute une série de volumes, promet d'être un merveilleux répertoire de faits où le psychologue, l'historien du christianisme, l'observateur de la Russie contemporaine pourront puiser des enseignements précieux. A en juger par les deux premiers volumes qui seuls ont paru, le sociologue ne devra pas à M. Grass une moindre reconnaissance.

C'est dans un monde singulier que nous introduit M. Grass. Sous les noms de Dieu Sabaoth, de Christ et de Mère de Dieu, d'innombrables hommes-dieux y circulent entourés d'un cortège fervent d'adorateurs.

Et pourtant il n'y a pas de différence entre ces représentations [de ces sectes] et les représentations traditionnelles de l'Église. [Les personnes mythiques] sont les mêmes. L'idéal ascétique est le même. Seulement ce qui distingue la secte de l'Église c'est que l'idéal, au lieu de rester platonique ou réservé à quelques-uns s'impose à tous intégralement. Les petits groupes de paysans exaltés qui constituent la Christowschtina, en s'appropriant le christianisme en changent le caractère. Ce n'est plus une religion lettrée, raisonnable, administrée par un personnel spécialisé et liée aux puissances de l'État. La secte rend la parole au peuple assemblé et fait de lui le principal officiant du culte. Elle satisfait le besoin qu'il éprouve de s'évader du réel et de vivre une vie plus fière et plus excitante ; enfin elle l'élève d'un bond au-dessus de ses maîtres, les papes et du tsar lui-même, faisant d'un serf, un Christ.

On a remarqué que ce christianisme de paysans incultes rappelle d'assez près celui des communautés chrétiennes que saint Paul nous décrit. Mais, pour nous, un autre rapprochement s'impose. Ces danses rythmées, qui se prolongent pendant des heures pour aboutir à des hallucinations collectives et à des transes prophétiques ; cette force impersonnelle, qui circule à travers les gens et les choses ; ces hommes dieux, dont leurs adorateurs recueillent pieusement le souffle, les ongles et les cheveux, toutes ces représentations et toutes ces pratiques paraîtront étrangement familières à quiconque est au courant de la littérature ethnographique. Il serait vain de chercher à rendre compte d'une parenté aussi frappante en alléguant de prétendues survivances de l'ancien paganisme finnois (I, p. 601 sq.). Il est probable que nous nous trouvons ici en présence de phénomènes, d'un phénomène qui n'est nullement lié à tel ou tel credo particulier, mais qui se reproduit toutes les fois qu'un certain état social et mental est donné. Cet état, que la sociologie s'efforce de définir, caractérise les sociétés inférieures, tandis qu'il ne se rencontre dans les sociétés plus avancées que d'une manière exceptionnelle et passagère, aux périodes de crises où la vie religieuse se crée des formes nouvelles ou se réveille de sa torpeur.

Si la religion australienne, puis la chrétienté primitive, et la secte russe présentent une similitude étonnante de représentations et de pratiques, c'est parce qu'elles émanent toutes d'une « société en effervescence » pour reprendre une expression de Durkheim. Les conditions spéciales de la vie paysanne russe font que cette effervescence peut se maintenir presque indéfiniment. D'où la persistance et le succès de ces sectes. Le fait qu'une pareille exaltation mystique puisse exister en Russie à l'état endémique et se propager par moments dans la plus haute société ne s'explique que par les conditions anormales où vit le peuple russe ; et elle y présente un caractère d'autant plus redoutable qu'elle s'inspire des représentations dualistes qui sont communes à tout le christianisme oriental.

[Enfin, pour nous, au point de vue des conditions sociologiques de la représentation religieuse], nous avons ici une expérience cruciale. Car on voit, entre le Chlustisme et le Skoptzisme, comment la notion fondamentale de la religion change de caractère selon l'état de la communauté croyante. Quand la vie collective est intense, agitée [et en même temps] diffuse, la notion du Christ prend un caractère impersonnel. Le Christ ne se distingue pas de l'Esprit-Saint. La force religieuse est impersonnelle, transmissible à

Robert Hertz

toutes sortes d'hommes-dieux qui circulent dans la secte entourés de cortèges fervents d'adorateurs. Quand la société religieuse tend à se reconstituer sous des formes rigides et centralisées, la notion de Christ reprend le dessus. L'Esprit-Saint n'est plus qu'émanation du « dieu » qui est, dans l'espèce, le fondateur du Skoptzisme.

Ces quelques remarques suffiront à donner une idée de l'extrême importance sociologique des faits que M. Grass apporte à la science occidentale. Ajoutons qu'il paraît impossible d'aborder aujourd'hui la théorie de l'extase religieuse ou celle du prophétisme, ou celle de l'ascétisme sexuel si on n'a pas accordé une suffisante attention à ces phénomènes actuels, observables, de la vie sectaire russe, exposés dans cet ouvrage.

ISBN : 978-1532722226

www.ingramcontent.com/pod-product-compliance
Lightning Source LLC
Chambersburg PA
CBHW072040280526
45788CB00006B/2130